Mertz / Struck
ASTROLOGIE UND TAROT

B.A. Mertz / Paul Struck

ASTROLOGIE
und
TAROT

Das Horoskop und der Tarot
Die Karten der großen Arcana
Die astrologische Bedeutung der Tarot-Karten
Das Tarot-Horoskop
Praktische Anwendungen
Neue Legemethoden für das Ansata-Tarot

Mit 22 großformatigen und farbigen Kartenabbildungen

3. Auflage

ANSATA-VERLAG
Paul A. Zemp
Rosenstraße 24
CH-3800 INTERLAKEN
Schweiz
1990

Die 22 großen Arcana wurden in Tempera gemalt
von Paul Struck
(Originalgröße 25 × 35 cm)

Die Horoskop-Abbildung und die übrigen graphischen Darstellungen
zeichnete Christiane Eisler

Satz und Layout: Zobrist & Hof AG, CH-Pratteln
Lithos: Neue Chemigraphie AG, Zürich
Druck: Kösel, Kempten
ISBN 3-7157-0093-9

Inhalt

I

Grundsätzliches zum Thema

Das Horoskop und der Tarot

Astrologie ist die älteste Geistes- und Erfahrungswissenschaft der Menschheit.

Der Tarot ist das älteste symbolische Bilderbuch, das sich über Hunderte von Generationen gehalten hat.

Die Ursprünge der Astrologie sind halbwegs gut aufzuspüren. Die jahrtausendalte Geschichte der Astrologie ist anhand von Höhlenzeichnungen, Ausgrabungen und einer – bis vor die Zeitrechnung – zurückverfolgbaren Literatur nachzuvollziehen. Entstehung und Entwicklung sind nicht schwer zu belegen.

Anders ist es mit dem Tarot.

Hier sind wir viel mehr auf Vermutungen angewiesen. Die nachweisbar alte Literatur über den Tarot ist sehr jungen Datums, gemessen an der Geschichte der Menschheit, sie reicht nur wenige Jahrhunderte zurück.

Kenner des Tarot siedeln die Herkunft dieser symbolischen Bilderkarten zwar auch vor Jahrtausenden an, da sie die Meinung vertreten, der Tarot stamme aus dem alten Ägypten. Andere Autoren sind der Ansicht, die Spuren des Tarot reichen in den indischen oder den chinesischen Kulturraum. Zu beweisen sind diese Karten erst vom Ende des 14. Jahrhunderts an, aber das sind vorwiegend abendländische Karten mit meist religiösen, christlichen und nachmittelalterlichen Motiven.

Auch aus dem indischen oder chinesischen Kulturraum sind uns keine älteren Karten bekannt, die nachweisbar echt sind. Das alles ändert jedoch nichts an der Tatsache, daß die Symbole der Karten, und um nichts anderes handelt es sich im Grunde, viel älter sind, weil in diesen Bildern uraltes, archetypisches Erbgut enthalten ist.

Große Magier des Mittelalters – wie etwa Paracelsus – haben von solchen uralten Symbolen gewußt. So sprach Paracelsus von «Bildern und Figuren, die ihr Herkommen und ihren Ursprung aus der Kunst der Magie genommen haben und von den Heiden und Babyloniern erfunden worden sind.»

Ob sich dies allerdings auf die Tarotkarten bezieht, wie es Sergius Golowin in seinem Buch «Die Welt des Tarot» deutlich machen möchte, ist unklar. Aber darauf kommt es auch nicht an. Die Existenz von uralten Symbolbildern ist Tatsache, auch daß die Bilder des Tarot auf uralte Anschauungen zurückgehen, die ihre Wurzeln in der Bildersprache der Astrologie haben.

Denn auch die Astrologie kommt von der Anschauung, sie lebt von der Anschauung. Die Astrologie hat sich aus der Bildersprache des Himmels entwickelt und übersetzte die Bilder des Himmels in für Menschen erkennbare und zu deutende Symbole. Dies geschah in den ersten Namen und indirekten Bildern für die Tierkreiszeichen und Planeten, die später in grafische Symbole umgestaltet wurden. Das heißt, einst verdeutlichte man den Abschnitt Löwe oder den Abschnitt Stier mit einer der Natur ähnlichen Malerei; später, als der innere Sinn der Abschnitte und Planeten tiefer erfaßt wurde, kamen die grafischen Symbole auf. Doch damit entfernte sich die Astrologie auch von der zu profanen Betrachtungsweise der Unwissenden. Sie wurde geheimnisvoller, war mehr eine Erfahrungswissenschaft für Eingeweihte. Beim Tarot fand diese Entwicklung leider nicht statt. Daher wird bis heute hier viel banaler mit den Karten umgegangen als mit einem Horoskop, und auch heute noch werden diese Karten teilweise – und unverdientermaßen – für billige Wahrsagerei mißbraucht.

Auch das haben Astrologie und Tarot gemeinsam: beides kam in Verruf, und beides wurde mit dem Aufkommen der Psychologie wieder – wenn auch zögernd – rehabilitiert.

Wer sich nun intensiv mit der Astrologie wie mit dem Tarot beschäftigt, der muß auf die Erstaunlichkeit stoßen, wie sehr sich die 12 Tierkreiszeichen und die zehn Planeten mit den 22 Karten der großen Arcana decken.

Oft wird allerdings den Astrologen vorgeworfen, daß ja zu den Ursprungszeiten der Astrologie die drei fernen Planeten – also die Transsaturnier Uranus, Neptun, Pluto – astronomisch nicht bekannt waren, genauso wenig wie man wußte, daß sich in Wahrheit die Erde um die Sonne bewegt und nicht umgekehrt. Nun, das ist ein Irrtum. Schon Aristarchos (um 264 v.d.Zw.) lehrte, daß sich die Erde um die Sonne bewegt. Das wurde später nur verdrängt, dann vergessen, bis es Kopernikus wieder entdeckte. Wissenschaftler und Sternenpriester wußten also um den wahren «Sonnen-Erde-Weg». Und, das mag verwunderlich klingen, auch die fernen Planeten waren erschaut. Zitieren wir Euripides:

«Da waren diese Bilder eingewebt:
Im Ätherkreis der Sterne Uranos,
und Helios, die Pferde westwärts treibend,
der zog das Licht des Hesperos sich nach.
Ihr Zwiegespann im schwarzen Schleier lenkte
die Nacht, und Sterne folgten ihrer Bahn.»

Helios ist die Sonne, Hesperos ist der Abendstern, der der Sonne folgt, und wenn beide untergehen, dann ziehen sie die Sterne nach sich. Uranos oder auch Ouranos ist hier ausdrücklich erwähnt, und da wir auch wissen, daß sich die griechischen Mythen aus den Sternsagen entwickelt haben, ist es ziemlich klar, daß die Alten um Neptun und Pluto gewußt hatten. So gibt es eine Malerei aus dem alten Griechenland, da Neptun in den Fischen steht (symbolisch ausgedrückt, er regiert das Zeichen Fische).

Die Astrologie, die wir benutzen, kommt nachweisbar aus dem Mittelmeerraum und erlebte im alten Ägypten ihre Blüte. So stellen etwa die Schlangen- oder Drachen-Sphingen ja das feste Kreuz der Astrologie dar. Denn diese Sphingen bestehen aus dem Stier- oder Löwenleib, den Stier- oder Löwenklauen, den Drachenflügeln oder dem Schlangenschwanz (einst hieß das Zeichen Skorpion Schlange und Adler oder Drachen und Adler) und dem menschlichen Wassermannkopf. Das gleiche feste Kreuzsymbol ist dann bei den vier Evangelisten erkennbar, wobei sich nur der menschliche Kopf in einen Engelskopf verwandelt hat.

Nach Meinung vieler Autoren soll der Tarot aus Ägypten stammen. Diese Meinung hat viel für sich, sie ist sicher bedenkenswert. Die Ägypter haben wie kein anderes Volk der vorchristlichen Zeit in Bildern gesprochen. Sie haben ferner in ihren Tempeln und in ihren unterirdischen Gräbern diese Bilder der Nachwelt bewußt überliefert. So werden die Bilder des Tarot – was eine weitere Beziehung zur Astrologie herstellt – dem Berater des Mondgottes Osiris, dem Thoth, zugeschrieben.

Tarot gleich das Buch des Thoth. Wer war Thoth? Der Herrscher über die Zeit, damit über die Daten, die Zahlen. Er war auch der Hohepriester des Osiris. Und so der geistige Vorläufer des Chronos/Saturn, deshalb ist auch Saturn gleich dem Hohepriester im Tarotspiel.

Bin ich aber der Herrscher über die Zahlen, dann bin ich auch der Herrscher der Zeitgesetze, was auch zum Herrscher über die Magie führt. Dio Raman schreibt in seinem Buch «Der praktische Tarot» etwas ähnliches.

Die 22 Stationen des Tarot entsprechen in etwa auch den altägyptischen Einweihungszeremonien. Und in der Tat, wer den Tarot durchexerziert, wer den Tarot in sich – wissend und intuitiv – aufgenommen hat, der ist ein Wissender, besser ein Eingeweihter. Dieses Wissen wurde einst in einer Symbolsprache wiedergegeben, in Gleichnissen, – man denke nur an das alte Testament. Später, so wird berichtet, sollen sich Zigeuner dieses Spiels angenommen und es somit auch bewahrt haben.

Das klingt etwas romantisch, aber Zigeuner arbeiten gerne mit dem Tarot, wenn sie ihn auch mit ihrer Wahrsagerei oft schlimm profanisiert haben.

Die große Arcana aber will mehr als profane Bilder vermitteln. Ihre Bilder stellen echte Bewußtseinsstufen dar, die in unserer Seele verankert sind. Hier soll nicht der Satan verteufelt und der Schöpfer vergöttert werden. Denn wie in der Astrologie – das macht ihre Größe – alle Planeten und Abschnitte stets ihre zwei Seiten haben, so auch alle Symbole der großen Arcana. Der Teufel hat seine positive Kraft, der Herrscher auch seine negativen Schatten. Es ist schon auf den unlösbaren Zusammenhang von Zahlen und Magie hingewiesen worden; auch das hat sich auf das Tarotspiel übertragen. So werden die Karten mit Zahlen in Verbindung gebracht, aber auch mit dem hebräischen Alphabet. Dies sind weitere Beweise dafür, daß diese Karten immer in Zusammenhang mit gültigen Gesetzen gesehen wurden, die sich in der Entwicklung der Religionen, der Kultur offenbarten, denn Zahlen und Buchstaben sind ja Gesetze, an denen keiner vorüber kann.

Das Wort *Tarot* wird auch im Kreis geschrieben.

T

O A

R

Das ergibt das Wort *«Rota»*, was auf die Rotation der Welt und unseres Erdballes hindeutet, so wie es Elisabeth Haich in ihrem Buch «Tarot – die zweiundzwanzig Bewußtseinsstufen des Menschen» richtig geschildert hat, sicher nicht unbeeinflußt durch das Werk von Papus: «Tarot der Zigeuner».

Weit vor dem Aufkommen des hebräischen Alphabets, in dem jeder Buchstabe auch mit einer Zahl gleichgesetzt wird, lagen die Mythen, die auf die menschlichen Vorstellungen übersetzten Bilder des Himmels, also die Bilder der Astrologie. Hier aber hatte alles seinen geheimen, um nicht zu sagen okkulten und zumindest geheimnisvollen Ursprung.

Nun gibt es natürlich in der Geschichte des Tarot schon zahlreiche Spielkarten, auch einige, die die Karten mit astrologischen Symbolen in Zusammenhang bringen. In der großen «The Encyclopedia of Tarot» von Stuart R. Kaplan wird darauf hingewiesen und viele Abbildungen gezeigt. Aber auch in anderen Quellen gab es nie eine einheitliche Zuweisung bestimmter Tarotkarten zu den astrologischen Symbolen. Eine spezielle alte Überlieferung also ist nicht auszumachen, selbst dann nicht, wenn alte Lexica aus dem Mittelalter durchforstet werden.

So galt es also, den logischen Zusammenhang zwischen den astrologischen und den Tarotsymbolen auf der Grundlage alter Quellen neu zu finden, was ohne Zuhilfenahme der vieltausendjährigen Geschichte der Astrologie und der Kenntnis der Mythen nicht möglich war. Profundes Wissen – außer den schon erwähnten Büchern – lieferte noch das Buch von Eliphas Levi «Einweihungsbriefe in die hohe Magie und Zahlenmystik», obwohl hier die Karten mehr in Verbindung zur Astronomie behandelt werden. Es ist sicher kein Zufall, daß sowohl Dr. Gérard Encausse alias Papus wie Alphonse Louis Constant alias Eliphas Levi ihre Bücher und Schriften verfaßten, als die moderne Psychologie wieder heftig an die Türen der Universitäten klopfte. Kurze Zeit danach fand sie dort ja dann auch Eingang.

Zu nennen wäre noch Frank A. Glahn mit seinem deutschen Tarotbuch, das aber mehr auf Ereignisse als auf Erkenntnisse angelegt ist, und das Buch von Joachim Winckelmann, der jedoch mehr freimaurerische und spiritistische wie hermetisch-alchimistische Perspektiven nachvollzieht.

Für unsere Arbeit finden wir nun bei Papus einen entscheidenden Hinweis. Den Hinweis, daß der Name Tarot auch orientalisch sei, und zwar rein ägyptisch. Tar heißt soviel wie Pfad, Ro (oder Ros oder Rog) soviel wie König.

Danach handelt es sich also beim Tarot um den königlichen Pfad oder Weg, was ausgezeichnet zur königlichen Wissenschaft – wie ja einst die Astrologie mit Recht bezeichnet wurde – hinführt.

Wenn wir jedoch die königliche Wissenschaft mit dem königlichen Weg in Beziehung setzen wollen, dann müssen wir uns doch – nach allerdings sehr gründlichem Studium – von den alten und neuen Büchern über den

Tarot lösen, ja mehr noch, wir müssen uns neuen Karten zuwenden, was in der Konsequenz hieß, daß neue Karten geschaffen werden mußten, die auch vom Bild her die Symbole der Astrologie mit denen des Tarot verbinden.

Paul Struck hat diese Karten geschaffen!

Diese Karten enthalten alle Symbole, die jede Tarotkarte nach den alten Gesetzen haben muß, sie erfassen darüber hinaus jedoch auch das älteste, archetypische Erbgut in uns und damit die die Seele prägenden Urerfahrungen. Diese – man kann wohl mit Recht sagen – sehr künstlerischen Karten lösen sich von der Kabbala und auch von den hebräischen Buchstaben, um wieder mehr den astrologischen Ursprung zu verdeutlichen.

Es ist selbstverständlich, daß die Tarotkarten sehr vom Stil einer Zeitepoche mitgeprägt werden, es sei denn, man wählt – wie bei Papus – eine besondere Stilrichtung, schafft also wie hier Karten, die ganz auf die Herkunft aus Ägypten hinweisen.

Unsere Karten sind nun bewußt nicht auf eine Epoche, nicht auf ein Land beschränkt, sie sollen sogar mehrere Epochen erfassen und durch Motive auch aus dem alten Ägypten diese ursprüngliche Herkunft anklingen lassen. Dadurch werden diese Karten zeitlos. So finden sich bei Struck sowohl orientalische, ägyptische wie abendländische und neuzeitliche Interpretationen. In diese Karten gilt es nun sich einzuschauen, um die Fülle der Symbolgehalte zu erfassen; dabei geht es nicht darum, alles bewußt zu analysieren, sondern mehr unbewußt aufzunehmen. Das Einsehen ist die Voraussetzung für die Aussage, so wie sich auch jeder Astrologe in ein Horoskop einschauen muß, um mit seinem Wissen und seiner Intuition zur gültigen Ausdeutung zu kommen.

Die Karten sollen ja ferner dazu dienen, die Grafik des Horoskops bildlich besser zu erfassen. Natürlich kann mit diesen Karten auch ohne Horoskop gearbeitet werden, aber die Fülle der Erkenntnisse wird wohl erst aus dem Zusammenspiel von Horoskop und Karten ausgeschöpft. Dies stellt eine wesentliche psychologische Hilfe für eine Beratung dar, wie die Erfahrung gezeigt hat. Der Symbolgehalt dieser Karten ist wohl ungewöhnlich reich. Damit kann jeder für sich das Wesentliche heraussehen, und trotz der Fülle bleibt noch Raum für die eigene intuitive Fantasie, ohne die nichts geht.

Ja, diese Karten regen geradezu die Intuition und bei starker Begabung die ersehnte Inspiration an!

Die Karten der großen Arcana

Der Tarot besteht aus 78 Karten.

Aber der Tarot ist fünffach gegliedert.

22 Karten gehören zur großen Arcana. 56 Karten bilden die kleine Arcana, die noch einmal in 4 sogenannte Spielfarben unterteilt ist. Die Spielfarben oder Symbole sind:

Die Schwerter
Die Kelche
Die Münzen
Die Stäbe.

Jedes dieser Spielsymbole enthält 14 Karten:

Die Königskarte, die Königinkarte, die Prinzessinkarte (auch erscheinend als Bubekarte), die Ritterkarte sowie die Karten eins bis zehn. Aus diesen kleinen Arcanen haben sich unsere gebräuchlichen Kartenspiele entwickelt.

Uns interessiert aber nur die große Arcana, obwohl es Autoren – wie Papus – gibt, die die Karten der kleinen Arcana als Schlüssel zur großen Arcana betrachten. In der Verbindung von Astrologie und Tarot trifft dies aber so nicht zu. Die große Arcana beginnt mit der Karte Null = der Narr. Und diese Karte ist auch die Karte Zweiundzwanzig, die letzte Karte. Also Anfang und Ende, den ewigen Kreislauf symbolisierend. Das entspricht ältestem astrologischen Denken, da das astrologische Jahr immer mit Null Grad Widder beginnt, um mit 30 Grad Fische, was ja auch dem Null-Grad Widder entspricht, zu enden.

Nun kann man nicht einfach so vorgehen, als würde die Karte Null dem Abschnitt Widder entsprechen, die Karte Eins dem Abschnitt Stier, die Karte Zwei dem Abschnitt Zwillinge und so fort. Oder als entsprächen dann die Karten Zwölf bis Einundzwanzig den Planeten in der Reihenfolge: Sonne – Mond – Merkur usw. So geht dies nicht.

Einmal hat sich ja auch der Tarot selbständig entwickelt, und er versinnbildlicht ja keine Maßeinheiten, wie sie der Tierkreis darstellt.

Nein, der Tarot stellt Entwicklungsstufen dar, die auf den einzelnen Menschen ausgerichtet sind, und hier auf die jeweiligen Bewußtseinsphasen oder Stufen.

Und auch astrologisch gesehen beginnt ja nicht jede menschliche Prägung mit dem Abschnitt Widder – sagen wir am Aszendent oder als Sonnenstand –, sondern auch hier läuft und entwickelt sich ein Schicksal in das andere, fließend und immer im Übergang zur nächsten Erfahrungsstufe. Die Bezeichnungen der Tarotkarten sind keine entliehenen Namen wie die des Tierkreises, dessen Namen ja von Fixsterngruppen – also Sternbildern – sozusagen als Taufnamen übernommen wurden. Die Namen des Tarot sind vereinfacht. Sie bezeichnen Zustände und Erfahrungen, die sich im menschlichen Leben immer wieder zeigen, und die hier sozusagen entschlüsselt sind.

Diese ja zum Teil sehr drastischen Symbole und Titel führten daher auch, wie nicht oft genug betont werden kann, zu sehr vereinfachten Aussagen, die manchen seelischen Schaden angerichtet haben, beziehungsweise anrichten können. Die Aufgabe ist es, einzelne Karten den Planeten oder den jeweiligen Tierkreisabschnitten zuzuordnen. Es sei nicht verschwiegen, daß dies im Laufe der Geschichte des Tarot schon mehrfach probiert wurde. In der neueren Zeit ist dies im «Sacred Egyptian Tarot» von John H. Dequer dargestellt worden, um nur ein Beispiel zu nennen, das deswegen interessant ist, weil hier konsequent altägyptische Motive mit den astrologischen Begriffen zusammengefügt wurden.

Trotz vieler Vorbilder also galt es nun für Autor und Maler, die einzelnen Karten den Planeten und den Tierkreisabschnitten ihrer Meinung nach richtig zuzuordnen. Daß dies nicht willkürlich geschehen konnte, dürfte schon klar geworden sein. Ob diese hier vorgenommene Zuordnung aufgeht, wird sich schnell herausstellen, wenn die Karten in Verbindung mit dem Horoskop benutzt werden. Das ist bis jetzt unseres Wissens nie ernsthaft versucht worden, zumindest gibt es darüber keine bekannte Literatur, insofern betreten die Autoren hier Neuland.

Einige Karten sind leicht, andere schwieriger einzuordnen. Es dürfte klar sein, daß die Karte das *Maß* nicht dem Abschnitt Widder zugeordnet werden kann und auch nicht die Karte *Tod,* denn mit dem Widder beginnt ja das neue Leben. Stellen wir die Karten und die astrologischen Symbolnamen vor.

Zuordnung der großen Arcana zu den

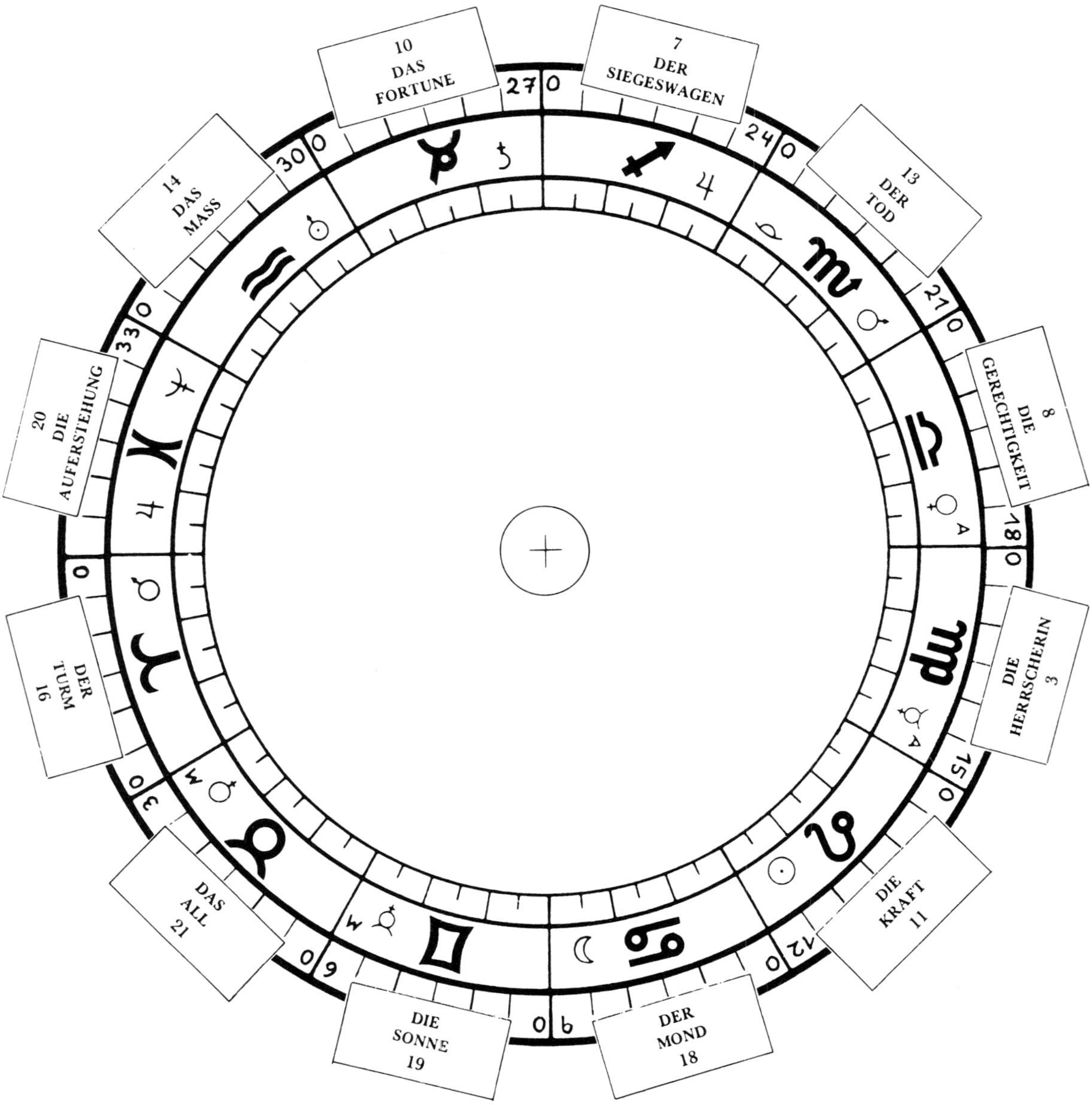

Tierkreiszeichen und Planeten

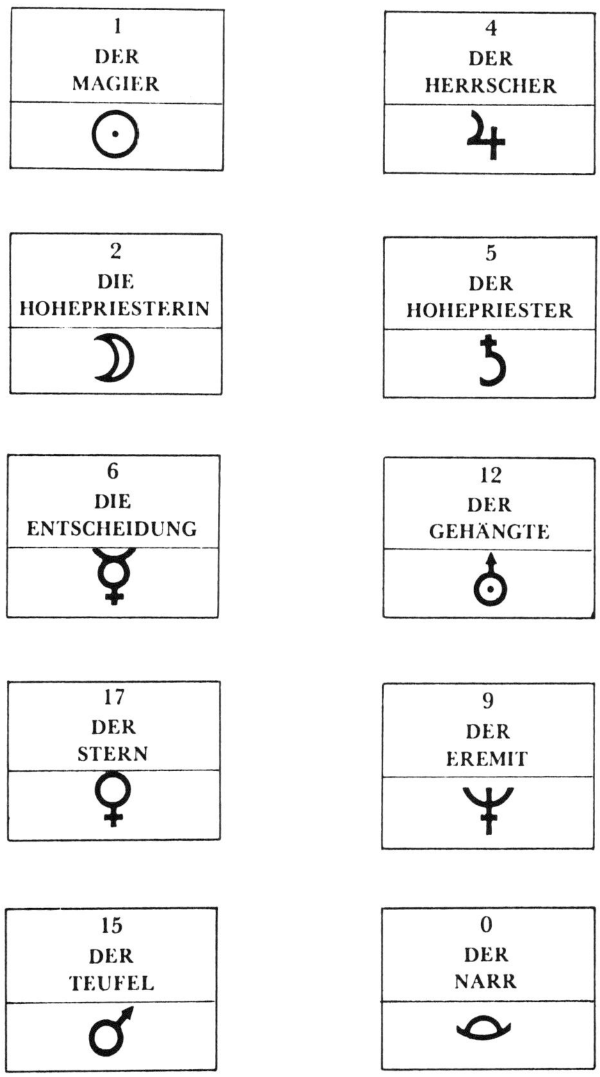

Übersicht:

Zu betonen wäre, daß Astrologie und Tarot so *nicht* zusammenpassen.

Astrologische Namen und ihre Symbole:

☉ Sonne
☽ Mond
☿ Merkur
♀ Venus
♂ Mars
♃ Jupiter
♄ Saturn
♅ Uranus
♆ Neptun
♇ Pluto
♈ Widder
♉ Stier
♊ Zwillinge
♋ Krebs
♌ Löwe
♍ Jungfrau
♎ Waage
♏ Skorpion
♐ Schütze
♑ Steinbock
♒ Wassermann
♓ Fische

Namen der Tarotkarten und ihre Numerierung:

0 Der Narr
1 Der Magier
2 Die Hohepriesterin
3 Die Herrscherin
4 Der Herrscher
5 Der Hohepriester
6 Die Entscheidung
7 Der Siegeswagen
8 Die Gerechtigkeit
9 Der Eremit
10 Das Fortune
11 Die Kraft
12 Der Gehängte
13 Der Tod
14 Das Maß
15 Der Teufel
16 Der Turm
17 Der Stern
18 Der Mond
19 Die Sonne
20 Die Auferstehung
21 Das All
22 Der Narr

Bevor nun eine Zuordnung versucht wird, sei betont, daß in vielen Werken auch andere Begriffe als die hier verwendeten benutzt wurden, abgesehen von den einst weit verbreiteten lateinischen, italienischen oder französischen Namen, oder denen der englischen Sprachwelt.

Die Karte *Hohepriesterin* heißt auch Tempelpforte, der *Siegeswagen* wird als Wagen des Osiris bezeichnet, der *Eremit* gilt als der Weise oder als die verschleierte Lampe. Statt *Herrscher* wurde auch der Begriff König gebraucht, statt die *Entscheidung* der Begriff der Scheideweg. Natürlich läßt sich über diese Namen trefflich streiten, und es muß oft lange geprüft werden, welcher Name wohl passend ist, wenn wir auch – wie einst die Astrologie – den Tarot revidieren wollen.

Sicher geht dem Scheideweg eine Entscheidung voraus, also löst die Entscheidung den Scheideweg aus, so ist wohl der Name die *Entscheidung* treffender. Oder zur Karte die *Auferstehung*. Sie wird häufig das Gericht genannt. Aber die Auferstehung ist das Wesentliche.

Die *Herrscherin* wurde als Ur-Mutter bezeichnet, die Karte *Fortune* hieß auch das Lebens- oder das Schicksalsrad. Sicher ist das Rad in der Darstellung das Vordergründige, aber der Name Fortune scheint doch angebrachter, weil es eben auf das Fortune (nicht Glück im profanen Sinn) ankommt, wie sich das Lebens- und Schicksalsrad für einen dreht.

Der *Turm* heißt manchmal Zerstörung oder der Blitz. Auch da geht es um mehr als um die Zerstörung oder den Blitz; denn im Gegensatz zu irgendeiner Zerstörung, irgendeinem Blitzeinschlag wird hier ein Turm zerstört.

Der *Gehängte* heißt auch die Prüfung, dabei kommt es hier auf die Schau von unten an, das ist das Wesentliche. Es ist unmöglich und hat auch keinen Sinn, sich mit allen Namen auseinanderzusetzen, zumal viele oft an die Herkunftsbereiche der Karten gebunden sind. Die Karte *Teufel* wird auch Taifun genannt, die Karte *Mond* manchmal Dämmerung, die Karte der *Gehängte* das Opfer. Und Namen, wie der Alte mit dem Stundenglas, Kaiser des Ostens oder Kaiser des Westens, können den Lernenden verwirren. Hier geht es dem Tarot wie der Astrologie. Viele Schulen gehen eigene Wege, was ja legal ist. Und so muß sich jeder seine Schule, seine Anregungen selbst suchen. Die *Entscheidung* – also Karte Sechs – ist wichtig. Daran ist schon deutlich geworden, daß dies nichts mit Liebe zu tun hat, obwohl die Karte auch die Liebenden genannt wird. Hier darf es aber keine Doktrin geben, genauso wenig wie innerhalb der Astrologie mit den Häusersystemen oder der Orbiswahl. Erwähnt sei noch, daß viele Kartennamen und Gestaltungen, vor allem im italienischen Raum, einst auch politische Aussagen waren, so wandten sich einige etwa gegen jede päpstliche Doktrin. Es gilt also viel zu sichten, zu ordnen, um zu einer eigenen Arbeitsweise zu kommen.

Die astrologische Bedeutung der Tarot-Karten

Betrachten wir zunächst die Karten, die den Tierkreisabschnitten zugeordnet sind.
Das astrologische Jahr beginnt mit dem Einbruch des Frühlings, genauer mit der Frühjahrs-Tag-und-Nachtgleiche. Also bei Null Grad Widder unseres Meßkreises. Es erscheint nun sehr logisch, daß die Karte der *Turm,* die Karte Sechzehn also, dem Abschnitt Widder entspricht. Kein Abschnittswechsel innerhalb des astrologischen Meßkreises ist so gegensätzlich wie der Übergang von Fische zu Widder. Mit dem Widder bricht ein Neuanfang herein. Die Natur verändert sich schlagartig. Mit dem Einbruch des Frühlings werden die Menschen aus dem sie schützenden Turm befreit, der früher nur eine Höhle war, ein Felsloch. Der Turm des Väterchen Frost birst auseinander, blitzartig keimt es auf, die Lebewesen schrecken aus ihrem Winterschlaf auf, sie werden aus ihrer Erstarrung in die Natur hinausgeschleudert.

Dem Abschnitt Stier entspricht die Karte Einundzwanzig, das *All.* Stier ist das erste feste Zeichen in der Astrologie. Das feste Kreuz der Astrologie symbolisiert die Stabilität des Sonnenjahres. Die festen Abschnitte sind stets die mittleren Abschnitte einer Jahreszeit. Daher auch das Symbol der Sphinx, der vier Evangelisten. Mit dem Eintritt der Sonne in den Abschnitt Stier geschieht also etwas ungeheuer Wichtiges. Hier ist der erste Eckpunkt zum All, der Halt gibt, hier findet das Neugeborene seine Voraussetzungen für das Leben im All, für die Existenz.

Dem Abschnitt Zwillinge entspricht die Karte Neunzehn, die *Sonne.* Im Abschnitt Zwillinge steigt die Sonne zu ihrem höchsten Stand auf. Sie bringt dann den Sommer, die Reifezeit. So schafft sie auch die Voraussetzung für das Gemeinsame, ja sie ermöglicht die Bindungen, gibt ihnen Lebenschancen. Unter dem Schutz und durch die Wärme der Sonne können die Menschen Kontakt aufnehmen, erfolgt die Befruchtung der

Blüten. Und wenn die Sonne so hoch steht, dann werden die Schatten besonders deutlich, man erkennt auch seine inneren zwei Seiten, die jeder von uns hat, was der Abschnitt Zwillinge besonders stark versinnbildlicht.

Dem Abschnitt Krebs entspricht die Karte Achtzehn, der *Mond*. Der Mond, der die Nacht beherrscht, symbolisiert das Nachtbewußtsein, das Unterbewußtsein, die Seele. Die Sonne kann nur zeugen, was in der Tiefe der Nacht, des Dunklen existiert; da herrscht der Mond in seinem Zeichen Krebs, denn dieses Tier lebt da, wo es am fruchtbarsten ist, wo nämlich Erde und Wasser sich vermischen – also im Moor, im Sumpf, an den See- und Flußufern. Und in der Tiefe geht nichts verloren, keine persönliche und keine Kollektiv-Erfahrung.

Dem Abschnitt Löwe entspricht die Karte Elf, die *Kraft*. Diese Karte kann auch zu Recht als die Lust bezeichnet werden. Die Lust wächst aus der Kraft. Aus einer überschüssigen Kraft, wie sie etwa die Wärme der Sonne während der Hundstage ausstrahlt, erwächst die Lust an der Zeugung, am Willen, Spuren zu hinterlassen.

Dazu muß die Urkraft natürlich geordnet sein, sie muß gezähmt sein, um sich wirklichen Schöpfungen, auch denen weiblicher und musischer Art, zu widmen. Gerade das Männliche muß sich dem Weiblichen beugen, damit aus der Kraft der Lust etwas wachsen kann.

Dem Abschnitt Jungfrau entspricht die Karte Drei, die *Herrscherin*. Hier geht es um die Macht, aber auch um die Beherrschung der Erde. Die Erde ernährt uns, aus der Erde wachsen die Früchte, die uns über die Nacht des Dunkels retten. Dabei spielt natürlich die Reinheit eine immense Rolle, und so wird das Korn zum Symbol des Lebens, die Reinheit zum Symbol der Erlösung. Aber die Mutter Erde muß beherrscht werden, sie darf nicht sich selbst überlassen bleiben.

Dem Abschnitt Waage entspricht die Karte Acht, die *Gerechtigkeit*. Gerechtigkeit ist wesentliche Voraussetzung für jede Bindung. Ohne Gerechtigkeit gäbe es kein Zusammenleben, nur eine schreckliche Isolierung. Aber zur Herbst-Tag-und-Nachtgleiche muß Ausgewogenheit vorhanden sein. Nur in der gleichen Anerkennung gegenseitiger Art können sich Bindungen von Bestand ergeben, und man muß sich gegenseitig mit verschlossenen Augen trauen und aufeinander verlassen können.

Dem Abschnitt Skorpion entspricht die Karte Dreizehn, der *Tod.* Nach der Anerkennung der Gemeinsamkeit, der festen Partnerschaft für das Leben, geht es einmal darum, dem Tod in der Natur ins Auge zu schauen, um diesen zu überwinden. Es gilt aber auch das innere Gesetz des Werdens und Seins, des Seins und Vergehens zu begreifen. Natürlich bäumt sich alles dagegen auf, aber der Nebel in der Natur ist unerbittlich in der Horizontverengung. Da hilft nur das Wissen, das Tiere nicht haben, daß nur aus dem Tod neues Leben wachsen kann, ja daß gerade das Absterben das Neue bedingt. Dies ist eine Grunderkenntnis der Skorpionerfahrung. Einst hieß dieser Abschnitt Schlange und Adler – Verdeutlichung dafür, daß wir uns nicht nur wie die Schlange häuten müssen, sondern daß wir uns vom Kriechen auf der Erde abzulösen haben, um uns dem Himmel zuzuwenden. Sich durch einen Schlangenbiß zu töten, wie es Cleopatra tat, war einst eine Gewißheit, wieder ins Leben treten zu können.

Dem Abschnitt Schütze entspricht die Karte Sieben, der *Siegeswagen.* Nach der nebelhaften Horizontverengung wird der große Horizont sichtbar wie nie im Jahr. Der Winterhimmel eröffnet uns die schönsten Perspektiven der Höhe. Dies ist natürlich auch innerlich zu verstehen. Wer den Tod in sich und als Erfahrung überwunden hat, dem wächst ein neues, ein weites Gesichtsfeld zu, das den Sieg über den Tod deutlich macht. Siegreich erfährt der Mensch nun seine Möglichkeiten, da auch das animalische Denken, die Triebabhängigkeit überwunden sind. So führt uns der Siegeswagen in die himmlischen Sphären.

Dem Abschnitt Steinbock entspricht die Karte Zehn, das *Fortune.* Hier geht es um die dunkelste Jahreszeit. Das Auf und Ab wird deutlich. Es ist eine saturnische Zeit, die Sonne scheint kaum mehr; wenn sie scheint, scheint sie weiß, nicht mehr golden, so ist ihre Kraft gemindert. Doch das Rad des Lebens dreht sich, die Tage werden nun wieder länger. Und gerade wer diese dunklen Tage genutzt hat, dem lächelt Fortuna günstig zu, der hat bewiesen, daß das Glück in ihm selbst liegt. Nur der Tüchtige verdient Fortune, wieder oben auf das Rad zu gelangen. Glück ist ein Geschenk, Fortune eine Leistung. Habe ich das Gesetz der Sphinx begriffen, dann führt es mich nach oben, verstehe ich es nicht, führe ich ein Hundeleben.

Dem Abschnitt Wassermann entspricht die Karte Vierzehn, das *Maß.*

Nachdem sich die Dunkelheit hebt, die ersten Wasser der Schneeschmelze sichtbar werden, geht es auch um den Sinn der geistigen Befruchtung. Hier kommt es auf die Ausgeglichenheit an. Es geht um das soziale Verhalten, denn krasse Gegensätze müssen harte Auseinandersetzungen nach sich führen. Wenn einer hungert, kann auf die Dauer der Satte nicht in Frieden leben. Das ist ein unfruchtbarer Zustand. So ist echte Vermenschlichung das Ziel, das sich aber nur im rechten Maß manifestieren kann.

Dem Abschnitt Fische entspricht die Karte Zwanzig, die *Auferstehung*. Hier geht es um die Bilanz, um den Sinn der Aufopferung, über sich hinaus in den Himmel zu wachsen, wenn dieser ruft. Dazu gehört auch Abrechnung, Einsicht, Reue, damit eine Entblößung. Nur wer sich nackt, bar aller Verkleidung anschaut, der erkennt sich, der ist damit auch zu höheren Pflichten und Aufgaben berufen. Oft wird dies durch einen Prozeß des innerlichen wie äußeren Fastens erreicht. Nur wer sich aller Äußerlichkeit entledigt hat, der vermag wie ein Fisch im schöpferischen Wasser zu schwimmen oder aufzuerstehen.

So spiegeln diese zwölf Karten, die wir genannt haben, die Tierkreisabschnitte bildlich bestens wieder. Eine andere Zuordnung ist in einer vollen Geschlossenheit kaum möglich, während man sicher über einzelne Zuordnungen diskutieren könnte.

Wenden wir uns den übrigen zehn Karten zu, die ja nun den Planeten zugeordnet werden müssen.

Der Sonne entspricht die Karte Eins, der *Magier*. Die Sonne ist die Eins, das Zentrum unseres Lebens. Nur die Sonne vermag wahrhaft zu zaubern. Ohne diese Schöpferkraft ginge nichts, damit fängt eben auch alles an. Der Magie der Sonne unterliegen wir, wir sind alle Kinder der Sonne. Was wir aus den Sonnenkräften machen, das ist unsere Magie, und so müssen wir lernen, mit den Sonnenkräften umzugehen, um nicht als Zauberlehrling zu enden.

Dem Mond entspricht die Karte Zwei, die *Hohepriesterin*. Die Seele des Einzelnen ist sein Tempel. Sein Hort der Weisheit, die auf erlittene Erfahrung aufbaut. Die Seele führt uns, weil das Unterbewußtsein nie schläft, so werden uns gerade im Schlaf oft Geheimnisse offenbar, werden im Schlaf Schleier gelüftet, durch die wir im Bewußtseinszustand nicht hindurchschauen können. Die Hohepriesterin ist dafür das Symbol. Sie gibt so die Kraft, daß aus einem Gaukler ein Magier wird. In unserer Seele sitzt unsere Kraft, die gute wie die böse, beides lebt in uns. Die Seele ist das letzte Geheimnis des Menschen, und dieses Geheimnis wird von der Hohepriesterin behütet.

Dem Merkur entspricht die Karte Sechs, die *Entscheidung*. Jede Handlung, jede Reaktion benötigt eine Entscheidung, die zumindest hinterher intellektuell oder bewußt begründet wird bzw. begründet werden muß. Eine Entscheidung wird von uns stets verlangt. Vor allem die Entscheidung, welchen Lebensweg ich gehe. Weder Astrologie, noch etwa Tarot predigen auch nur entfernt einen Fatalismus, sie meinen nur, daß erst die Grundprägung erkannt werden muß, ehe ich mich frei entscheiden kann.

Eine der wichtigsten Entscheidungen ist die, mit wem ich meinen Lebensweg gehe; lasse ich mich dabei animalisch treiben, oder bringe ich in eine Verbindung auch die höhere Liebe, das Einanderbeistehen mit ein? So sind oft Amors Pfeile zu deuten. Die Entscheidung, die ich da fälle, mag natürlich stark vom Unterbewußtsein beeinflußt sein, aber sie muß im Bewußtsein, in der Realität vollzogen werden. Unser Sprechen und Handeln, unser Denken und unsere praktische Lebensgestaltung richten sich dann danach, deswegen hängt jede Entscheidung mit unseren merkurischen Kräften zusammen.

Der Venus entspricht die Karte Siebzehn, der *Stern*. Der Stern der Venus ist der glänzendste Planet unseres nächtlichen Himmels und wurde daher nicht ohne Grund mit der himmlischen, jungfräulichen Geburt, mit der Muse und der Hingabe gleichgesetzt. Dies zeigt uns die Venus als Abendstern, während sie als Morgenstern das kraftvolle Zupacken der kämpferischen Frau symbolisiert.

Die Venus ist der Stern der Sterne am Himmelszelt, sie überstrahlt alle anderen Fixsterne wie Planeten. Sie zeigt uns so das Glück des beginnenden nächtlichen Himmels (als Abendstern) und das Ende dieses Glücks (als Morgenstern). Dies mag uns befruchten und uns schöpferische Kraft geben, zumal bei der Venus stets der Mond in seiner Sichelform steht, die Karte, die dieser Sternenkarte folgt.

Dem Mars entspricht die Karte Fünfzehn, der *Teufel*. Diese Karte steht natürlich vor der Venuskarte, denn mit dem Urtrieb, dem Selbstbehauptungswillen, fängt alles an, bevor dies dann durch die Karte Sechzehn geläutert wird. Der Teufel ist die Karte, die im Tarot immer am schlechtesten wegkommt, wobei vergessen wird, daß der Teufel ja ein gefallener Engel, nämlich Lucifer (auch der Lichtbringer), ist. Der Teufel treibt uns an, mit seinen Lüsten, seinen Begierden, ohne diese hätten wir nicht den primitivsten Impuls, denn wir müssen später über diese Begierden hinauswachsen. So muß der Teufel uns zu Handlungen verführen, die uns vielleicht die Schamröte ins Gesicht treiben, aber die uns auch klar vor Augen führen, welche Kräfte in uns stecken, welche Gier, welche Begierde. Und nur dann können wir diese Kräfte lenken und steuern, wenn wir um sie wissen. Mit der Verteufelung des Triebes, egal auf welcher Ebene, ist nichts gewonnen. Nur mit der Nutzbarkeit, der Sinnerfüllung, werden wir unseres Triebes Herr, um ihn gezielt einzusetzen. Ohne den Urtrieb der Natur würde kein Frühling ausbrechen, würde ewige Erstarrung vorherrschen. Und eine gewisse Einseitigkeit gibt ja der Jugend ihre revolutionäre Kraft, auch einmal einen Sprung – wenn es sein muß – in die Tiefe zu wagen.

Dem Jupiter entspricht die Karte Vier, der *Herrscher.* Jupiter stellt in der Astrologie die höhere Sonne dar, was ja auch den Zeitgesetzen entspricht. Im Olymp war Jupiter der unumschränkte Herrscher, und das Jupiterhafte in uns, die Entfaltung, sollte uns beherrschen, wenn wir sinnvoll leben wollen. Jupiter aber richtet auch und straft, und er ist nicht frei von Eitelkeit und Stolz, eine Gefahr, der sich jeder Herrscher entziehen sollte. Der Herrscher soll gerecht und weise sein, soll seine Gunst gerecht verteilen. Das Schwierigste ist, mit seiner Macht beherrscht umzugehen, somit hat jeder Herrscher auch noch einen Herrscher in sich. Und eine echte Krone ist nur die, die auch vom Himmel mit Gunst ausgestattet ist. Der größte aller Planeten ist Jupiter, aber Quantität ist ja nie auch Qualität. Und uns zur Qualität zu führen ist Aufgabe sowohl des Jupiter wie jedes Herrschers.

Dem Saturn entspricht die folgende Karte Fünf, der *Hohepriester.* Diese beiden Karten beziehungsweise astrologischen Symbole müssen nebeneinander liegen, denn in ihrer Konjunktion, der berühmten großen Konjunktion, zeigen sie uns die wichtigen Weltenstunden an wie keine andere Himmelskonstellation. Saturn ist der Hüter der Schwelle, der

Gegenspieler auch des Mondes von den Zeitgesetzen her, damit auch der Gegenspieler der Hohepriesterin. Hier geht es weniger um seelische Grunderfahrungen, als um die Lebensprüfungen, um die Bewahrung des Bewährten. Erst wer dies alles bestanden hat, der darf die Schwelle, die vom Hohepriester bewacht wird, passieren, um in die Welt der Geheimnisse einzudringen. Der Hohepriester weiß wie kein anderer um die Zeit und ihre Gesetze. Das war bei Thoth so, wie bei Chronos/Saturn. Mit der Zeit beginnt und endet alles. Was jemand in seiner Zeit erlebt, das ist sein Leben, wie jemand seine Zeit ausfüllt, das ist sein Schicksal. Und erst wenn jemand reif ist, darf er einen Schritt weitergehen. Auf die innere Reife kommt es an, alles Unreife, und sei es einem noch so lieb wie die eigenen Kinder, muß heruntergeschluckt werden.

Dem Uranus entspricht die Karte Zwölf, der *Gehängte.* Uranus symbolisiert in der Astrologie die intuitive Plötzlichkeit. Den Umsturz auf Grund plötzlicher Einsichten, das Herunterfallen der Schuppen von den Augen. Dies bedeutet aber auch, nicht nur alles von einer bestimmten Warte aus mit dem Verstand zu sehen, sondern einmal den Blick aus der verdrehten, umgekehrten Perspektive zu wagen. Und es ist gut, wenn jeder hin und wieder seine Ohren am Urgrund, an der Mutter Erde hat, wenn er in sich hineinhört. Denn zu Staub werden wir alle, aber aus dem Staub kommen wir alle auch. Das Blut muß wieder in den Kopf fließen, wenn zuviel blutleere ideologische Gedanken da herrschen, und die Theorie blutleer ist, die die Welt auf den Kopf stellen will. Da stelle man sich vorher selbst auf den Kopf, und zwar freiwillig, dann ist dies kein Leidensweg, sondern eine schöne, wichtige Erfahrung. Wenn ich mir über ein Problem ohne Ergebnis den Kopf zerbrochen habe, dann – aber erst dann – führt einen die Intuition aus der Sackgasse heraus, weil uns ungewöhnliche Blickpunkte neue Wege offenbaren. Nie also nur in eine Richtung schauen, das lehrt uns Uranus wie der Gehängte, und diese Bewußtseinsstufe ist meist diejenige, die unsere zweite Lebenshälfte entscheidet, dann, wenn der laufende Uranus in Opposition zu seinem Radixort steht.

Dem Neptun entspricht die Karte Neun, der *Eremit.* Neptun ist der Führer durch die Instinktwelt. Der Instinkt warnt die Menschen vor einer Gefahr und kann sie so aus ihrer Angst herausführen. Und der gesunde Instinkt führt die Menschen auch wieder aus dem Trubel in die asketische Einsamkeit. Hier kann dann die Inspiration instinktiv wachsen. Das eröffnet

Blicke nach innen, und oft über alle Grenzen, auch über Entfernungen und über das Leben hinaus. Hier wird eine innere Magie sichtbar, von der nur wenige etwas wissen. Aber auch nur wenige gehen in das Dunkle, um dieses Dunkle mit ihrem kleinen Licht zu erhellen. Doch das bringt Licht in das Grundelement der Seele, in das Wasser, wo die Kräfte des Neptun beheimatet sind. Inspiration ist ja nie eine Sache der Menge, der Masse, immer nur die Angelegenheit einiger Auserwählter, die meist nur nicht wissen, daß sie auserwählt sind. Ein Licht, das die animalische Höhle ausleuchtet, hilft uns erkennen, daß wir uns über die primitive Instinktwelt erheben müssen, um Inspiration zu empfangen. Und jeder Mensch braucht seine Ruhe- und Besinnungspunkte, um sich so instinktiv zu regenerieren.

Dem Pluto entspricht die Karte Null und die Karte Zweiundzwanzig, der *Narr*. Am Anfang ist der Mensch ein Narr und am Ende wahrscheinlich auch. Ein Narr, weil er nicht vermag, die Schätze, die in ihm wohnen, zu entdecken, und wenn er sie entdeckt, vermag er sie meist nicht zu heben und zu nutzen. Pluto war (auch als Hades) immer der Hüter der Schätze, auch der Schätze in uns und in unserer Erde. Ohne das Wissen um diese Schätze, die in ihm liegen, tanzt der Mensch als Narr und Hans-Guck-in-die-Luft und pfeift so auf die Aufgabe, in sich zu schauen. Pluto ist das Symbol für unsere Durchsetzung als Individuum in der Menge. Er zeigt an, ob wir Mitläufer, Opportunisten bleiben, oder ob wir unseren persönlichen Weg gehen. Ersteres wäre Narretei, letzteres aber auch, das ist der Kreislauf. Wer sich gegen die Masse erhebt, wird als Narr betrachtet, und wer mit der Masse jubelt, schreit und protestiert, ist noch mehr ein Narr. Und Pluto symbolisiert auch die Macht. Aber wer Macht benutzt, um an der Macht zu bleiben, der handelt ebenso närrisch wie der, der sich von der Macht beeindrucken läßt. Kurz, wie wir uns innerhalb der Masse mit der jeweiligen Macht unser Leben einrichten, entscheidet, ob wir ein Narr bleiben. Und es wird wohl erst am Ende klar, ob wir alle Narren gewesen sind.

Damit ist die Verbindung von Astrologie und Tarot aufgezeichnet, es ist wohl auch klar geworden, warum die Zuordnung der Karten kaum anders (grundsätzlich) sein kann. Sicher sagt im Grunde ein Horoskop über die Grundprägung weitaus mehr als das Kartenschlagen oder -legen mit den Tarotkarten. Mit einem Horoskop kann der Einzelne psychologisch viel individueller erkannt werden. Der Tarot stellt aber eine ausgezeichnete Ergänzung für die Horoskopausdeutung dar.

Durch die Beziehung zwischen Astrologie und Tarot wird letzterer sicher viel gehaltvoller. Durch diese Zusammenschau, und allein darum geht es, wird alles bildhafter. Dies gilt besonders für Astrologen, die in ihrer Wortwahl etwas Mühe haben, die sich vielleicht auch sehr vorsichtig ausdrücken wollen.

Natürlich muß man acht geben, denn das Bild der Teufel oder der Tod sind im Umgang sehr gefährlich, da muß immer mit gesagt werden, wo die guten Aspekte dieser Karte liegen. Denn im Tarot wie in der Astrologie gibt es kein großes und kein kleines Unglück (so werden ja oft Saturn und Mars bezeichnet). Der Teufel wie der Tod sind eben auch keine nur bösen Kräfte, wie der Stern oder der Magier keine nur guten Karten darstellen.

Natürlich besteht die Gefahr, daß einerseits nicht nur der Tarot gehaltvoller wird, sondern die Horoskopausdeutung profaner, das muß auch gesehen werden, aber dieses Risiko ist einzugehen, es lohnt sich, denn in der Praxis schaut bei dieser Zusammenschau doch sehr viel Positives heraus. Vor Mißbrauch kann ja stets und überall nur gewarnt werden, aber auszuschließen ist er nie. So auch hier.

Chancen sind wahrzunehmen, wer jedes Risiko meiden will, der wird nie eine Chance nutzen.

Nun ist schon gesagt worden, daß die Tarotkarten an und für sich einen in sich geordneten Ablauf von Entwicklungs- oder Bewußtseinsstufen im Leben darstellen. Deswegen ist auch in jeder Karte ein Symbol enthalten, das als Stab anzusehen ist, als wäre das Leben ein Stafettenlauf, in dem von einer Stufe des Lebens zur anderen der Stab weitergegeben wird, wie auch im Ablauf der Tierkreiszeichen oder der Häuser eines Horoskops ein Ablauf im Grundsätzlichen zu verzeichnen ist. Das ist aber in der Praxis des Lebens eine Theorie. Denn vom Aszendent her wie von der Sonnenstellung wird dies bereits für jeden individuellen Menschen verschieden. Und auch die Stellung der Planeten betont ja in den Tierkreiszeichen wie in den Häusern eine besondere Wichtigkeit der Lebensstufen und Aufgaben. Ebenso ist es mit dem Tarot. Aus diesem Grund wird ein Tarotspiel auch vor dem Legen immer gemischt, weil es der jeweiligen Situation des Fragenden entsprechen soll. Dies muß hier betont werden, weil sonst die Vorstellung der Karten von Null bis Zweiundzwanzig illusorisch erscheinen mag. In der Praxis, im Leben, gibt es das nicht. Die jeweiligen

Entwicklungen, die jeweiligen Bewußtseinsstufen erfolgen in Sprüngen, in Schüben, und sie sind auch geschichtlich, historisch über mehrere Generationen oder über mehrere Leben zu sehen. Es wäre leichter – und dann bedürfte es keiner Geheimwissenschaften mehr –, wenn unsere Entwicklung folgerichtig wäre, aber man braucht Umwege, um zum Ziel zu kommen. Das Leben ist ein Labyrinth, ein gordischer Knoten. Unsere Aufgabe ist es, den Knoten zu entwirren, um den Faden der Ariadne in der Hand zu halten.

II

Die Karten 0 bis 22

Karte: 0 und 22

Der Narr

Astrologisch: Pluto

Vordergründig betrachtet, sehen wir einen sorglosen Menschen. Er freut sich an der Natur, schaut in den Himmel. Viel Besitz hat er nicht, das macht ihn frei. Sein Stab wird locker aufgesetzt, denn ein Ziel scheint er kaum zu haben. Etwas Naiv-Erfahrenes liegt in seinem Blick, als wenn er wachend träumen würde. Ein Hund springt ihn an, beißt ihn spielerisch, doch unseren Narren scheint das nicht zu stören. Man spürt, wenn er so weitergeht wie ein Hans im Glück, stürzt er über einen Abgrund ins Unendliche, aber da will er vielleicht hin. Doch der Weg dahin ist weit. Nun geht es erstmal leicht bergab, nachdem er eine Höhe gerade erreicht hat, doch näher kann er zunächst nicht an den Himmel kommen.

Die Kleider sind zerrissen, aber auf das Äußere legt unser Narr scheinbar keinen Wert, oder er hat sich damit abgefunden. Er fühlt sich mit der Natur verbunden, deswegen zieren grüne Zweige seine Kopfbedeckung.

Aus dem Himmel leuchtet ihm ein Sonnenobelisk entgegen, ein Herrschersymbol aus dem alten Ägypten. Vorher war es ein in Stein gehauener Lebensbaum, ein Abbild des Lebensbaumes am Himmel, den wir heute die Milchstraße nennen.

Ein Mann ist also auf dem Weg. Auf welchem?

Es ist die Karte Null. Die Zahl des Nichts, und die Zahl, die durch ihre Menge alle anderen Zahlen im Wert millionenfach steigern kann. Es handelt sich hier also um einen echten Nullzustand, oder um eine Karte ohne Zahl, wie sie auch oft genannt wird. Aber es ist auch die Karte Zweiundzwanzig, die außerhalb der Karte Einundzwanzig, der zwei heiligen Zahlen der 3 × 7 Karte steht. Die Zweiundzwanzig ist die letzte Karte der großen Arcana und die erste. Also Anfang und Ende. Und unser Bild zeigt deutlich, daß der Narr nicht am Punkt Null angefangen hat, sondern wohl schon einige Entwicklungsstufen hinter sich gebracht hat, wenn er nun auch wieder auf Null angekommen ist. Die Kleidung verrät eine Höhe der Entwicklungsstufe, auch sein Musikinstrument, das als Gitarre erkennbar ist; all das deutet darauf hin, daß unser Narr doch

0	DER NARR	℧

jemand ist, der die Zivilisation kennengelernt hat, zumal er auch nicht mehr barfüßig läuft. Also läuft er im Kreis, sich wie auf einer Wendeltreppe langsam höher und höher schraubend, als Narr vielleicht nicht erkennend, wie gefährlicher mit jeder höher gelegenen Stufe der Absturz werden könnte. Ein Mensch ohne jede Bindung, ganz auf sich allein gestellt, im Glauben, nur so den Himmel erreichen zu können. Er träumt und er glaubt. Er sieht im Himmel die Seligkeit, aber auch die Macht, ja sehr die Macht, wie der Obelisk zeigt.

Das Gesicht des Narren ist daher nicht so fröhlich, auch nicht mehr jung, sondern man spürt eine Anspannung. Aber was für eine? Der Narr hat nur seinen Stab und sein Instrument, aber die Musik in ihm ist verklungen, muß also neu geweckt werden. Es kommt darauf an, das Musikinstrument wieder auszupacken.

So symbolisiert diese Karte wohl den Wunsch eines jeden, sorglos und frei dem Himmel nah zu leben, aber auch die Tatsache, daß dies nicht froh macht. Ohne soziale Verpflichtung zu sein, ist ein gefährlicher Traum, der nur ins Abseits, in den Abgrund führen kann. Das einzige Wesen, das geduldet wird, ist der kleine, schwarze Hund, der mit dieser Einstellung sicher besser fertig würde. So erscheint die Erde verdorrt, steinig, fast unfruchtbar. Oder ist der Narr so hoch gewandert, wo die Vegetation aufhört? Auch das wäre eine Narrheit, denn dann muß er heruntersteigen, was oft schmerzvoller ist als aufsteigen. Doch die Luft ist oben dünn, der Himmel so nah, daß die Bläue unwirklich erscheint.

Die Schritte werden also wieder ins Tal gelenkt. Nach oben führt der Weg nicht weiter, der Mensch braucht seine Ordnung, wie der Obelisk anzeigt, der einst ja als Groß-Sonnenuhr ein Zeitmesser war und somit die Sonnenstunden angab. Aber wenn Zeit herrscht, muß Ordnung herrschen, das heißt, sich auch einzuordnen in die Gesetze des Kosmos. Darum geht es hier. Jeder muß sich einordnen, um kein Narr zu sein, weil Vagabundieren allein keine Entwicklung bringt. Solange die Gedanken nur in den Wolken schweben, solange geht die Zeit auf der Erde dahin, ungenutzt und sinnlos. So heißt es also am Anfang einer Bewußtseinsstufe, seine Wachträume abzulegen, zu besiegen und sich in die Menge der anderen Menschen einzugliedern. Nach oben kommen ohne Leistung, das gibt es nicht, das sind Schelmereien, über denen man nur sehr schnell altern kann. Unverbrauchte Kraft ist vergeudete Kraft, die für immer verloren ist. So ist das Einfügen das erste Gesetz, was ja nicht heißt, daß man damit seine Individualität aufgeben muß, wie es Träumer immer wieder als Selbstentschuldigung für Nichtstun darlegen. Wie ich mich in der Menge durchsetzte, wie ich mit der Masse lebe, das entscheidet, wie sehr ich noch Narr bin oder wie wenig.

In der Astrologie wird dies durch Pluto symbolisiert, den Generationsplaneten, denn eine Grundauffassung ist meist eine Generationseinstellung. Jede Generation hat ihre Narretei, die der Einzelne jeweils überwinden muß. In der Masse sind wir alle Narren, sind wir lenkbar, manipulierbar, hilflos. Erst wenn wir uns in der Masse erkennen und dann aus der Masse herauswachsen wollen, ohne uns abzusondern, beginnt unsere Entwicklung.

Dies wird in dieser Anfangs- und Endkarte deutlich gemacht. In der plutonischen Masse sind wir eine Null, sind wir am Nullpunkt, egal auf welcher Entwicklungsstufe, egal auf welcher Zivilisationshöhe. Das ist eine Tatsache, vor die jeder zu jeder Zeit immer wieder gestellt wird, dies steht hier zur Debatte. Und wenn man uns in der Jugend im Märchen auch etwas vom Schlaraffenland erzählt, wenn wir später von Massenführern das soziale Massen-Schlaraffenland versprochen bekommen, wir bleiben Narren, wenn wir daran glauben. So wie die Sonnenuhren nicht jede Stunde anzeigen, die dunklen etwa, so müssen wir lernen, das Helle vom Dunklen zu unterscheiden. Deswegen werden hier im Tarot zweiundzwanzig Stufen durchgearbeitet und aufgezeigt.

So nimmt jeder Abschied von seinen Wachträumen, und die himmelstürmenden Wünsche werden so klein wie der kleine Schmetterling auf der Kopfbedeckung.

Unser Narr träumt – das zeigt die Kleidung – nicht mehr von alten Sagen und Märchen. Die Mythenwelt in ihm ist nicht ausgeprägt, nein, er träumt von vergangenen menschlichen Zeiten, denn der Obelisk ist Menschenwerk.

Dieser Obelisk war ein Herrscherzeichen. Könige und Gottesvertreter im alten Ägypten errichteten ihn, damit die Massen weithin das Symbol der Macht, aber auch der Führung sahen. Und hier in dieser Karte ist das durchgehende Symbol des Stabes in der großen Arcana sowohl im Spazierstab wie im Obelisk angezeigt, symbolisierend, daß in jedem von uns ein Machtwunsch, ein Machtbedürfnis lebt.

Das erste, was einst aus dem alten Ägypten exportiert wurde, waren die Obelisken, die heute auf den Hauptplätzen unserer wichtigsten Hauptstädte stehen. In Washington wie in Paris, in London wie in Rom und in Istanbul. Denn jede Ordnung baut auf einer vergangenen Ordnung auf, wie jede Bewußtseinsstufe auf einer vorhergehenden ausgereiften. Deswegen ist diese Karte auch Anfang und Ende. Die Karte ohne Zahl, und die Karte mit der höchsten Zahl. Aber diese Karte liegt außerhalb der Weltordnung der 3 × 7, das heißt also, hier fängt mit Null ein neuer Weg an. Nach der Erfüllung einer Lebensaufgabe folgt die andere, nach der Erfüllung eines Lebens folgt das nächste. Darum geht es, um diese Einsicht muß gerungen werden. Man muß nicht zu einer Einsicht kommen, aber man muß sich um die Einsicht bemühen, sich auf den Weg machen – das allein ist das Wesentliche.

Immer wieder heißt es, von vorn anfangen, und es ist doch kein von vorn. So ist diese Karte also nicht das absolute Nichts, sondern das Nichts vor einem neuen Weg, der Nullpunkt, an dem man noch keinen Meter zurückgelegt hat.

Der nach mir geht, der geht mir voran. Diese himmlische Weisheit gilt es hier zu erkennen. Es ist ein himmlisches Gesetz, das uns Sonne und Mond täglich, monatlich und jährlich lehren. Und um diesen Kreislauf zu erkennen, müssen wir den Himmel sehen, dürfen aber der Erde nicht entfliehen wollen. Erfüllen wir also, jeder von uns, die nun kommenden einundzwanzig Stufen! Geben wir unseren Stab – hier den Spazierstab wie den Stab des Obelisken – von einer Entwicklungs- oder Bewußtseinsstufe zur folgenden Reifestufe weiter und verzweifeln wir nicht, wenn dann schon wieder neue Forderungen an uns gestellt werden! Nur ein Narr kann glauben, er hätte sein Ziel erreicht. Erkennt er seinen Irrtum, dann stürzt er zwar nicht ab, er muß aber nun seine Schritte wieder bergabwärts lenken.

Das mag manchem närrisch erscheinen, aber es ist es nicht. Denn die Stufen, die jeder durchwandert hat, die vergehen ja nicht spurlos, die sind auch nicht abzustreifen, wie hier an den Resten der Kleidung deutlich wird. Keiner kann seine eigenen und seine Kollektiverfahrungen abstreifen, täte er es, wäre er ein vollkommener Narr, denn er würde aus dem Spiel des Lebens fliegen und müßte nun von ganz vorn anfangen. Und er wäre heimat- und wurzellos, denn unsere Kollektiverfahrungen sind mit unserer Heimat, mit unserer Volksherkunft unwiderruflich verbunden. Dies entspricht im Astronomischen dem Pluto, der unsere Erde in einer Schleife umkreist und sicher von seiner Warte die Erde in so geheimnisvollem Licht sieht, wie eine der Kugeln oder Sonnen, die hier um den Obelisken kreisen. Wir müssen also das närrische Gauklertum ablegen und uns wie ein Magier den wahren Geheimnissen zuwenden, daher steht der Magier auf der ersten Bewußtseinsstufe unseres Weges.

Karte: 1

Der Magier

Astrologisch: Sonne

Vordergründig betrachtet, sehen wir einen Mann aus einem fernen Kulturbereich, da alles in der Vergangenheit begann. Hinter dem Mann ein riesiger Horus-Falke, der auf seinem Kopf die Sonne zu tragen scheint, die wiederum von einer Schlange umkreist, eingeschlossen wird. Links von dem Mann – der als Magier betrachtet werden kann, worauf seine beschwörende Geste hinweist – purzelt ein Schwert, purzeln Münzen und ein Kelch tänzerisch zur Erde. Das sind die drei Elemente: Feuer gleich Schwert, Wasser gleich Kelch, Münzen gleich Luft. Das vierte Element stellt der Holzstab dar, die Erde. Dieser Stab ist bearbeitet (wie ja alle Elemente als Symbole erscheinen, die Menschen sich erarbeitet haben) und hat an seinen Enden zwei Kugeln.

Die Kugel als Ausdruck des gefüllten Ganzen, wie ja auch die Sonne einst als Kugel gesehen wurde. Der Magier, der sich sichtlich um den Sonnenkult bemüht, tritt auf ein besonderes Stück Erde, das von einer Schlange in Form einer Acht eingegrenzt wird, und ein achtstrahliger Stern verdeutlicht die unendliche Abhängigkeit der Erde vom Himmel. Auf der Erde blüht nun eine kleine wunderschöne Lotos-Zauberblume, was Fruchtbarkeit verheißt. Der Magier hat Schmuck angelegt. Er trägt einen stilisierten, altägyptischen Kopfschmuck sowie ein Henkelkreuz, das Symbol der Sonne verbunden mit dem Kreuz der Erde, das jeder hier tragen muß. Wie sehr der Mann mit der Sonne verbunden ist, zeigt das um den Nabel erkennbare Sonnengeflecht. Der Mann ist also der Sohn der Sonne, der Herd unserer magischen Kräfte, denn mit der Sonne fing alles an, sie ist die Urkraft.

Daher trägt diese Karte die Nummer Eins. Die Eins ist der bewußte Anfang, die Eins ist die Einheit, da es nur einen wahren Schöpfer gibt. Und sie ist auch das Tor in die Welt der Geheimnisse. Die Eins ist in der Acht der Mittelpunkt, der Knoten, den es zu lösen gilt. Die Eins ist die Zahl der Sonne als der Ur-Schöpferkraft.

Die eine Hand des Magiers weist auf die Sonne hin, die andere hält den Stab der Materie und versucht mit diesem Stab zu zaubern. Geistige Ringe

1 **DER MAGIER** ☉

etwa, die sich nach unten und oben fortsetzen oder fortpflanzen. Je tiefer der Stab, um so erdverbundener, um so dunkler scheint er, während er je näher der Sonne, dem Himmel, fast golden schimmert. Ja, es leuchtet um den Stab, der nun bereits voller Leben ist, während der Spazierstab ja abgestorben war.

Das Stück Erde, auf dem der Mann steht, schwimmt im dunklen, blauen Meer des Kosmos, weil die Erde nur ein Teil des Kosmos ist, wenn wir sie auch für den Mittelpunkt halten mögen. Aber dem Kosmos haben wir uns zu beugen, darüber wacht der riesige Horusfalke. So ist der Magier auch ein Horussohn, der einmal als Horusgott zum Himmel, zur Sonne zurückkehren wird. Dieser Falkengott wurde schon in uralten Zeiten mit der Sonnenscheibe und der Schlange (als Mondsymbol) in Verbindung gebracht. Ebenso mit dem Abschnitt Löwe, dem Sonnenabschnitt.

Horus war der Bruder des Osiris, beide beherrschten den Himmel. Horus am Tage, Osiris als Mondgott des Nachts. Der Falke jedoch flog am Tage gen Himmel, und da die Sonne als das Schöpfertum schlechthin angesehen wurde, wurde Horus zum ägyptischen Königsgott, der längs des Nils als der Vertreter der Sonne angesehen wurde. Kämpfender Falke wurde der erste ägyptische König genannt, und Gott galt als der Erhabene. Aber Horus wurde auch als leuchtender Stern gesehen, das war das Licht der Venus, die immer nahe der Sonne und der Mondsichel steht. War die Sonne aufgestiegen, dann der Falke auch, der nun in ihrem Licht unsichtbar war, aber beim Sonnenuntergang wieder leuchtete. Im Wandel der kulturellen Geistesgeschichte wurde Horus auch mit dem Mond gleichgesetzt, da ja der Mond sein Licht von der Sonne empfängt. Der Falke aber – als Symbol – wacht auf der Erde, daß die Gesetze der beiden Gestirne hier befolgt und in Ehren gehalten werden. Erst die Sicherheit, daß die Sonne den Weg durch das Dunkel unbeschadet übersteht, daß also immer wieder Tag wird, ließ ja die Menschen die Nacht ertragen. Kam aber eine Finsternis über die Sonne, starb die Sonne am Tage, dann mußte auch ein König als Stellvertreter der Sonne sein Leben lassen.

Der Magier nun, ein Sonnensohn, zaubert die Sonnenkraft auf die Erde. Er hantiert mit ihr, damit zähmt er die Schlange nach dem Vorbild Hermes/Merkur, und wie es schon Moses tat. Moses zauberte den Stab zur Schlange und die Schlange zum Stab, getreu dem himmlischen Vorbild von Mondsichel und Himmelsstab, der Milchstraße. Denn die Mondsichel verschwindet hinter der Milchstraße und kommt auf der anderen Seite des Himmelsstabes als neugeborene Schlange wieder hervor.

Das wird noch heute als magisches Symbol der Gesundheit gesehen. Wenn die Sonne es also will, dann ist Leben auf der Erde, und auf dem Mond ist das Licht der Sonne auch des Nachts. Und wenn es einmal drei Tage nicht zu sehen ist, dann wandelt sich der Mond: aus dem sterbenden Mond wird ein Neugeborener. Das ist die große Magie des Himmels, die uns Trost spendet. Dieses Zeichen der Ewigkeit, in der der Tod also nur vordergründig herrscht, ist die Acht der Schlange und die Acht des Sterns. Das ist hier zu begreifen, das muß am Anfang einer Entwicklung gelernt werden. Nichts vergeht, alles kommt wieder, wir können keine Schuld tun, die nicht irgendwann gesühnt wird.

Deswegen zaubert der Magier mit dem Holz, dem Symbol des Erdelements im Tarot. Die Münzen symbolisieren das geistige luftige Element, denn es war eine Geistestat, aus dem anfänglichen Tauschhandel dann mit Münzen einen allgemeinen Handel zum Wohle aller aufzubauen. Das Schwert versinnbildlicht das Feuerelement, denn das Feuer diente zunächst als Waffe, und das Schwert wird im Feuer erhärtet, wie wir alle im Feuer des Lebens unsere Abhärtung bekommen. Der Kelch dagegen nimmt das Element Wasser auf, das uns nur nützt, wenn es eingefangen werden kann. Der Mensch muß mit den Elementen zaubern, um zu überleben, die Sonne allein macht es nicht. Zur Sonne gehört das Kreuz, das Kreuz der Pflicht, das Kreuz, das auch die vier großen Winde aus den vier Himmelsrichtungen symbolisiert.

Der Mensch ist also voller magischer Talente, die er allen übrigen Lebewesen auf dieser Erde voraushat, aber dieser magischen Gaben muß er sich würdig erweisen.

Der Magier zaubert im Sinn der Sonne. Er darf kein Gaukler sein (wie diese Karte auch manchmal genannt wird). Und jeder von uns hat seine magischen Talente, die nur die meisten sehr schnell verspielen, weil wir sie nicht üben, weil wir ihrer nicht Herr werden. Die Gefahr des Zauberlehrlings liegt in jedem von uns, und doch müssen wir unsere kleine Sonnenkreativität in uns nutzen, so wie die Schlange ihre Häutung benutzt, um sich zu verjüngen. Auch das ist eine magische Kraft, die bei der Schlange äußerlich sein darf, bei dem Menschen geht es ja um eine seelische, innere Verjüngung.

Es geht im Grunde hier um das Urgesetz der Astrologie: So unten – wie oben. Das muß am Anfang des Lebens bei der ersten Station gelernt werden. Die Sonne gebraucht ihre Kraft, also haben wir auch unsere innere Sonnenkraft, unser Herz zu gebrauchen. Herzlos sein, hieße unlebendig sein, und das ist nicht nur, oder kaum, äußerlich zu verstehen. Die Sonne lehrt uns die Weite, lehrt uns, über den Horizont hinaus zu blicken, da sie am Horizont auf- und untergeht, uns also sehr deutlich zeigt, daß es mit dem Horizont nicht aufhört, daß hinter dem Horizont, den wir außerdem nie erreichen können, das Lebensgeheimnis erst anfängt. Es kommt also auf die Horizonterweiterung an, wie uns dies später noch sehr deutlich gemacht wird. Aber schon hier auf der Anfangsstufe müssen wir begreifen, daß wir über unser Gesichtsfeld hinausblicken müssen. Und auch die Blüte lehrt uns auf Erden das Vergehen und das immer wieder neu Aufblühen, und nicht ohne Grund wendet sie sich der Sonne zu.

Der Anfang ist also gemacht, die Sonne scheint, sie bringt Leben, wenn das Leben auch nicht leicht ist. Aber sie verkörpert das Bewußtsein. Das Bewußtsein jedoch bedarf seiner Ergänzung, wie der Tag der Nacht bedarf. So müssen wir uns dem Unterbewußtsein zuwenden, denn in der Seele des Menschen sind die vielen, vielen Urerfahrungen gespeichert. Das Bewußtsein fängt immer von vorn an, wer aber nicht auf sein Unterbewußtsein hört, der lernt nicht, der kommt nicht weiter, der lebt letztlich arm. Das Unterbewußtsein wird hier im Bild von der Schlange, einem Mondsymbol, verkörpert. Und von der Sonne führt der Weg direkt zum Mond, der empfängt und aufnimmt und bewahrt. Die Kreise des Magiers verdeutlichen dies auch; einige gehen in die Höhe, andere in die Tiefe. Auch so wird angezeigt, daß jeder mehr lebt, als nur in den Tag hinein wie der Narr. Dann erst nämlich fällt auch niemand mehr ins Bodenlose, so wie Schwert, Kelch und Münze nicht ins Nichts hinabsinken.

Der nächste Schritt, der Schritt zum Mond ist ein weiter Schritt in die Einweihung, da wir uns der Hohepriesterin stellen müssen. Und wie der Weg vom Narr zum Magier ein langer Weg und doch nur ein Anfang ist, so ist der Weg vom Magier zur Hohepriesterin zwar naheliegend, aber doch schon unendlich weit. Weit zurück nämlich in die Vergangenheit, in der wir uns erkennen müssen, um die Gegenwart zu meistern, wobei die Zukunft noch in den Sternen liegt. Schauen wir der nächsten Stufe also offen ins Gesicht, so wie uns der Magier offen, aber doch beschwörend anschaut. Der Weg hat begonnen.

Karte: 2

Die Hohepriesterin

Astrologisch: Mond

Vordergründig betrachtet, sehen wir eine geheimnisvolle Frau auf einem Steinsockel in einem Tempel thronen. Sie ist flankiert von einem hellen und einem dunklen Sphinx. Hinter ihr zwei Säulen eines Tempels, der am Ufer eines großen Flusses gebaut wurde. Diese zwei Säulen rahmen alles ein, die Zahl Zwei wird hier also mehrfach unterstrichen. Es ist Nacht. Die liegende Mondsichel über dem Kopf der Hohepriesterin zeigt, daß hier im Tempel der symbolische Mond, die Mondgottheit verehrt wird. In der Sichel tanzen mehrere Mondgottheiten mit heiligen Mondhunden und Mondschlangen, Licht und Schlüssel des Geheimnisses in der Hand haltend. Die Priesterin hält einen Stab in der Hand, das Zeichen ihrer Mission und Würde, mit der anderen Hand hat sie das Buch der Weisheit aufgeschlagen. An ihrem Schulterschutz hängt das geheimnisvolle Henkelkreuz, das Symbol der Sonnenschöpferkraft und des Kreuzweges. Zu ihren Füßen liegt eine Schlange, einen Kreis bildend, ein altes Mondsymbol, da sich der Mond wie die Schlange am Himmel zu häuten scheint. Der Kreis verkörpert Anfang und Ende und Ewigkeit.

Der Blick der Priesterin durchdringt den Betrachter trotz des Schleiers, weil es hier darum geht, das Innenleben zu durchleuchten. Sicher mag mancher hier den Schleier lüften wollen, um seine eigene, verborgene Seele zu erkennen. Aber ohne Vorbereitung und Schulung würde er wohl vor sich erschrecken.

Im Buch der Weisheit läßt sich übrigens ohne weiteres lesen, die Hand der Hohepriesterin will nichts verdecken, sie will eher darauf hinweisen. Das Buch selbst liegt zwischen dem hellen und dem dunklen Sphinx, die – wie die zwei Säulen – die Zweiheit im Menschen, das Helle und das Dunkle, das Bewußte und das Unbewußte in uns symbolisieren. (Im Sprachgebrauch wird auch «die Sphinx» gesagt).

Die Hohepriesterin weiß um den Wert des unbewußten Wissens –, das größte Kapital, das ein Mensch mitbekommen kann. Geldwerte, Gold sind ein Nichts dagegen. Auf die Seelenkraft und die gespeicherten Erfahrun-

2 DIE HOHEPRIESTERIN ☽

gen kommt es an, willst Du Menschen und den Umgang mit ihnen, aber auch den Umgang mit Dir selbst kennenlernen. Das ist das echte, wahre Geheimnis der sogenannten weisen Frau, die viele banale Nachäfferinnen im Leben gefunden hat. Aber hier handelt es sich um keine Wahrsagerin, um keine Phythia. Nein, diese Frau stellt keine Rätsel wie die Sphinx der Antike dem Oedipus, sie stellt Anforderungen, so die Forderung, nach innen zu schauen, sich selbst zu erkennen. Die Seele nämlich ist nicht so einfach zu erfassen wie die Sonnenkraft, die Seele ist zwiespältig, wie es die Zwei ist, die ja aus einer Eins und einer Eins besteht, also zusammengefügt ist. Die Zwei ist die Zahl der Bindung, damit der Findung, aber auch die Zahl der Verdoppelung, und die erste Zahl, die teilbar ist. Der Mensch hat zwei Beine, um zu gehen, er hat zwei Hände, um zu handeln. Er hat zwei Kraftquellen, das Bewußtsein und das Unterbewußtsein oder das Herz und die Seele. Und wir haben zwei Lichter in der Astrologie, Sonne und Mond, deswegen müssen diese Karten auch nebeneinander liegen. Die zwei Säulen sind voller Zeichen, die wir lesen lernen müssen, und die zwei Sphingen zeigen uns unsere Lebensrätsel auf.

Aus der Seele kommen unsere Träume, nicht aus dem Bewußtsein. Nein, aus dem Bewußtsein kommt der Ehrgeiz, der Wille, die Ichbetonung. Aber die Seele denkt in zwei Dimensionen, wie uns in den Sphingen das Mahnende und das Verführerische zugleich anschaut. Der Thron der Hohepriesterin ist karg, hart, ohne Prunk, darauf kommt es nicht an. Die Seele soll reich sein, nicht das Äußere. Und es geht Stille von ihr aus, die Nacht bringt Ruhe, erst in der Nacht, wenn der Magier in uns schläft, können wir unsere Stimmen wieder hören, mit denen uns der Schlüssel zum Buch der Weisheit gereicht wird, den wir ja verloren hatten oder haben. Dieser Schlüssel, der unter dem Buch der Weisheit sichtbar wird, ist nur des Nachts greifbar. Deswegen sind auch schlaflose Nächte noch nicht das Schlimmste, was uns blühen kann, manche schlaflosen Nächte sind sogar heilsam und fördernd.

Wir können uns am Tage verstellen, im Schlaf gelingt uns das nicht. Ein Schlafender hat weder seine Gedanken unter Kontrolle, noch seine Gesichtszüge und schon gar nicht seine Träume. Man kann sich noch so vornehmen, positiv zu träumen, die echten Stimmen in sich zu hören, das geht nicht ohne Alb, ohne Bedrückung ab, denn Heilige, die ruhig schlafen, sind wir alle nicht. Und am Tage verraten uns unsere Gesten unsere unbewußten Fehler. Damit wir dies erkennen und das unwürdige Spiel der Verstellung einstellen, will uns die Hohepriesterin einweihen.

Deswegen muß auch der Tempel am Ufer eines Flusses stehen, weil das Wasser immer das Symbol der aufspeichernden Seele war. Durch das Wasser kann die Sonnenkraft auf der Erde erst befruchtend wirken. Die Erde ist der blaue Planet, blau, weil zwei Drittel dieses Planeten an der Oberfläche aus Wasser bestehen. Kein Gestirn bewegt das Wasser so wie der Mond, deswegen sind Sonne und Mond unsere urschöpferischen Kräfte für das irdische Leben, zu dem ja auch der Himmel gehört, denn der Himmel ist durch die Luftfeuchtigkeit der Atmosphäre unser Lebenselexier.

Aber es geht ja nicht nur um die äußeren Gegebenheiten, sondern es geht um die menschlichen, inneren Bewußtseinsstufen. Und der Mond bewahrt. Er bewahrt die Vergangenheit in uns, er bewahrt das Gesetz, nach dem wir angetreten sind: «Was Du ererbt von Deinen Vätern hast, erwirb es, um es zu besitzen». Das konnte nur einer zu Papier bringen, der bei Vollmond geboren wurde.

Der Mond ist so das Symbol des Wachsens und des Gedeihens, des Nehmens und des Gebens, des Sterbens und des Lebens. Und da der Mond auch am Tage sichtbar sein kann im Gegensatz zur Sonne, die nachts nie zu schauen ist, wurde der Mond oft als höhere Gottheit verehrt, was sich natürlich in den Seelen bis heute niederschlägt. Manchmal zeigt sich uns der Mond verschleiert. Symbolisch heißt dies: der Schleier der Maya ist zu lüften, aber das muß mit Wissen geschehen, nicht mit Gewalt. Es ist der Vorhang der Isis, der hier in die Mondmythologie mit hineinspielt, da Venus und Mond so sehr verbunden sind. Jede Madonna, die auf einem Mond oder auf einer Schlange steht, beweist dies. Nur der Schleier liegt in uns, unser Blick in die eigene Tiefe ist verschleiert, das ist das Problem. Wohl das größte Problem eines jeden Menschen.

Damit wird das Innere in uns zu unserem heiligen Raum, den die Hohepriesterin hütet, wo wir sie antreffen. Keiner muß eine weite Pilgerreise unternehmen, um seiner Hohepriesterin zu begegnen, er muß nur den Mut zu sich selber haben. Dann steht er an dem Ufer, sieht das gegenüberliegende Ufer, wo im dunklen Schwarz sich Erde, Wasser und Himmel verbinden.

Der Mond am Himmel zeigt sehr deutlich an, wie unser Weg verläuft. Die Seele stirbt am Morgen, wenn man die abnehmende Mondsichel zum letzten Mal sieht, sie wird wiedergeboren am Abend, wenn die aufgehende Mondsichel da sichtbar wird. Denn den sterbenden Mond kann man nur am Morgen sehen, den wiedergeborenen, den auferstandenen Mond nur am Abendhimmel. Das ist das Geheimnis des Himmels auch in uns.

Diese dreitägige Phase vom Sterben und Auferstehen wurde zum Symbol vieler Religionen, wurde zum Symbol der Hoffnung und zum Zeichen am Himmel, daß auch unser Weg ein unsterblicher, damit ein unendlicher Weg ist. Kein Wunder, daß die Mondsichel zum verbreitetsten Talisman auf unserer Erde wurde.

Dieser Wechsel griff auf andere Symbole über. Das Tierkreiszeichen, in dem die Sonne ihren Weg in die Unterwelt beginnt, wenn sie am Wendekreis des Krebses angekommen ist, schrieb man dem Mond zu, denn er garantiert, daß sie in einem Jahr wieder zum Gipfel aufsteigt, er macht es ihr bis zu diesem Zeitpunkt monatlich zwölfmal vor.

Es wechseln unsere Launen, unsere Stimmungen, unsere Gedanken und unsere Grundeinstellungen, aber alles bleibt in der Seele registriert, so daß es immer ein Gewinn ist, in sich hineinzuhören.

Es ist nun einmal unumgänglich, von seinen Urerfahrungen zu lernen, die viel mehr beinhalten, als wir uns am Tag vorstellen können. Mögen Kulturen kommen und untergehen, sie gehen nicht verloren. Ein Symbol dafür ist die Astrologie, in der sich viele Kulturerfahrungen zusammengefunden haben, und ein weiterer Beweis ist der Tarot.

Natürlich ist dies für die meisten zu Beginn, am Anfang einer Lebensstufe, nicht so leicht zu verstehen, sicher verlangt dies Arbeit, ja Mühsal, aber es ist eine Arbeit, die Kraft gibt, und die in die Zukunft weist.

Unsere Zukunft liegt aber nun einmal auf der Erde. Auf der Mutter Erde. Deswegen wendet sich jetzt der Weg zurück ins Irdische, nachdem wir von Sonne und Mond gelernt haben. Die nächste Station muß uns zur Erde führen, die wir aus der Spannung des Dunklen und des Hellen, wie es die beiden Sphingen anzeigen, befruchten können und befruchten müssen. Die Erde ist der dritte wesentliche Punkt für unsere Existenz. Ohne Wasser wäre sie nicht fruchtbar, ohne Sonne nicht zeugungsfähig und damit ohne Gebärkraft –, so verkörpert sich hier die Zahl Drei vom Kosmischen her. Auf der nächsten Station sehen wir die Drei irdischer. Unser Ich hat nun die Kraft der Magie und die Kraft der Erfahrungen, die wieder bewußt geworden sind. Ohne diese Erkenntnisse und Entwicklungsstufen würde sich der Mensch nicht über die anderen Wesen der Erde erheben können, was natürlich auch eine erdrückende Verpflichtung beinhaltet.

Aber ohne Mut ist ab jetzt kein Weg fortzusetzen.

Karte: 3

Die Herrscherin

Astrologisch: Jungfrau

Vordergründig betrachtet, sehen wir eine würdige Frau in den besten Jahren, die als Herrscherin auf einem durch ihr Gewand verdeckten Thron sitzt. Der Horusfalke ist bei ihr mit seiner Uräus-Schlange, diesmal mehr als Vertreter der Mondgottheiten, damit der Weiblichkeit. Der Mond zeigt die Phasen der Fruchtbarkeit an, für die Bauern war es einst eine Selbstverständlichkeit, sich nach den Mondphasen zu richten, wenn es um das Säen oder Ernten ging. Hier ist, wie man auch der Kleidung der Frau ansieht, alles eher irdisch bezogen, ein großer Wandel von der Hohepriesterin zur Herrscherin, die doch eine Person sind, nur hier mehr im realen Sinn zu sehen. Deutlich zeigt sich dies am Stab. Aus ihm wurde eine Kornähre. Darum geht es in diesem Bild, um die Ernte, die Vorsorge, die Ernährung, um das Existenznotwendige. Der Reichsapfel unterstreicht die Herrscherwürde, die für das irdische Leben zuständig ist. Ging es bei der Hohepriesterin um die innere Ordnung, so geht es hier mehr um Recht und Ordnung im äußeren Sinn, wenn auch eines das andere bedingt. Deswegen liegen auch beide Karten nebeneinander.

Auch anders ist der Spannungsbogen hier sichtbar. Denn die Krone der Herrscherin ist mit Fischen geziert, das ist das Zeichen, das dem Jungfrauzeichen, mit dem wir es hier zu tun haben, gegenüberliegt. Sterne funkeln über dem Haupt der Herrscherin, die in anderen Spielen Königin oder Kaiserin genannt wird. Aber es geht nicht um einen Titel, es geht um den Sinngehalt. Die Mutter Erde beherrscht uns, aus ihrem Schoß kommen wir, in ihren Schoß kehrt unser Leib zurück. Groß am Himmel steht das Symbolzeichen des Merkur, der hier im dunklen Himmel steht, weil er in der Jungfrau als Abendstern regiert. Merkur ist der menschlichste aller Planetengötter, der in der mythischen Sagenwelt einen besonderen Rang einnimmt. Merkur in der Astrologie vereinigt alle drei Symbolteile in sich, also Kreuz, Kreis und Halbkreis. Alle anderen Planeten sind nur höchstens aus je zwei Symbolteilen zusammengesetzt, so kann man von Merkur sagen, daß er alle anderen Planetenkräfte versteht.

3 DIE HERRSCHERIN ♍

Auf dem Boden ist die Lotos-Zauberblume aufgeblüht, weil die Sonne im Abschnitt Jungfrau die Erde endgültig befruchtet und fruchtbar gemacht hat.

Zwei Wappen sieht man unten. Einmal ist ein Schwan zu erkennen, dann zwei sich küssende Adler, die eigentlich ein Tier sind, wo sich also zwei Teile eines Teiles wieder vereinen.

Kein Zweifel, an den Wappen ist es abzusehen, wir befinden uns in den irdischen Bezirken, die Gesetze der Erde haben hier Vorrang. Es gilt nun vorzusorgen, da ab dem letzten Grad des Abschnitts Jungfrau die Tage kürzer als die Nächte werden. Wir müssen uns mit den Früchten der Erde in die Erde verkriechen, um den Winter zu überstehen, wir müssen nun mit dem «Stoff der Mater», dem Material, überleben. Die Adler bleiben am Boden, der Schwan zeigt noch unsere Verbindung zur Seele, die gerade hier rein sein muß, da es in die lange Nacht geht. Das Weiblich-Fruchtbare der Erde herrscht, diesem Gesetz ist hier zu dienen.

Die Karte trägt die Zahl der heiligen Drei. Diese Zahl spiegelt Sonne, Mond und Erde wieder. Unsere Dreiheit, in der wir leben. Die Drei hat sich aus der Zwei im höheren Sinn entwickelt, denn es müssen Zwei sein, damit ein Neues entsteht. Das ist auch der tiefe Sinn, warum diese Karte auch als Urmutter im Tarot bezeichnet wurde. Aber die Urmutter ist ungezügelt im Vergleich zur Herrscherin, die die Einsicht in die notwendige Ordnung vertritt, die den Fleiß für notwendig hält und einfach auf Vorsorge achten muß. So hat hier auch der analytische Verstand, die Philosophie des Abend-Merkur ihren Platz. Eine Mutter soll nicht nur gebären; die Mutteraufgabe geht weiter, denn das Geborene muß auch existieren können. Es geht ja nicht nur um den Instinkt des Fortpflanzens, sondern um das Überleben in weiterer – also in Generationssicht.

Wir müssen das Feuer zügeln, was durch das schöne, geballte Rot des Gewandes symbolisiert ist. Hier ist eben auch die Farbe des Feuers zivilisiert.

Die Lotusblume zeigt uns an, wie aus Geist und Wasser menschliche Fruchtbarkeit geboren wird, denn hätte menschlicher Geist nicht die Natur verändert, aus Wildpflanzen Fruchtpflanzen gezüchtet, wir würden nicht mehr existieren. Es gibt also für jeden eine Bewußtseinsphase, da er sich auch mit den Realitäten befassen muß, denn nur so können sich Geist und Seele entwickeln, sie brauchen einen Körper der Existenz für diese Weltenerde. Das Organische hat seinen vollen Wert, auch der irdische Genuß. So zeigt uns die Frau mit ihren Herrschertributen und ihrer

Strenge, daß ihr alles Weibliche nicht fremd, sondern sehr vertraut ist, ja sie betont dies durch ihre Kleidung. Oben eng geschnürt, unten weit wallend. Das fließende, üppigschöne, farbenfrohe Gewand zeigt den Geschmack der kultivierten Frau und das Wissen um die anziehende Weiblichkeit, die das Leben über anhalten soll, also auch, wenn es auf den Herbst zugeht.

Die drei Zacken der Krone, die in den Himmel reichen und den Segen des Himmels erbitten, weisen wieder auf die heilige Drei hin. Diese Zahl Drei beinhaltet ja auch: Geburt – Leben – Tod. Es sind drei so unterschiedliche Stufen, die doch engstens zusammenhängen. Das Vorbild des Himmels versinnbildlicht dies allerdings eine Nuance anders. Da heißt es: Leben am Anfang, Tod, der immer folgt, um die Wiedergeburt zu ermöglichen. Geboren werden wir ohne unser Zutun. Leben müssen wir. Und den Tod müssen wir annehmen und von der Wiedergeburt überzeugt sein. Das Leben und damit das Denken darf nicht mit dem Tod aufhören. Diese Erkenntnisumstellung ist die entscheidende in unserem Leben, die einem natürlich nicht zufliegt, und die nichts mit einer Religion zu tun hat, sondern die das Gesetz unseres Lebens ist. Die Umstellung der Reihenfolge ist also das Geheimnis unserer Lebenseinstellung, denn nur mit dieser Veränderung unserer Grundeinstellung bekommt das Leben einen wahren Sinn. Den Sinn, der Todkranke bis zum Ende arbeiten läßt, den Sinn, der besagt: Und wenn ich weiß, daß die Welt untergeht, ich pflanze noch einen Baum!

Die Karte drückt diese drei Erkenntnisse, die wir auf der Erde finden müssen, deswegen noch einmal in den drei Wappentieren aus. Wir kennen auf der Erde drei Dimensionen: Länge – Breite – Höhe. Es fehlt die vierte Dimension, die Zeit, die sich aus den drei Etappen Vergangenheit – Gegenwart – Zukunft zusammensetzt. Und unsere Vergangenheit ist Zukunft, wie die Zukunft Vergangenheit ist. In der Jungfrauzeit sorgen wir mit der Ernte der Vergangenheit für das Überleben in der Zukunft, und müssen deswegen die 30 Tage des Sonnenweges durch diesen Abschnitt so sehr wie keine andere Sonnenzeit nützen. Darüber wacht die Herrscherin, weil sie um die Schmerzen der Geburt weiß, also in sich trägt, wie schwierig das Leben ist. Deswegen regiert uns hier als Stab die Ähre, die wir heilig halten müssen. Das ist die Voraussetzung, um später in der Zeit einer uns aufgezwungenen Ruhe zur Besinnung und zum geistigen Denken zu kommen.

Merkur deutet dies auch an, denn als Abendstern leuchtet er nur, wenn die Sonne untergegangen ist, wenn also der Mond eine kleine Sichel bildet. Ist der Mond voller, steht er von Merkur weit weg. Dies lehrt uns das Himmelsbild mit aller Deutlichkeit Monat für Monat. Das weiß die Herrscherin, die mit dem Himmel zwar verbunden ist, aber die irdischen Gesetze doch als vorrangig ansehen muß. So werden Himmelsstürmer hier auch nichts ausrichten können. Aber im Schoß der Erde fühlen wir uns ja geborgen, die Erdhöhle symbolisiert für jeden die Nestwärme, die wir im Mutterschoß einst empfangen haben, und es fällt uns ja ein Leben lang schwer, uns davon zu lösen. Genauso schwer, wie uns von irdischen Gütern zu lösen, ja auf sie zu pfeifen. Das irdische Glück verheißt uns Glück im vordergründigen Sinn, das ja nicht zu verachten ist, das nur nicht allein unsere Seligkeit ausmachen darf.

Die Mutter also hilft uns zum Leben, sie muß uns dann aber auch die Pflichten lehren, die Pflichten des Alltags sinnreich erläutern und dies im Notfall mit Strenge durchsetzen. Deswegen muß die Urmutter auch eine Herrscherin sein. Arm der Mensch, dem dies nicht durch seine Mutter vermittelt wurde. Der wird den Lebenskampf kaum bestehen und wenn, nur unter größten Schwierigkeiten, denn das Leben erzieht schließlich strenger als jede Mutter-Herrscherin.

Und die Gesetze der Mutter, die leben ja in uns – oft verkannt – als innere Moral, wobei der Verstand manchen Schaden anrichtete, da er Moralbegriffe vom Intellekt her verbogen hat. Dies ist die merkurische Gefahr. Merkur als Abendstern will uns hier aus der schnellen Wachheit des Denkens zur Philosophie – und das heißt ja nichts anderes als zum inneren Gesetz – führen.

Dieses Gesetz heißt dann auch Mäßigung, Bescheidenheit und die Ordnung, die es uns ermöglicht, mit anderen zusammenzuleben. Denn wenn die Existenz gesichert ist, dann geht es darum, aus dem irdischen Leben etwas zur Entwicklung beizutragen, was zur Gestaltung der Kultur führt. Es geht um die Entfaltung, die uns in der nächsten Station begegnet, wo Jupiter, die höhere Stufe der Sonne und des Merkur, uns als Herrscher erwartet. So, wie uns im Leben erst die Mutter erzieht und diese Erziehung nun an den Vater abgibt. Äußerlich gesehen, tritt dann die Mutter zurück. So schaut die Herrscherin schon an uns vorbei, um uns nicht mit ihrem Blick zu fesseln, um zu zeigen, daß wir uns nicht nur an sie fixieren dürfen, wenn es um die Entfaltung geht.

Karte: 4

Der Herrscher

Astrologisch: Jupiter

Vordergründig betrachtet, sehen wir einen mit einer Krone geschmückten Herrscher mit den altüberlieferten Symbolen der Macht, dem Reichsapfel und dem Zepter. Über ihm tragen Hörner als Symbol des Mondes die Sonne. Das erinnert an die alten ägyptischen Führer, die sich als Tiergötter in Vertretung der himmlischen Gottheiten verstanden. Diese Hörner-Mondsichel führt die Sonne durch die Nacht. Es handelt sich hier um die uralte Apis-Stierscheibe. Wappentiere, die einst Gottiere waren, flankieren den Herrscher, der auf einem Thronstein sitzt. Es sind dies ein Löwe, ein Steinbock, ein Adler, ein Lamm (Widder), der Skarabäus und ein Horusfalke, der fliegt. Die Krone des Herrschers, der einen sehr machtvollen Eindruck macht, der Autorität ausstrahlt, ist mit einem Sternenkranz umgeben in Form der Ekliptik, also anzeigend, daß sich das Leben auf der Erde zu den himmlischen Erkenntnissen hinzuentfalten hat. Der Herrscher ist also auch der Vertreter des Weltalls, der sich nicht mehr – wie die Herrscherin zuvor – allein auf die Erde beschränkt. Daher sein entrückter Blick.

Die Hände, Ellenbogen und Schultern bilden ein Dreieck, das harmonische Trigon der Begabung und der Trinität, der Dreieinigkeit. Aber der Herrscher tritt aus dieser Trinität auch heraus, weswegen er die Zahl Vier vertritt, die ja in der Zeichnung dem Jupitersymbol mehr als ähnlich, wenn nicht gleich ist.

Die Tiere, nämlich die Tiergötter, sind gezähmt, sie haben sich unterworfen, ihre Herrschaft an den Geist abgetreten. Es ist nicht mehr die Nur-Kraft, die herrscht und regiert, die Entwicklung ist schon beachtlich fortgeschritten. Der Mensch ist wichtiger, weil er über den Horizont hinausschauen kann, wofür Jupiter steht. Hier auf der vierten Bewußtseinsstufe muß der Mensch über die animalische Existenz hinausblicken.

Die Zahl Vier stellt die Zahl der vier Himmelsrichtungen, die Zahl der großen Winde und die Zahl des Kreuzes dar. Die Vier ist die Zahl der Hauptpunkte der Astrologie, die Zahl der zwei Meridian- und die Zahl der zwei Horizontpunkte, die das Horoskop in die vier Quadranten

4 DER HERRSCHER ♃

einteilen, die die zwei Grundteilungen verdoppeln. Das Quadrat ist das Symbol der Materie. Deswegen wurden, als die Materie vorherrschte wie etwa im Mittelalter, auch die Horoskope viereckig gezeichnet. Seinerzeit ging es mehr um materielle Ereignisse als um Erkenntnisse, die im endlosen Kreislauf zu entdecken sind.

Die Zahl Drei plus Eins ergibt Vier, und Drei plus Vier ergibt die zweite heilige Zahl nach der Drei, die Sieben, welche ja die Zahl der sichtbaren Planeten und die Zahl unserer Wochentage ist. Und die Drei, das Trigon, wie die Vier, das Quadrat, sind ja mit die wichtigsten Aspekte eines jeden Horoskops. Die Zahlen bis Vier führen zur Zehn. Nämlich: $1 + 2 = 3 + 3 = 6 + 4 = 10$. Und Zehn ist in der Quersumme die Eins. So sitzt Jupiter auch auf einem viereckigen Stein. Es sind die vier Dimensionen, die hier angesprochen werden, denn mit Jupiter bekommt die Zeitrechnung eine höhere, eine kosmische Ausdehnung, da Jupiter mit seinem Zeitgesetz die höhere Sonne symbolisiert. 12 Sonnenmonate ergeben ein Jupiterjahr.

Der Herrscher drückt wie die Herrscherin das Aktive aus. Nicht das stille Warten ist hier gefragt, sondern das Anpacken, das Bewußtsein, über sich hinauszuwachsen, das Leben als Sinnaufgabe zu meistern! Es ist mehr, als ans Überleben für einen Zeitabschnitt zu denken. Dafür zeugen die Tiere, die fünf großen wie der kleine Käfer. Der Löwe als Symbol der Zeugungskraft im weitesten Sinn, der Steinbock als Symbol des irdischen Ehrgeizes, der Adler als Symbol des himmlischen Höhenfluges, das junge Widderlamm als Symbol des Opferganges, des Opfers als Selbstaufgabe, der Horusfalke als Symbol der Gestirne. Der Skarabäus schließlich ist das Symbol der Wiedergeburt, da er die Sonne durch die dunkle Nacht trägt. So sind hier also die vier Hauptaufgaben vertreten. Zeugung, Ehrgeiz, Geistentfaltung zum Himmel und Opferbereitschaft.

Jupiter galt im Olymp immer als der oberste Gott, der sich trotz vieler Schwächen nicht schämen mußte. Das ist das Große an den mythischen Gottheiten, daß sie sich im Gegensatz zu den Menschen zu den dunklen Seiten und Schwächen bekennen. Das können die Menschen von den Göttern zu allererst lernen, daß das Dunkle das Helle bedingt und umgekehrt. Es geht nicht um das Ideal an sich, das kalt und nüchtern ist, sondern um das Streben zum Idealen, was allein Wärme und schließlich Geborgenheit vermittelt. Jeder Fehler ist zu entschuldigen, der aus guter Absicht passiert, nicht zu entschuldigen sind die bewußten Fehler, die meist eines billigen Vorteils wegen getätigt werden. So ist Jupiter mit seinen bekannten Schwächen auch das Symbol der Gerechtigkeit. Gerecht sein kann nur, wer um Fehler weiß, sie in sich spürt. Das Ungerechteste ist die Selbstgerechtigkeit. Und Jupiter gibt uns den Sinn. Ohne Sinn zu leben ist kein Leben, ist ein Sichgehenlassen. Wem ist damit gedient? Nicht einmal sich selbst kann man damit einen Gefallen tun. Ohne Ziel zu leben ist Stillstand, wenn nicht gar Rückschritt –, das kann unser Lebensbeherrscher in uns nicht dulden, der ja durch Jupiter oder im Tarot durch den Herrscher symbolisiert wird. Wer sich treiben läßt, lebt hilflos, weil er nicht nur seine Zeit verschwendet, sondern seine Zeit schließlich totschlagen muß. Er muß sich in der Zeit betäuben. Das beginnt beim Verschlafen, beim Betäuben des Lebensrhythmus durch vorgezogene Vorhänge und überlaute Musik, das wächst sich aus zum Griff nach Giften, schließlich zum Verlangen nach Narkotika, weil die innere Stimme ja doch immer revoltiert. Das Zepter ist hier der Stab, der sich wiederum aus der Kornähre gewandelt hat. Jetzt regiert uns nicht das Bedürfnis nach Ernährung, sondern es regiert wieder die Aufgabe, das Herauswachsen aus den Grundbedürfnissen.

Jupiter wird in der Astrologie oft als das Glückssymbol angesehen, was ja nur sehr bedingt richtig ist. Was heißt Glück? Meist wird es mit Äußerlichkeiten gleichgesetzt. Glück ist aber eine Sinnfindung oder eine Findung im Sinn. Darauf kommt es an. Aber dies ist nicht leicht und oft nur über ein Unglück zu erkennen. Und der Herrscher will uns auch zeigen, daß ohne Leistung nichts geht, obwohl natürlich Leistung an sich ja noch keinen Wert darstellt. Aber Leistung muß sein, wenn etwas werden soll. Dies soll uns zur Dreieinigkeit in uns und über uns führen. Deswegen bauten die Ägypter als monumentalste Leistung ihre Pyramide, die das Streben vom breiten Grund zur Spitze besser symbolisiert als alles andere. Und deswegen gehört auf der Karte auch ein Bergtier wie der Steinbock dazu.

Der Mensch muß streben, Herrscher haben ihm da Vorbild zu sein. Es muß auch ein irdisches Leitbild geben, dies steigert die Kreativität. Jeder braucht seine plastischen Vorbilder, die nicht nur in den Lüften hausen. In dem Sinn waren einst sogar die Tiergötter zu verstehen. Sicher wird der Mensch nie die Kraft eines Löwen bekommen, nie aus eigener Kraft so hoch in den Himmel fliegen können wie der Adler, er wird nicht einmal wie ein Steinbock auf dem Gipfel in Einsamkeit zu leben verstehen. Aber er soll diesen Kräften nacheifern und andere Kräfte in sich mobilisieren, die ihn Taten vollbringen lassen, für die er vielleicht einst gar nicht einmal ausersehen war.

Nun hat der Mensch diese Überlegenheit erreicht, da stellt sich das Problem, daß er seine neuen Kräfte nicht mißbrauchen darf. Er muß sich in der Gewalt haben, er muß diese, seine Kräfte beherrschen. Damit benötigt jeder seinen Herrscher in sich. Dieser innere Herrscher nun orientiert sich meist an einem Vorbild. Einst war es der Vater, dann der Lehrer, der Lehrherr, der Professor, schließlich der führende Regent.

Herrscher und Herrscherin gehören zusammen, wie es schon die Kleidung, aber auch die innere Haltung verdeutlicht. Wir haben es also in uns mit einem Herrscherpaar zu tun, mit dem Herrscher unseres aktiven Wesens und der Herrscherin unserer passiven Kraft. Nicht ohne Grund folgt daher – um nun wieder vorwärts zu schauen – auf das Zeichen des Jupiter das Zeichen, in dem Saturn regiert, der ja unsere nächste Karte und Station symbolisiert. Jupiter galt schon in Urzeiten als der Königsstern, der Stern also, der über dem König als Stellvertreter des Himmels auf Erden leuchtete. Später, als sich Herrscher und Religionsführerschaft trennten, wurde auch der oberste Hirte mit Jupiter gleichgesetzt, und seine Farbe war in erster Linie das Kardinalrot des Jupiter. So spiegeln sich in allen Lebensbereichen die Himmelsbilder auf der Erde wieder.

Wenn sich nun der Königsstern mit dem des Saturn, dem man den Namen Schicksalsstern oder der Zeitmesser (Chronos) gab, traf, dann wurde eine neue Zeitepoche angekündigt. Ein neuer Abschnitt begann. Dieses Treffen findet zwar alle 20 Jahre statt, aber Gültigkeit hatte es als große Konjunktion nur, wenn es dreimal in einem Jahr vonstatten ging. Das war seit der Zeitwende nur sieben Mal der Fall. Übrigens stets ein Signal, daß eine Zeit zu Ende geht, daß eine neue Epoche beginnt. In unserer Zeit 1981, und sicher auch beim nächsten großen Treffen im Jahr 2198. Da das erste Treffen dieser Epoche im Jahr 7 vor Christus begann, haben wir eine Länge von 2205 Jahren, was noch keinem großen Jahr entspricht. Aber daraus wird deutlich, daß neben der Jupiterkarte im Tarot die Karte des Saturn liegen muß, denn nach der Einweihung durch die Hohepriesterin, die unsere magische Sonnenkraft formte, nach der Bewältigung des Irdischen, müssen wir uns nun mit der Zeit auseinandersetzen, der Zeit als Hüter der wahren Geheimnisse.

Karte: 5

Der Hohepriester

Astrologisch: Saturn

Vordergründig betrachtet, sehen wir den altägyptischen Gott der Schreibkunst Thoth mit dem Ibiskopf. Dieser Gott kann durchaus unserem Spiel seinen Namen gegeben haben, denn vor der Erfindung der Schriften drückte man sich in Bildern aus, die Zustände und Ereignisse wiedergaben. Thoth wurde immer mit dem storchenähnlichen Watvogel Ibis in Verbindung gebracht, ein Vogel, der mit der Nilflut in Ägypten eintraf. So war das Auftauchen des Ibis eine Verheißung. Die Ägypter nahmen nun an, daß der Nil direkt aus dem Himmel komme, daß er sozusagen eine irdische Verlängerung der Milchstraße darstelle. Damit avancierte der Ibis zu einem himmlischen Gottier, ebenso wie ein anderer Ankündiger der Nilflut, der Skarabäus. Diese Tiere retteten damit das Leben vieler Fellachen, die sonst in der überraschend auftauchenden Nilflut untergegangen wären.

Thoth war nun zweierlei, ein Mondgott aber auch ein Gott der Zeit. Beides ist kein Widerspruch, denn der Mond lehrt uns den Kalender. So kann Thoth beides in sich vereinigen. Später wurde aus Teilen dieses Gottes ein Teil der Gottheit Saturn, der Gegenspieler des Mondes in der Astrologie. Als Mondgott gehört Thoth auch zu Osiris, und das Tragen der symbolischen, stilisierten Steinbockhörner weist auf den Herrscher des Zeichens Steinbock hin.

Thoth, oder ein Hohepriester des Thoth, hält einen riesigen Schlüssel in der Form des Henkelkreuzes in der Hand. Es ist der Schlüssel der Zeit, von der es abhängt, wann die Geheimnisse gelüftet werden.

Zu den Füßen des Hohepriesters knien zwei ernste Menschen mit eher asketischem, vielleicht gar fanatischem Ausdruck. Sie beugen sich dem großen Gesetz. Die Frau hält dabei das Tribut des Mannes, das Schwert (unseren Stab) in der Hand, der Mann dagegen das Tribut der Frau, einen Kranz. Aus und zwischen den Säulen des Tempels wagen sich geheimnisvolle, merkwürdige, animalische Tiergeschöpfe heraus, die eher fröhlich als ängstigend erscheinen. Auf der einen Seite erkennen wir zwei Dreiekke ineinander verschlungen, das ist das alte Siegel Salomons, der David-

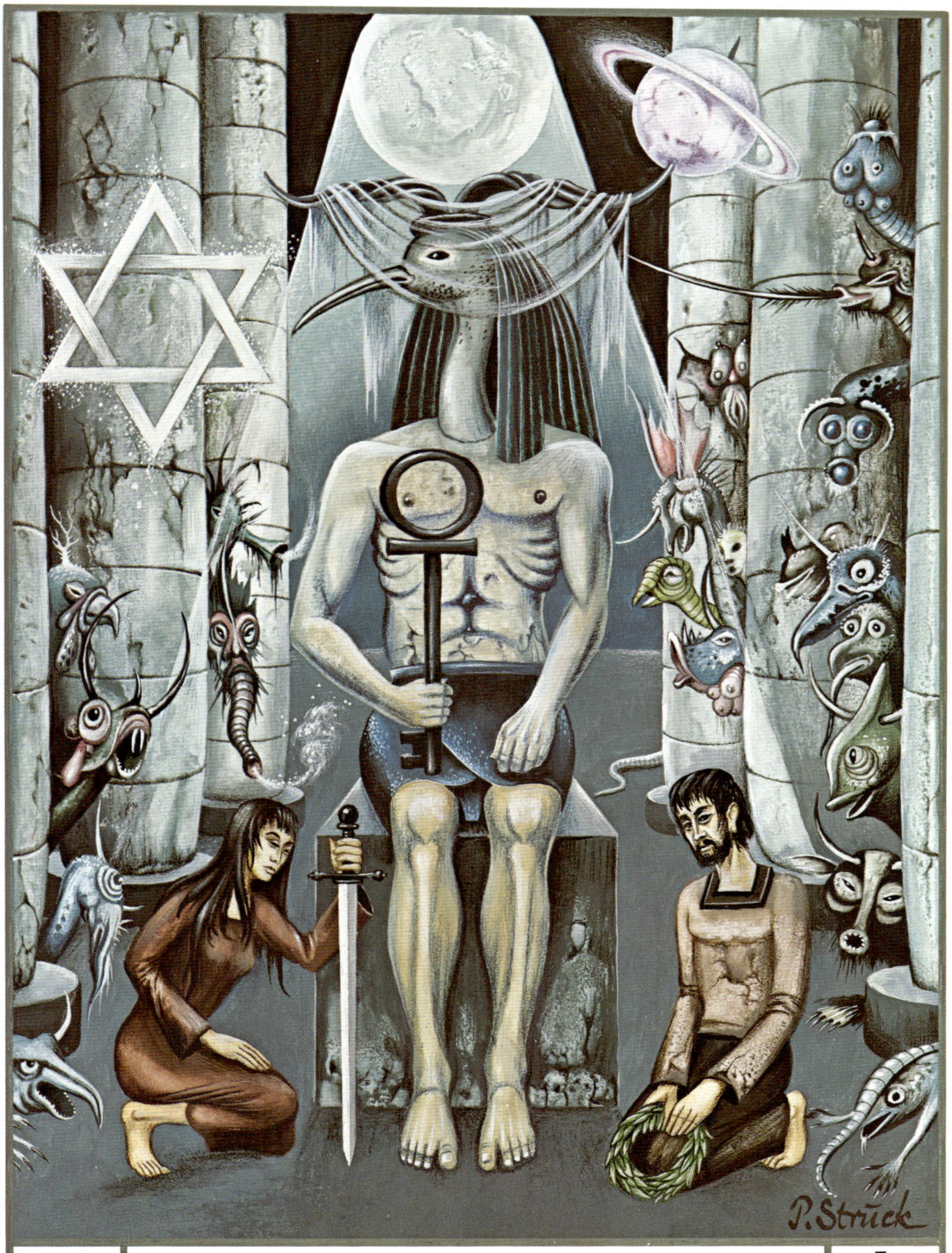
P. Struck
5
DER HOHEPRIESTER

stern, das Symbol der großen Konjunktionen, und auf der anderen Seite sehen wir den Planeten Saturn mit dem Ring, der ihn zusammenhält.

Mit dem Eintritt in diesen Tempel betreten wir eine neue Welt auf unserer Bewußtseinsreise, eine Welt, die wohl nur im Unterbewußtsein verankert ist. Dieses Unterbewußtsein wird hier vom Hohepriester auf seinen Wert geprüft, denn da alles im Unterbewußtsein aufgespeichert wird, kommt es auf die Prüfung und Trennung der Dinge an. Natürlich werden auch alle wichtigen Taten hier notiert, die Taten, die aus dem Bewußtsein kommen wie die Taten, die im Unterbewußtsein ihre Ursachen haben.

Auf die Blätter des Ischedbaumes wurden von Thoth und der Seschat einst die Namen und Regierungsjahre der ägyptischen Könige geschrieben, was ja nichts anderes heißt, als daß hier die Lebensdauer und Regierungslänge vornotiert wurden. So wurde Thoth auch – wie später Saturn – zum Gott des Schicksals. Thoth selbst war aus Steinen hervorgegangen, er war zunächst ein Felsengott, also ein Gott aus der Region, wo der Steinbock herrscht. Und diese Felsen baute man in Ägypten in riesigen Tempeln nach. Man denke nur an den Säulenwald des Tempels von Karnak bei Luxor, dem hunderttorigen Theben. Und von daher stammt auch die Überlieferung des Felsengrabes, weil nach alten Vorstellungen auch der Mond am Himmel an einem Felsen stirbt. So gehen die Mythen mit ihren Lehren zwar ineinander über, oft verwirrend, aber nur, weil jede Erfahrungsgeneration sich anders als die vorhergegangene ausdrückt. Der tiefe Sinn der Mythen, die wahren Lehren, schimmern immer durch.

Der Mond brachte uns die Zeit, die Einteilung der Ekliptik in 12 Abschnitte. So müssen Ekliptik und Zeitgott (später Chronos) hier miteinander zusammengefügt werden wie der Stern der großen Konjunktion, weil diese immer nur in Abständen von 120 Grad stattfindet, also im Trigonabstand, was dem geschlossenen Dreieck entspricht. Über die große Konjunktion wurde schon berichtet. Diese Karte wird auch der Hierophant genannt, was Lehrer der heiligen Bräuche heißt, ohne deren Kenntnis niemand die Schwelle dieses Tempels überschreiten darf. Obwohl Hohepriester und Hohepriesterin nicht nebeneinanderliegen, hängen sie doch eindeutig zusammen, denn addieren wir ihre Kartenzahlen, dann erhalten wir (2 + 5 = 7) die große heilige Zahl, und Saturn war der letzte der sieben alten, traditionellen Planeten, der die sichtbare Welt des Kosmos abschloß. Nach ihm kommt die transsaturnische Welt. Es ist die große Schwelle, die Saturn hütet.

Die Karte Fünf weist auch auf die Zahl Fünf. Es ist die Zahl der fünf Sinne, damit die Zahl des Handelns, auch die Zahl des Zupackens, ja sogar die Zahl der Logik, da der sechste Sinn den meisten unlogisch erscheint. Seine fünf Sinne muß jeder zusammenhalten, um zu bestehen, in jeder Lebensprüfung kommt es auf die fünf Sinne an. Fünf Finger haben wir an jeder Hand, an der man einst das Rechnen lernte, und zwei Arme und zwei Beine sowie ein Kopf ergeben fünf Glieder, die vom Leib eines Menschen abgehen, die aus ihm herauswachsen. Und darum geht es: um das Denken, das Handeln und sich dann auf das Ziel zuzubewegen.

Zwei Menschen knien vor dem Hohepriester. Sie nehmen vielleicht Unterricht, sie werden vielleicht geprüft oder gar eingeweiht. Das spielt keine Rolle. Man erkennt nur, wie weit sie fortgeschritten sind, da jede Person neben dem eigenen äußeren Geschlecht auch das andere in sich entdeckt hat. Die Frau kann auch das Schwert gebrauchen, der Mann kennt die Kunst und Kraft der Weiblichkeit. So weiß jeder um den anderen, und damit mehr von sich als der Durchschnitt je über sich erfährt. Beide Menschen sind sehr bescheiden und unauffällig gekleidet, sie brauchen den Schein nicht mehr, wenn es um innere Dinge geht. Und sie haben das Animalische in sich bereits überwunden. Die Tiere zwischen den Säulen jagen ihnen keinen Schrecken ein, diese Geistertiere haben sie hinter sich gelassen, sie sehen schon den hintergründigen Humor, der sich da und dort in einem verbirgt.

So werden aus bösen Geistern eher skurrile Figuren, die heiter wirken, die auf die Probe gestellt werden wollen. Von Schreckerzeugung also keine Spur.

Der Hohepriester des Thoth trägt wie die Hohepriesterin einen weißen Schleier, nur ist sein Haupt erkennbarer. Die stilisierten Steinbockhörner weisen auf die zeitlose Prüfungsrolle hin, die am Gipfel oder auf dem Weg zum Gipfel stets zu absolvieren ist, denn jederzeit müssen wir damit rechnen, daß Saturn vor uns erscheint und sich uns hemmend in den Weg stellt. In der Saturnzeit selbst verliert sogar in der Natur die Sonne ihre große Kraft, sie scheint weiß statt golden und wirkt matt. Sie muß sich aufladen in den langen Nächten, um im Frühjahr wieder Kraft zum Keimen geben zu können. Dies ist natürlich nur ein Bild, das uns die Sonne am Himmel zeigt. Es ist ein symbolisches Bild, aber voll psychologischer Aussagekraft.

Und wie die Sonne sogar die Zeit der Ruhe braucht, so erst recht der kleine Magier, der Mensch, der sich zwar gottgleich dünkt, aber es nicht ist. Das macht der Hohepriester jedem klar. Man ahnt hier, daß dieser Tempel in den Himmel hineingebaut ist, die Säulen fangen gerade erst an, sie ragen wohl endlos hoch in das All hinein. Und das Mondlicht, das hereinfällt, ist genau berechnet, denn es strahlt wie ein Scheinwerfer. So hat man einst die Tempel nach dem Licht der Gestirne ausgerichtet, um so die Jahres- und jeweilige Tageszeit zu erkennen. Hier werden der Hohepriester und die beiden knienden Menschen von dem gebündelten Licht erfaßt, es ist das uns schon bekannte Licht der Trinität.

Die Angst der Menschen war immer eine Angst vor der Kleinheit in sich, die Angst vor den eigenen Ängsten. Da handelt es sich weniger um Existenzängste als um die vor dem eigenen Versagen, da man seine Träume begraben muß. Doch der Hohepriester will lehren, daß die Ängste uns ja nur auf den richtigen Weg führen wollen, denn wo eine Angst sich offenbart, offenbart sich ein Schwachpunkt.

Man hat Saturn immer das große Unglück genannt, aber das stammt wohl von Leuten, die die Ursache ihres Unglücks immer außerhalb, nie in sich gesehen, geschweige denn gesucht haben. Natürlich zwingt uns Saturn zu einer Beschränkung, weil unsere Kraft nicht unendlich ist, weil Gefahr droht, wenn wir uns über unsere Möglichkeiten hinaus ausdehnen und ausweiten. Das kann auch eine schlimme Krankheit sein. Wenn wir nämlich gegen die Gesundheit leben, muß das Saturnische eingreifen, muß uns manchmal aufs Krankenbett zwingen, damit wir zur Besinnung kommen. Oder anders: wer sein Glück undankbar hinnimmt, wer es mit Füßen tritt, der muß Unglück erfahren, um sein Glück wieder zu schätzen. Wenn alles zu lange gut geht, können Leichtsinn oder gar Übermut aufkommen, das muß eben bestraft werden.

Die Einsicht in unseren Charakter ist so die größte Prüfung, die wir kennen. Eine notwendige Prüfung, weil wir aus unserem Charakter heraus ja unsere Entscheidungen fällen. Nun aber erst sind wir zu Entscheidungen reif und damit auch reif für die nächste Station.

So können wir aus der tiefen Besinnung der Nacht in den helleren Tag treten, um wach unsere Entscheidungen zu treffen.

Karte: 6

Die Entscheidung

Astrologisch: Merkur

Vordergründig betrachtet, sehen wir einen Mann zwischen zwei Frauen. Die eine Frau ist hell, die andere dunkel, also wird hier das Helle und das Dunkle verkörpert. Über beiden schwebt Amor, der mit seinem Pfeil auf den Mann zielt. Aber er zielt nicht auf das Herz des Mannes, sondern auf seinen Kopf. Es geht also um eine gedankliche, um eine Vernunftsentscheidung. Um eine Entscheidung, die bewußt getroffen werden muß. Im Hintergrund der große Kopf –, der also auch hier betont wird –, des Hermes/Merkur. Da ist einmal die alte Vorstellung, die die Flügel des Merkur zeigt, um anzudeuten, daß es sich hier um ein himmlisches Wesen, also um einen Gott handelt, und dann ist da das ganz alte Symbol der zwei Schlangen um den Stab. Aber auch unsere technische Zeit ist im Kopf des Merkur enthalten, denn die erkannte Bahn der Planeten ist hier zu sehen wie Grunderkenntnisse aus dem Weltall. Auf der anderen Seite der Karte sehen wir die Sonne, die auf einer wellenförmigen Bahn zu wandern scheint. Einmal vom Hellen ins Dunkle, dann vom Dunklen ins Helle. Profan übersetzt, wird dies für die Menschen in den zwei Frauen widergespiegelt. Merkur dient uns als Gottführer und Vermittler des Olymps durch diese beiden Seiten unseres Alls und unseres Lebens, weil ja Merkur einmal Morgenstern und einmal Abendstern ist.

Der Mann, dessen Gesicht wir längst kennen, hat sehr leichte, tänzerische Schuhe an, die ihn nach der Entscheidung leichtfüßig davontragen sollen, um seiner Entscheidung die Tat folgen zu lassen. Wichtig ist jetzt also das bewußte Handeln, das bewußte Denken, nachdem wir vom Hohepriester eine innere Reife erfahren haben.

Es geht in dieser Karte oder bei dieser Bewußtseinsstufe also nicht um die Liebe, um Liebende, wie die Karte auch heißt, sondern um eine Wahl, die eine Entscheidung erforderlich macht. Liebe entscheidet von allein, muß aber eine Entscheidung getroffen werden, kann es nicht um Liebe gehen. Natürlich ist meist die Wahl des Lebenspartners oder der Lebenspartnerin lebensentscheidend, deswegen haben sich die alten Tarotgestal-

6	DIE ENTSCHEIDUNG	☿

ter auf den Mann zwischen den zwei Frauen beschränkt, während es hier doch um mehr geht. Nämlich um die Entscheidungskraft, die ja meist sehr vage ausgeprägt ist, da mit einer Entscheidung natürlich auch Konsequenzen verbunden sind.

Diese gilt es nun nicht zu fürchten, somit muß der Verstand schon merkurisch ausgeprägt sein. In dieser Lebensstufe kommt es auf die Findigkeit des Verstandes an, das läßt uns über das Tierische hinauswachsen. Ja, das läßt uns von der Gesamtbetrachtung her eher gottähnlich werden, wenigstens gibt es uns soviel Überlegenheit, daß wir uns die Götter als Ebenbild der Menschen vorstellen. Und mit dem fortschreitenden Verstand entdeckten wir die Planeten, die symbolischen Götterbahnen, was hier im Kopf des Merkur so gut zum Ausdruck gebracht wird. In diesem Sinn kommt auch das Licht von oben, wird im Kopf aufgenommen, wenn so auch die Gefahr besteht, daß der Mensch kopflastig wird. Das ist als eine merkurische Versuchung oder gar Fopperei anzusehen.

Und wir spüren es von Fortschritt zu Fortschritt mehr: der Kopf regiert, nicht das Herz, schon gar nicht die Seele. Was dem Verstand logisch erscheint, das wird auf Echo rechnen können, und das ist die Gefahr. Wenn uns also das Merkurische beherrscht, wird es bedenklich, obwohl wir ohne Merkurkraft uns als Menschen nicht entwickeln können.

Dieses Bild zeigt sehr gut die Epochen der Menschheitsentwicklung. Einmal den nackten Ursprung, den die Frauen verkörpern, dann die ersten Schritte einer abendländischen Zivilisation, die im Mittelalter einen Höhepunkt erreicht hat, wie sie in der Kleidung des Mannes in etwa zum Ausdruck kommt, und schließlich die moderne Weltraumzeit, die wir durch die Gabe des Verstandes geschaffen haben, den Merkur hier symbolisiert.

Und da gilt es nun nicht, nur eine Brücke zu schlagen, sondern auch die wahre Mitte zu finden. Die Mitte zwischen Vergangenheit und Zukunft, damit wir in der Gegenwart nicht die Balance verlieren, gerade weil wir uns der sogenannten Zukunft mit Haut und Haaren verschrieben haben, und die Vergangenheit eigentlich gar nicht schnell genug hinter uns lassen können. Beides ist ein Fehler, der uns in jeder Gegenwart belastet.

Diese Karte ist die Karte Sechs. Die Sechs begegnete uns zunächst kaum erkennbar im Siegel Salomons, das aus zwei Dreiecken, also aus sechs Ecken besteht. Das ist das Siegel der großen Konjunktion von Jupiter und Saturn. Kein Wunder, daß nach diesen beiden Planeten nun der Merkur, der Götterbote auftaucht. Sechs ist also 2 × 3, die Zahl der Schöpfung in ihrer Verdoppelung. Wie die Karten Zwei (Hohepriesterin) und Fünf

(Hohepriester) zusammengehören, so auch die Karte Sechs (Merkur) und die Eins (der Magier).

Merkur ist der der Sonne nächste Planet. Der Magier braucht den Merkur, denn ohne Verstand wird kein Wesen zum Magier. Denn Sonnenkraft zu nützen, diese Kraft zu kultivieren, das verlangt den Boten zwischen den Göttern und den Menschen, und der Bote ist ja nichts anderes als der menschliche Verstand.

Auf diesem Bild wollen beide Frauen den Mann zu sich herüberziehen, aber sie zwingen ihn nicht, sie wenden keine Kraft an. Sie schauen auf seinen Kopf. Es interessiert sie also die geistige Entscheidung, auch dies zeigt, daß es sich hier nicht um eine Liebes- oder Erotikentscheidung handelt.

Und auch Merkur fixiert seinen Blick auf den Kopf des Mannes, der nun überlegen muß, und das Überlegensein kommt ja vom Überlegen, unsere Sprache drückt dies wunderbar aus.

Merkur, der als Zeichensymbol von jedem Planeten alle Teile in sich hat (siehe Karte die Herrscherin), kennt eigentlich alle und alles, aber meist nur im oberflächlichen Sinn. Und oberflächlich bleibt im Wesentlichen alles, was sich nur auf den Verstand stützt. Wenig Verstand ist schlimm, doch das Schlimmste ist, den Verstand zu überschätzen und mit ihm alles andere, was menschlich macht, abzuwürgen. Natürlich, der Verstand vermag uns zu helfen, und deswegen trägt ja auch Merkur das Zeichen des Heils, die Schlangen, um den Stab. Diese versinnbildlichen die Mondsicheln am Himmel. Die eine stirbt am Stab (Milchstraße), die andere kommt dann auf der anderen Seite des Stabes am Himmel wieder neugeboren zum Vorschein. So vermittelt uns Merkur die himmlischen Bilder, die wir zwar sehen, schauen, aufnehmen, aber wir müssen uns diese Bilder mit dem Verstand klar machen, da ja zumindest stets zwei Dinge zur Auswahl stehen, sonst gibt es keine Wahl. Es geht darum, uns für das Helle zu entscheiden oder für das Dunkle. Folge ich meinem Verstand, dem Tagbewußtsein, oder meiner Seele, dem Nachtbewußtsein. Dies ist eine Entscheidung, die immer wieder in jeder neuen Situation gefällt werden muß. Merkur entscheidet nie grundsätzlich für das ganze Leben, er entscheidet im Moment. Nur aus vielen Momententscheidungen schält sich eine Dauerentscheidung heraus. Das muß einem klar sein.

Ich habe nicht viele Möglichkeiten, meine Freiheit unter Beweis zu stellen. Ich kann mich einmal entscheiden, diese Entscheidung hat Folgen, weil ja auf eine Entscheidung nun andere antworten, andere handeln, was meist meine Entscheidung dann mit beeinflußt. Deswegen ist die erste Entscheidung so schwer. So geht es hier um eine kluge Wahl, die weder das Dunkle, noch das Helle für später ausschließt. Wie schwer dies fällt, zeigt das Bild, da der Mann seine Handlungsorgane, die Hände, zurück-, ja versteckt hält. Hier wird also der Mensch gestellt, ihm wird klar gemacht: Einem Fatalismus kann und darf man sich nicht hingeben, weil damit im Grunde eben keine Entscheidung getroffen wird. Wer sich um eine Entscheidung drückt, hat kein Recht zu sagen, es kommt ja doch, wie es soll. Das Wagnis der Wahl muß jeder auf sich nehmen! Wie sehr es hier darum geht, wird auch durch die Kleidung des Mannes unterstrichen, der oberhalb des Nabels gut gekleidet erscheint, unterhalb fällt die Kleidung in Fetzen von ihm ab.

Es geht also um die Entscheidung, doch die Wege sind hier noch nicht zu sehen, es ist wohl mehr eine Vorbereitung. Wenn ich weiß, mit wem ich gehe, dann kommt das Wohin ja meist von allein. Die Entscheidung ist schwer, leicht getroffene Entscheidungen sind auch meist wertlos. Der Gott Merkur selbst trifft eigentlich nie eine echte Entscheidung, was oft vergessen wird, aber mit unserer merkurischen Kraft kann man wählen, soll man wählen! Aber nie wie Merkur, der es sich ja mit keiner Gottheit, weder mit dem Olymp, noch mit der Unterwelt verderben wollte. Insofern müssen wir über Merkur hinauswachsen, weil wir sonst Opportunisten werden. Eine echte Entscheidung ist ein Sieg, aber Siege bringen oft mehr Lasten und Pflichten, als sich viele denken. Denn Siege sind auch ein Machtzuwachs, den man bewältigen muß. Immerhin führen uns Siege oft äußerlich weiter, Niederlagen innerlich. Beide bedingen sich aus der Entscheidung. So erscheint es auch folgerichtig, wenn nach der Entscheidung der Siegeswagen bestiegen wird, das ist unsere letzte Station, die letzte der ersten Siebeneretappe! Dazu muß sich der Stab wandeln, den wir hier zweimal sehen. Einmal im Stab mit den Schlangen, dann aber auch im Pfeil Amors. Der Pfeil ist der entscheidende Stab, denn wir begegnen ihm in der nächsten Bewußtseinsstufe erneut. Auf unserer Karte aber heißt das Erscheinen von zwei Stäben, daß der Stab des Gottes Merkur sich für den Menschen in einen vorwärtsweisenden Stab wandelt (denn der Stab / Pfeil Amors wird ja abgeschossen), er kommt damit in menschliche Hände.

Karte: 7

Der Siegeswagen

Astrologisch: Schütze

Vordergründig betrachtet, sehen wir einen Kentaur mit einem Pfeil, unserem Stab, ausgestattet, der einen Siegeswagen zieht, auf dem ein Pharao sitzt. Der Pharao galt lange Zeit hindurch als Gottesvertreter auf Erden, oder er erhöhte sich dazu. Dies bezeugt hier auch der Horusfalke auf der symbolischen Erdscheibe in der Sonnen- oder auch Mondform. Der Wagen fährt, wird gezogen, auf einem ausgedörrten Boden, der auf eine Nilflut wartet, aber dieser Weg ist eine Sphinxallee. Es sind hier die Drachensphingen, die geflügelten Sphingen zu sehen, was auch eine Beziehung zum Himmel ausdrücken soll. Ein Sphinx hat Bocks- oder Teufelshörner. Es handelt sich hier sowohl um weibliche, wie auch um männliche Sphingen, in denen eben nicht nur himmlische Gedanken spuken.

Das Rad, das man sieht, wie auch das Gegenrad des Siegeswagens ist riesengroß, dadurch zieht sich der Wagen leicht. Es sind aber wohl auch Lebensräder, die uns überfahren würden, wenn wir den Wagen nicht beherrschten, oder wenn wir nicht auf dem Wagen säßen. Aus dem Pferd, das den Wagen zieht, wächst ein Mensch. Das uralte Symbol des Kentaurs. Dieser Kentaur wächst aus einem Roß, das Schimmel und Rappe ist, also das Dunkle wie das Helle in sich vereinigt. Der Mann hält stolz in der einen Hand den Bogen, in der anderen den Stab, den Pfeil. Auch der Pharao hat einen Stab. Es ist der Krummstab und der Wedel, aus dem später die Geißel wurde, während noch heute der Krummstab als Bischofsstab gilt. So vererben sich neben Erfahrungen auch die Symbole. Der Krummstab galt immer auch als Symbol des Mondes, so daß hier wieder beide Lichter vertreten sind. Der Himmel hat eine unwirkliche Farbe angenommen. Es ist ein künstliches Licht, das seltsam fesselt, es ist ein Himmel wie nach einem reinigenden Gewitter in der Ferne, denn hier, im Zeichen Schütze, herrscht das Feuerelement.

Diese Karte symbolisiert die Schützezeit, da sich der Mensch auf der Erde von den animalischen Wünschen lösen will, wie der Mann aus dem animalischen Pferde-Tierleib herauswächst. Dieser Kentaur zieht den

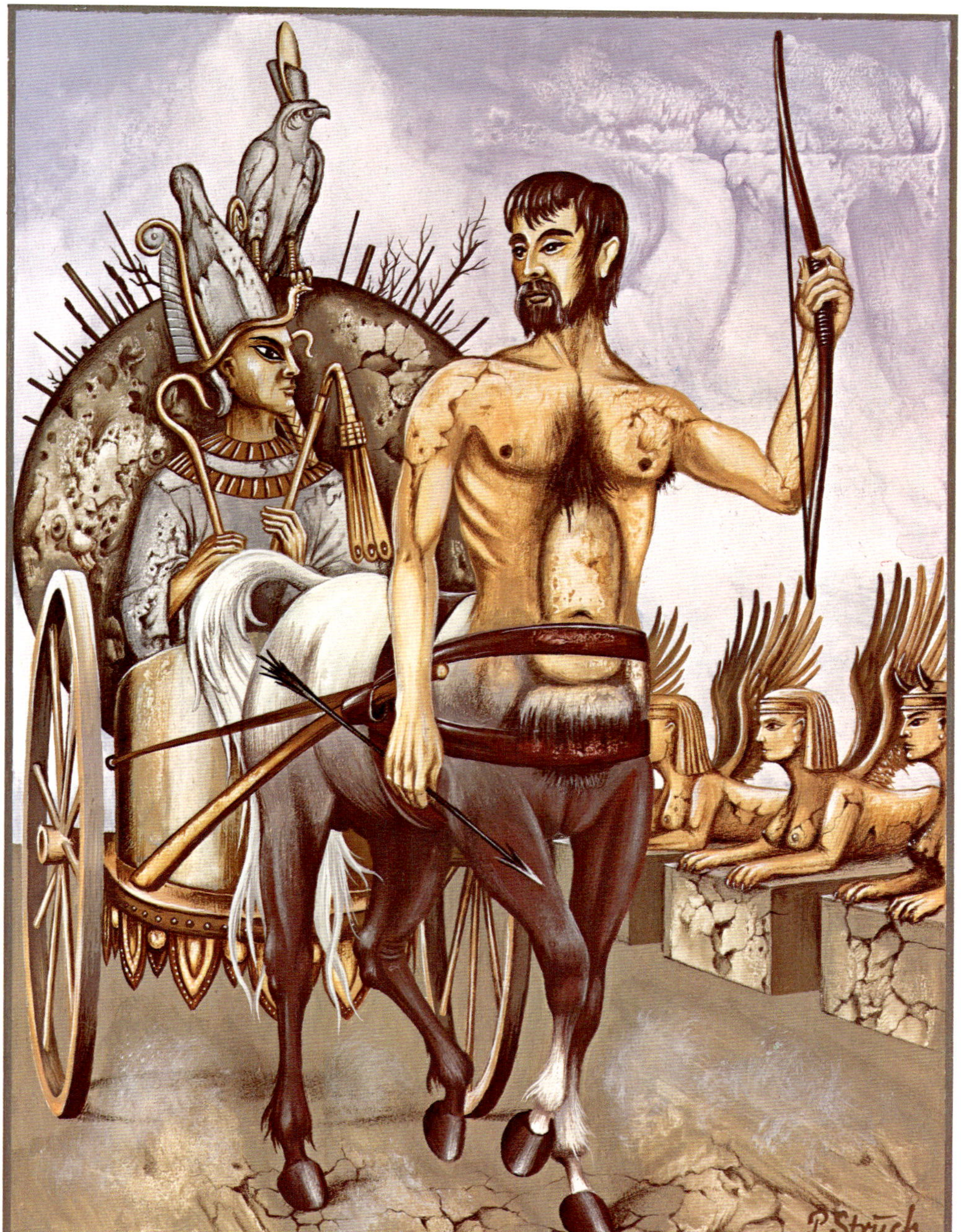

7	DER SIEGESWAGEN	♐

Wagen mit Leichtigkeit, man sieht ihm die Sonnenkraft an, die aus seinem Körper leuchtet.

Die Karte Sieben ist die letzte Karte des ersten Abschnitts unseres Weges, es ist die Karte des ersten Sieges über sich selbst, da der Mensch sich erhebt, ein Zweibeiner wird und nun den Horizont besser erfaßt. Durch seine vorhin getroffene Entscheidung erwirbt der Mensch die Kraft, die ihn über sich hinauswachsen läßt. Der Kentaur lehrt den Kampf, den es braucht, um aus seinem animalischem Instinkt herauszuwachsen, um sich den Idealen zuzuwenden. Hier ist es erstmal – scheinbar – geschafft. Nun befindet sich der Mensch auf der Siegesstrecke, wenn er auch noch nicht selbst im Siegeswagen sitzt. Der Kentaur schreitet gelassen daher, er wäre bereit, jederzeit Bogen und Pfeil zu benutzen, er ist stolz und siegessicher. So trägt diese Karte nicht ohne Grund die Nummer Sieben. Die große heilige Zahl.

Die Sieben wurde durch die alten Planeten und den Mondrhythmus zur Zahl unserer Wochentage, und am siebenten Tag soll man ruhen, da die Leistung der sechs Tage zu verdauen ist. Die Sieben trägt die Drei, das Dreieckssymbol, und die Vier, das Symbol des Quadrates, in sich, die wichtigsten Symbole der Astrologie außer der Eins und der Zwei, den Zahlen der Konjunktion und der Opposition. Die Sieben taucht in der Bibel wie in alten Mythen auf. Die sieben mageren, wie die sieben fetten Jahre haben eine große Bedeutung, wie auch das verflixte siebente Jahr. Und sieben Jahre wandelt der Uranus durch jeden Tierkreisabschnitt, und nach 3×7 Jahren bildet er das erste Quadrat zu seiner Geburtsstelle.

Schütze kommt nach dem Skorpion, den man einst auch Drachen beziehungsweise Schlange und Adler nannte, deswegen sind hier auch die Drachensphingen zu erkennen. Daß Rom auf sieben Hügeln erbaut wurde, war Voraussetzung dafür, daß Rom eine heilige Stadt wurde. Nach der siebenten Station müssen wir uns neu rüsten, so wie in der Astrologie die Menschen im Zeichen Schütze über sich hinauswachsen sollen, im Sinne des Jupiter, der hier regiert. In Schütze zeigt die Sonne das Ende des Herbstes an, aber wenn die Sonne den Abschnitt Schütze verläßt, dann steigt sie wieder auf, dann werden Siegesfeuer errichtet oder die Lichter angesteckt, weil ab nun die Tage wieder länger werden. Und um diese Jahreszeit leuchtet der Sternenhimmel so herrlich, wie sonst kaum. Es ist eine innere Wärme in den Menschen, deswegen ist hier auch der Himmel unwirklich verfärbt. Es kommt nicht mehr auf die äußere Sonne an. Man braucht nicht sonnenhungrig zu sein, wenn die Wärme des Herzens und des Geistes in einem lodert. Innere Wärme heißt aber auch, sich freizumachen von den materiellen Gütern. Es geht um die Reifeentwicklung, die hier erstmal zum Ende gekommen ist, aber erneut starten muß. Die Sphingen, die den Menschen in Vertretung himmlischer Befragung das Rätsel aufgegeben haben, bilden hier ein Ehrenspalier, auf das der Kentaur verzichtet, er schaut weg. Aber der Pharao schaut auf seine Sphingen. Beide – Kentaur wie Pharao – sehen in verschiedene Richtungen, so ergänzen sie sich. Jupiter, der hier herrscht, gilt als die Entfaltung im Menschen, also daß die Kräfte des Merkur nun mit Sinn gefüllt werden müssen.

Diese Kraft ist es, die hier mitregiert, denn Jupiter als höhere Sonne, womit ja nur eine innere Sonne gemeint sein kann, ist stets anwesend. Und wer von der inneren Sonne erfüllt ist, der kann sich seiner Gottheit aufrecht und mit Stolz nähern, der kann man ohne Unterwürfigkeit dienen. Das Äußere ist gebändigt, was auch durch den Krummstab versinnbildlicht wird. Denn der Krummstab hat sich ja einst aus dem Hirtenstab entwickelt. Damit hütete der seßhaft gewordene Nomade die heiligen Tiere, das waren die Tiere, die ein Horn trugen, das einer Mondsichel ähnlich war. So wurde der Krummstab zum Mondsymbol.

So verschlungen sind die Aussagen der Mythen, die man nur wieder auf ihren inneren Sinn untersuchen muß, um den Knoten der Verschlingung ihrer unzähligen Aussagen zu lösen.

Vier Tiere sind da, der Kentaur hat vier Pferdebeine, die Zahl des eckigen Quadrats, des Eckigen schlechthin. Daneben die drei Rundungen in den Rädern und der Erdscheibe. Beides ergibt die Zahl Sieben. So ergänzt das eine das andere, was uns Hoffnung bringen soll, deswegen liegt in der Schützezeit auch unsere Adventszeit, die Ankunftszeit des aufsteigenden Lichtes.

Daß unser Sieg über das Tierische, über unser animalisches Instinktleben kein endgültiger Sieg ist, das wird daran deutlich, daß unser Kentaur ja noch nicht völlig aus dem Leib des Tieres gestiegen ist. Das haftet ihm an, das haftet uns an, daran gibt es keinen Zweifel, aber es geht ja nie um die Spitze, sondern um das Bemühen, die Spitze zu erringen. Dies wird auch in den Sphingen deutlich. Ihre Kraft, ihre Rätsel können teuflisch sein, sie zeigen es ganz offen, und ein Teufelssphinx ist sich nicht zu schade, mit am Spalier teilzunehmen. So bleibt natürlich die stete Herausforderung, und wir wären Narren, wenn wir dies nicht erkennen würden.

Gerade jetzt, da nun die Sonne wieder aufsteigt, wird die Erde noch karger bei uns. Und damals im alten Ägypten gab es zwar nicht die Kälte unserer Breitengrade, aber die Ufer des Nils waren schon zurückgetreten, die Erde wurde bereits wieder unfruchtbar. Die Zügel, die unserem Kentaur angelegt sind, erscheinen eigenartig. Dieser Ledergurt ist geformt wie ein Mund. Damit soll wohl darauf hingewiesen werden, daß bei aller Kopfbetonung und Entscheidung aus dem Kopf, auch die unteren Partien des Körpers sprechen. Hier sind sowohl Urerfahrungen gespeichert, wie Trieb- und Zeugungswünsche. Wir müssen also immer als Ganzes leben, müssen zusammenfügen, was manchmal aus Bequemlichkeit oder Kraftmangel getrennt wurde, von uns selbst getrennt wurde. Nichts stirbt in uns, das nicht weiterlebt, in welcher Form auch immer, und das sich nicht auf oft hinterhältige Art (gehörnter Sphinx) äußern könnte. Bei aller Entwicklung also müssen wir stets auf der Hut vor uns selbst sein.

Es geht um die Zügelung in uns, die hier wiederholt ausgedrückt wird. Wehe also, wenn nur der Intellekt losbricht, aber wehe auch, wenn nur das Animalische herrscht. In der Stunde des Sieges schließlich ist das Schlimmste – drittens – der Übermut des Siegers, der hier in dieser Karte zwar nicht zu spüren ist, aber die Gefahr ist stets gegeben.

Dies alles führt uns auf den Weg der Erkenntnis. Wir müssen auf dieser Bewußtseinsstufe ehrlich gegen uns selbst sein. Ohne dies wäre der Weg in die zweite Siebenheit ein verlorenes Bemühen, nicht mal mehr ein Abenteuer. Denn eines kommt noch dazu: die Kraft, auch nachzugeben, Lasten auf sich zu nehmen. Der Sieger über sich ist sich nicht zu schade, den Siegeswagen zu ziehen, – das eigentlich dürfte der größte Sieg sein, der hier ausgedrückt wird! Es gilt also, sich ohne jeden Übermut einzuordnen. Einzuordnen in die Gesetze und ins All, damit in den Kosmos. Gelingt dies, dann braucht sich keiner seiner Schatten zu schämen, so wie unser Kentaur, der stolz bekennt: Schaut her, ich habe mich noch nicht vom Tierischen befreit, aber ich bin auf dem besten Weg! Das ist ehrlicher, größer, bewundernswerter, als sich seiner Schattenseiten zu schämen und sie mühsam zu kaschieren.

Das nützt sowieso nichts! Denn am Start der nächsten, der zweiten Siebenheit, liegt die Waage der Gerechtigkeit, die unbestechlich ist, weil hier kein Mensch das Maß bestimmt, sondern eine Gottheit, die Isis. Dieses Wägen deutet an, daß wir uns nun selbst auf die Suche nach innerer Gerechtigkeit begeben müssen.

Karte: 8

Die Gerechtigkeit

Astrologisch: Waage

Vordergründig betrachtet, sehen wir eine Priesterin der ägyptischen Göttin Isis, oder ist es Isis selbst? Wenig bekleidet, um den irdischen Gegebenheiten gerecht zu werden, hält sie ein Schwert mit einer lanzenartigen Halterung für eine Waage. Diese Waage besteht aus zwei Waagschalen, die durch einen Querhalter kreuzförmig verbunden werden. Im Schwertgriff sieht man die liegende Mondsichel. Die Hand der Isis-Priesterin hält außerdem noch eine Kette, in der das Maßbuch der Gerechtigkeit aufgeschlagen liegt. Auf den Waagschalen liegen vom Betrachter aus rechts eine leichte Feder, links das Herz eines Toten, das hier gewogen wird. Feder und Herz halten sich die Waage. Es kommt darauf an, ob sich die Herzwaage senkt, dann wird das Herz für zu schwer befunden und dem Anubis-Schakalhund zum Fraß vorgeworfen.

Der Hintergrund ist geteilt. Der Tag verläßt die Bühne. Noch allerdings leistet die schon etwas orangerötliche Sonne der anbrechenden Nacht Widerstand. Hinter der Priesterin geht der Mond auf, da Vollmond ist, steht er genau der Sonne gegenüber. In der anderen Hand züngelt die Priesterin geheimnisvolle Schwaden, als wolle sie anzeigen, daß auch sie das Magische beherrsche, wie der Magier der Karte Eins.

Das Waageschwert trennt auch den Boden. Der eine Teil ist hellgrau, der andere nächtlich-blau. Um die Spitze des Schwertes schimmert ein kleiner heller Kreis, das Licht der Waage leuchtet auch in der kommenden Finsternis. Außerdem handelt es sich um eine luftige, eine himmlische Waage, denn das Schwert scheint zu schweben wie auf einer geformten Wolke. Es ist offenbar: es geht um das Wägen, das gerechte Wiegen, um die Gerechtigkeit des Himmels. Gerechtigkeit bedingt Ungerechtigkeit, ist also keine Selbstverständlichkeit, sonst könnte man sich das Richten ersparen. Aber auch Richter irren, so bleibt die Hoffnung vieler die ausgleichende Gerechtigkeit des Schöpfers, die hier angesprochen ist. Recht und Unrecht treffen zusammen wie Tag und Nacht, wie Frühling / Sommer auf der einen, und Herbst / Winter auf der anderen Seite. Im

8 DIE GERECHTIGKEIT

Zeichen Waage, genau am Nullpunkt, ist dies der Fall, und diese Karte versinnbildlicht ja auch den Abschnitt Waage des Tierkreises.

Ab jetzt wird es dunkler, wer nun die Prüfung auf den eigenen Wert, also auf ein reines Herz nicht besteht, der hat kaum Chancen, aus der dunklen Zeit wieder aufzusteigen. Im Dunklen wagen sich die Hunde heraus, die Triebe werden wach, die dunkle Unterwelt wird nicht umsonst von einem dreiköpfigen Cerberus bewacht. Hier kündigt ein Anubis-Schakal den Abstieg an, wenn das Herz schwerer als die Feder ist. Es geht hier um das Wort Ma'at, was soviel wie Wahrheit heißt. Im alten Ägypten notierte der ibisköpfige Thoth das Waageergebnis, und er warf das zu schwere und damit schlechte Herz den Anubishunden persönlich zu. Wir haben hier also eine Verbindung mit dem Hohepriester.

Die Karte trägt die Zahl Acht, also die Sieben und die Eins. Acht ist aber auch die Zahl des ewigen Kreislaufs. Einst galt sie gar als Zahl des Spiegels, der Widerspiegelung des göttlichen Kreislaufes. Aber die Zahl Acht geht tiefer. Sie ist die Venuszahl, denn Venus als Abendstern regiert in der Waage.

Warum ist Acht eine Venuszahl? Nun, Venus steht zirka acht Monate als Abendstern am Himmel, dann nach einer Unsichtbarkeitsdauer cirka acht Monate als Morgenstern. Das sind jeweils cirka 240 Tage. Und Venus steht mit dem Mond nur dann zusammen, wenn der Mond die Sichelform hat. Als abnehmender Mond, wenn Venus Morgenstern ist, als zunehmender Mond, wenn Venus Abendstern ist. Als Morgenstern begleitet Venus also den Mond in den Tod, als Abendstern zeugt sie ihn ohne Berührung. Oder: von der Erde aus gesehen, setzt Venus mit ihrem Licht dem Mond eine Krone auf. Venus und Mond sind also die bedeutenden Himmelsbilder, die zusammen gehören, wie es heute noch der Blick auf eine Kirchenmadonna bestätigt, die oft auf einer Schlange oder gar auf einer Mondsichel steht.

Alle acht Jahre nun geht der Neumond am gleichen Ort der Ekliptik auf, was die Acht so bedeutsam macht. Aber auch acht Jahresumläufe unseres bürgerlichen Jahres entsprechen fünf Gesamtvenusumläufen zu 584 Tagen. Im astrologischen Sinn bedeutet die Acht die Auseinandersetzung mit dem Tod, nämlich das astrologische achte Haus, da es um die Konfrontation mit dem Tod geht. Im Anblick des Todes aber wird der Wunsch nach Eigengerechtigkeit wach. Auferstehen kann nur, wer es wert ist, nur der kommt auf eine höhere Stufe. Die anderen Seelen werden zurückversetzt, müssen ihre Lektion lernen, müssen von vorn anfangen.

Mit der ersten Karte nach der siebenten Karte beginnt also die zweite, die mittlere Etappe des Entwicklungsweges. Da es nun um wahre Gerechtigkeit geht, ist das Schwert wertlos, es hat sich als Stab zur Stütze der Waage verwandelt. So wie Mars, der Kriegs- und Frühlingsgott, bei der Venus im Abschnitt Waage ohne Waffen ist, weil er sich ihr unterwirft, weil er Liebe sucht, für die er dann eintreten und kämpfen kann.

Es muß nicht betont werden, daß es hier um keine banale Gerechtigkeit geht, die gibt es sowieso nicht. Wer Recht, absolutes, neutrales Recht von Menschen erwartet, der muß enttäuscht werden, schon die Gesetze sind nicht danach. Die Gewißheit einer ausgleichenden Gerechtigkeit, einer höheren Gerechtigkeit aber ist mehr als ein Geschenk, das ist tiefe Zuversicht. Aber diese Gerechtigkeit gibt es.

Venus und Mond sind die Gestirne, die am Himmel das Sonnenlicht in der Nacht am stärksten, am eindrucksvollsten widerspiegeln, was zu unserer Karte zurückführt, denn Sonne und Mond sind hier symbolisch in ihrer Opposition zu sehen. Isis / Venus ist – und das weist auf die Sonnenbestrahlung hin – mit einer Art goldener Haut versehen, die nicht den ganzen Körper bedeckt, weil auch der Stern Venus das Licht der Sonne immer nur mondsichelartig widerspiegelt. Das Goldene ist also nur geborgt, deswegen bröckelt es ab, auch ein Zeichen der Gerechtigkeit. So wird hier also das Wahre vom Unwahren geschieden, und bei jeder Wägung ist es ja das größte Problem, den Schein vom Sein zu trennen.

Es geht hier also um das wahre Herz, um den echten Pulsschlag, und nicht mehr um den Verstand, der irren, ja auch täuschen kann. Herzen werden hier gewogen, das Sonnensymbol in uns, denn wenn die Sonne nicht scheint, dann gibt es kein Leben, genauso wenn das Herz zu schlagen aufhört. Ein Trost für alle, daß die Gerechtigkeit von der Göttin der Liebe befunden wird. So ist doch mit einem Verständnis, wenn auch bei klarem Blick, zu rechnen.

Es ist der Stern der Liebe, des Abends, deswegen steht diese Isispriesterin eindeutig auf der dunklen Nachtseite. Aus Isis wurde später Aphrodite und schließlich die römische Venus, die der astrologischen Venus ihren Namen gab.

Das Gesicht leuchtet in der Dämmerung der beginnenden Nacht, denn nur nachts geschehen die Wunder, wo sich etwas in uns wandelt. Es überkommt uns fast nur nachts die wahre Erkenntnis aus dem Inneren, weil wir am Tage auf die inneren Stimmen gar nicht hören können und wohl auch nicht hören dürfen. Da hier nun kein Mensch rechtet oder richtet wie in unserem irdischen Leben, spielen hier auch die gelegentlichen, alltäglichen Sünden keine Rolle. Nur wenn gelegentliche Sünden alltäglich werden, dann schlägt es allerdings sehr schnell auf das Herz durch, das hier gewogen wird. So aber kommt dieses Gesetzbuch mit wenig Seiten und mit wenig Worten aus, es geht folglich um ein Gesetz, das verhältnismäßig leicht zu befolgen ist. Wenn aber gerichtet wird, dann mit allen Folgen, wie das verwandelte Schwert – unser Stab – anzeigt, denn Gerechtigkeit kann auf des Schwertes Schneide liegen.

So schaut die Priesterin mit großen, geschulten, klugen Augen. Diesen Augen traut man zu, daß sie bereits wissen, ob sich die Herzschale senken wird. Im Abschnitt Waage geht es um die Verbindung, auch die muß gewogen werden. Aber noch weitaus folgenreicher wäre, wenn jemand eine Verbindung einginge und dann sein Herz nicht auf die Schale legen kann, weil sein Ma'at, seine Wahrheit nicht stimmt, nicht von Herzen kommt.

Die Menschen müssen zum Herbstbeginn zusammenrücken, sie sind mehr aufeinander angewiesen. Das verlangt Liebe, Rücksicht, Geduld und Verständnis, all dies ist nur mit innerer Wahrheit zu leisten, zu erfüllen. Auch darum geht es hier: zu erkennen, daß ich mit der Unwahrheit nur meinem Nächsten weh tue, erst recht meinem Lebenspartner. Liebe verlangt Wahrheit und Herzensgüte.

Auch hier ist das Wesentliche das Bemühen. Wir können nicht ewig allein sein, wir brauchen das Du. Wir brauchen unsere inneren Bindungen, unser Echo, und nur wie es hereinschallt, so schallt es heraus. Lüge zeugt Mißtrauen, Mißtrauen Lüge – das wäre der falsche Weg zum anderen, damit bekommen wir kein Du, das uns erlöst aus unserer Einsamkeit.

Einsamkeit ist fördernd für eine gewisse Zeit. Man muß sie auch immer wieder aufsuchen. Deswegen steht hinter dieser Station unseres Bewußtseins auch der Eremit, der Weise, der sich in seine Höhle zurückzieht, nachdem er gewogen wurde. Und so geht unser Weg weiter, nun in unsere eigene instinktive Dunkelheit.

Karte: 9

Der Eremit

Astrologisch: Neptun

Vordergründig betrachtet, sehen wir einen asketischen, reifen Menschen, der sich in einer seltsamen, etwas unwirklichen Höhle befindet. In der einen Hand hält er den Stab der Entwicklung, der aus sich heraus leuchtet. In der anderen Hand trägt er eine kleine Laterne, deren Schein unirdisch weiß ist. Der Mann ist einsam, er ist in sich zurückgezogen. Die Kleidung ist arm, bescheiden. Er trägt dünne Hosen, ist sonst nur mit einer Decke bekleidet, an den Füßen trägt er leichte Sandalen.

Der Blick des Mannes – mehr in sich als nach außen gerichtet, also introvertiert – richtet sich auf den dreiköpfigen Hund, der aber nicht der Cerberus der Unterwelt ist. Der Hund greift ihn auch nicht an, genauso wenig wie die anderen Tiere dieser Höhle; allein die Schlangen züngeln etwas nach ihm, aber auch mehr spielerisch. In der Höhle lebt andersartiges Getier. Tiere der Fantasie, Tiere in uns. So greift ein fischartiges Ungeheuer von oben fast senkrecht den Mann an, aber auch das ist nur ein spielerisches Schnappen, denn der Mann fühlt sich überhaupt nicht gefährdet. Ein rüsselartiges Untier mit 9 Augen und neun Schlangen, die drei mal drei gebündelt sind, beherrscht die eine obere Hälfte. Die Zahl 3 × 3 spielt also eine große Rolle.

Der Mann scheint in sich eingekehrt zu sein, aber dadurch ist er innerlich hellwach.

Der Stab, unser Stab, strahlt, er strahlt von innen heraus, wie es hier überhaupt um das Innenleben geht. Es ist keine äußere Höhle, in die man geht, sondern die Höhle in uns, die man nun zu durchforsten sucht. Im Grunde sucht der Mann sich selbst, schaut in sich hinein wie in eine fremde Welt, die einem aber unbewußt vertraut ist, weil man mit dieser Welt immer schon gelebt hat, ohne sie zu kennen. Man sucht sich, und oft ist einem ja die Nähe so fremd, der Nächste so fremd, ist man sich selber fremd. Man muß in die Askese gehen, um da Licht herein zu bringen, der Stab muß nun leuchten, magisches Licht muß einen da leiten. Dieser Mann sucht in sich seine animalische, unbewußte Welt, er ist auf der Spur

9 DER EREMIT ♆

der Hohepriesterin, die ja auch – wie alle anderen Stationen – in ihm lebt. Denn jede Station, die bewußt werden soll, lebt in uns selbst, sonst könnten wir sie nie erreichen. Das ist das Ringen um die Weisheit, bei sich, in sich zuerst anzufangen. Bereitschaft, sich in der Stille zu besinnen und ohne Angst in die eigene Dämonenwelt zu schauen, so klein oder groß auch Dämonen in uns sind. Der Mensch hat seine Höhle der Vergangenheit, seine Höhle der Verdrängung, da muß immer wieder einmal Licht hineingebracht werden, weil sonst Fäulnis entsteht, die gärend zur Explosion führen kann.

Die dunklen Tiere in einem lassen sich auf die Dauer nicht zähmen, wenn man ihnen nicht ins Gesicht schaut, wenn man sie nicht annimmt, wenn man Angst vor ihnen hat, was ja nichts anderes heißt, als Angst vor sich selbst zu haben.

So hält dieser Mann stumme Zwiesprache mit seiner Dunkelheit, sicher eine schwere Auseinandersetzung, die ja keinem von uns leicht fällt. Dabei muß die Angst vor der absoluten Stille überwunden werden, weil erst dann die inneren Stimmen zu vernehmen sind. Aber dies wird gerade in einer Zeit, da der Mensch uneins mit sich selbst ist, so gerne durch Lärm zugedeckt, durch laute Musik aus hochkarätigen Boxen. Dies, sich von der Außenwelt abzuschirmen, ohne eine Schallmauer zu errichten, ist das erste Problem. Das zweite, nicht die Augen vor sich selbst zu verschließen. Und es wird einem sicher kalt, es rieselt einem über den Rücken, wenn man in sich schaut. Höhen traut sich ja jeder zu, daß aber zu jeder Höhe auch ein Abgrund gehört, das wird sehr schwer wahrgenommen.

So zeigt diese Karte eigentlich den entscheidenden Weg zur eigenen Gesundung, und da hilft einem keine Gottheit, da gibt es keine Glückssituationen, keine Beistände, da hilft einem nur der eigene Mut und die eigene Kraft, auch wenn einem innere Kälte das Herz dabei gefrieren läßt. Diesen Schock braucht man, wie das Wasser gefrieren muß, um zum Stillstand zu kommen, wie Regen als Schnee gefrieren muß, damit er den Boden vor Kälte schützt, und wirklich das Wasser von oben fruchtbar genutzt werden kann, weil es nicht so schnell versickert. Das sind Erfahrungen, die uns die Natur lehrt, an denen aber viele achtlos vorbeigehen, weil sie außerhalb der Natur und damit meist außerhalb von sich selbst leben. Immer gingen die Großen in die Einsamkeit, um zu lernen. Zu lernen ohne Lehrer, nur durch die Stille und das Hineinhören in sich. Diese Station ist nun erreicht, die gilt es auszufüllen.

Es ist die Auseinandersetzung mit der Instinktwelt, die bei den Menschen verkümmert ist, nachdem der Verstand, die sogenannte intellektuelle Logik so überentwickelt und überschätzt wurde. Der nicht mehr funktionierende Instinkt führt eher zur Täuschung, er warnt uns nicht mehr vor einer Gefahr, sondern er leitet in die Irre. Und so kommt keine Inspiration auf, keine innere Schau. Der Eremit hat dies erkannt, er sucht danach. Schlangen und Hunde gelten als Instinkttiere, und wenn sie im Traum auftauchen, dann meldet sich animalischer Instinkt und natürlich auch animalischer Trieb. Das ist nicht zu verleugnen, sondern anzunehmen, um diese Kräfte beherrscht und nutzend anzuwenden.

Diese Karte trägt die Zahl Neun. Nun hat man die Zahl Drei auch immer die Instinktzahl genannt, weil nur ein gesunder Instinkt das Überleben in jeder Beziehung garantiert. Mit verbogenem Instinkt kommen die Menschen zu seltsamen Begründungen über das Leben, und sie verlassen – ohne dies zu bemerken – die Pfade der Natürlichkeit und damit die Natur. So sind hier mehrere Dreier-Symbole enthalten, denn die Neun ist eine potenzierte Drei.

Die drei Köpfe des Hundes fallen auf. Diese drei Hundeköpfe schauen in verschiedene Richtungen. Der eine Kopf schaut hinter sich, der zweite Kopf schaut auf das fahle Licht, und der dritte Kopf besiegt nur schwer seine ihm innewohnende Aggression, die er fast erstickt. In den Untieren oben ist die Zahl Neun auch sehr leicht zu erkennen. Man nennt die Zahl Neun auch die unheimliche Zahl, weil jede Zahl in ihrer Quersumme gleichbleibt, auch wenn man die Neun dazu addiert. Etwa die Dreizehn hat die Quersumme Vier. Zählt man zur Dreizehn die Neun dazu, dann gibt das Zweiundzwanzig, was wieder in der Quersumme Vier ergibt. Zählen wir weiter: $22 + 9 = 31$ = Quersumme 4. Und die Neun mit sich multipliziert, ergibt die Quersumme 9, also $9 \times 9 = 81$, Quersumme 9. Oder auch mit jeder anderen Zahl von eins bis neun multipliziert. $9 \times 4 = 36$, Quersumme 9.

Nach der Neun kommt die Zehn, die wieder eine Eins in sich ist. So ist die Neun auch die letzte eigenständige Zahl, weil alle Zahlen danach zusammengesetzt sind. Hier geht es um die letzte ganz eigene Selbständigkeit, die umso mehr Verantwortung erfordert.

Es handelt sich um eine neptunische Kraft. Neptun symbolisiert in der Astrologie den Instinkt, die mögliche Inspiration, aber auch das Täuschungsmoment, wobei in erster Linie die Eigentäuschung gemeint ist. Neptun ist auch der Herr des Meeres, des großen Wassers, und weil sich Wasser und Seele so leicht verbinden, ist Neptun dem Mond verwandt.

Aber nicht ohne Grund hat man auch den Himmel ein Sternenmeer genannt, in dem man gar nicht so leicht seine Führungsbilder findet. Es war die große Inspiration der Urväter, die wesentlichen Bilder des Himmelsmeeres erkannt und uns übersetzt zu haben. Und wir müssen uns sicher in den Himmelsbildern bewegen, so wie die Fische sich im unendlichen Meer tummeln können. Unsere Erde besteht überwiegend aus Wasser, das ist das besondere an ihr, das ist der große Unterschied zu allen anderen Planeten und macht die Erde so einmalig. Deswegen ist auch der Neptun genauso wichtig wie alle anderen Planetensymbole.

Und in einem unendlichen Wasser wie in einem unendlichen Himmelsmeer besteht die Gefahr des Zerfließens, eine echte neptunische Gefahr. Da heißt es also, sich wieder auf sich zu besinnen, in sich eine Kraft zu bilden, so wie sich der Eremit in seine Höhle zurückzieht. Und jeder muß wieder an seinem Instinkt arbeiten, ja ihn überhaupt wieder erkennen, denn ohne gesunden Instinkt gibt es keine Inspiration, keine innere Schauung, keine Erleuchtung. Durch den Verstand kommen nur Erkenntnisse. Der Verstand kann nicht über die Horizonte hinausschauen, dazu bedarf es einer ganzen Kraft, und zur ganzen Kraft gehört auch der Instinkt und die Seele.

Dies hängt viel mit der Gabe des Schweigens zusammen. Unser Eremit schweigt, sein Mund ist verschlossen, er muß sich auch nicht mit eigenen Tönen betäuben, so wie viele ein Lied anstimmen oder laut pfeifen, wenn sie in einen dunklen Wald kommen. Mit dem eigenen Klang sollen nach alter Sage böse Dämonen vertrieben werden, aber schon der Begriff des Bösen ist ja verdächtig, weil niemand die Dämonen kennt und einfach annimmt, sie seien böse. Es gibt kein absolut Böses wie es kein absolut Gutes gibt. Und so haben wir auch gute Dämonen in uns, die wir vor lauter Angst mit unterdrücken. Der gute Instinkt hat einst jedes Lebewesen vor den Gefahren gewarnt. Heute haben nur noch die Tiere in der Wildnis diesen guten Instinkt. Der Mensch glaubt, mit dem Verstand der Gefahren Herr zu werden, so haben wir uns der inneren, warnenden Stimme selbst entledigt. Damit ist der Mensch ziemlich hilflos geworden, wenn er ohne Technik auf sich allein angewiesen ist. Der Eremit jedoch will wieder Bekanntschaft mit seinen Instinktkräften suchen, will sich wieder mit ihnen auseinandersetzen, wenn sich auch die Instinktkräfte aufgeschreckt fühlen, weil man sie vergessen hatte. Aber ohne Instinkt können wir nicht unser Fortune erproben, können wir uns nicht auf das Lebensrad binden lassen, und darum geht es in der nächsten Station.

Karte: 10

Das Fortune

Astrologisch: Steinbock

Vordergründig betrachtet, sehen wir ein riesiges Rad. Dieses Rad hat zwölf Speichen, die sich in einer Nabe in der Mitte treffen. Dies entspricht der Einteilung des inneren Horoskops. Damit geht es in dieser Bewußtseinsstation um die realen Interessen in diesem Leben, also um das Fortune, wie es der Name der Karte besagt, das der Einzelne zu erwarten hat. Fortune ist etwas anderes als Glück, so ist dieses Rad auch kein Glücksrad, wie die Karte auch oft genannt wird, sondern das Lebensrad. Glück kommt von außen, Fortune aber von innen, von einem selbst. Fortune ist eine eigene, innere Angelegenheit. Napoleon verlangte von seinen Generalen erst einmal Fortune, dann – oder damit – die Befähigung zu überlegten Strategien.

Das Fortune ist jedoch wechselhaft, wie der Mensch in seinen Entwicklungen, dies zeigt dieses Rad deutlich. Es dreht sich entgegen dem Uhrzeiger, damit entspricht das Rad den horoskopischen Gesetzen, da auch die Zählung der Tierkreisabschnitte und der Häuser entgegen dem Uhrzeiger erfolgt.

Obenauf thront das Symbol des Drachensphinx, der ja durch das ganze Tarot führt. Der Sphinx liegt vor der Sonne, verdeckt somit die Sonnenkraft wie ein Felsen, der früh Schatten wirft. Es ist die Steinbockzeit, da sich zwar die Sonne langsam wieder nach oben bewegt, sie aber doch am tiefsten steht, und wir die kürzesten Tage haben. Steinbock beherrscht den Felsen, deswegen ist diese Sphinxstatue auch aus Stein, während der Steinbock, der ans Rad geklammert nach oben will, lebendig ist wie der Hund, der den Weg in die unheimliche Tiefe gehen muß.

Der Steinbock hat im Schwanz noch die Andeutung an den Ziegenfisch, wie man im alten Babylon diesen Sonnenabschnitt nannte. Das sich stets drehende Rad zeigt deutlich an, daß dem Oben ein Unten folgt, daß aber unten die dämonischen Schlangen auf einen warten, während oben die Sonne strahlt. Doch gerade dieser Wechsel ist so schöpferisch! Wir dürfen nie das Dunkle vergessen, weil dort das Leben der Seele ist, wie die

10 DAS FORTUNE ♉

Schlangen als Lebenssymbol ja andeuten. Und die mittleren Strahlen der Sonne reichen ja fast in den Untergrund. Wer genau hinschaut, wird erkennen, daß die Unterwelt ja genau besehen auch im Himmel liegt, wie der Himmel eben mal hell – mal dunkel ist. Und wie die Sonne durch das Dunkle muß, so muß es jeder von uns. Die Uhr des Rades kündet es an: Jedermanns Stunde liegt auch im Dunklen, erst dann wird das Helle lebendig, denn wäre das Dunkle tot, gäbs auch in der Helligkeit kein Leben.

Wir alle werden wie der Steinbock und der Hund aufs Rad des Lebens gespannt, um unser Fortune zu erproben. Wir müssen mit hündischer Angst in die Tiefe, wo uns ja auch die Hunde der Unterwelt erwarten, aber wir kommen ebenso wie der Steinbock auf den Gipfel des Felsens, wo die Vegetation aufhört, wenn wir nur wollen! Darum geht es im Abschnitt Steinbock. Und ist die Sonne noch so tief, sie steigt wieder auf. Wenn die Sonne hier steht, hat der Mond eine besondere Kraft, da er dann nämlich im Abschnitt Krebs als Vollmond erscheint. Da zeigt er seinen besten Glanz in seinem ihm verwandten Zeichen.

Deswegen ist der Mond hier durch seine Symbole, die Schlangen, vertreten. Man kann Udas Mondlicht aus der Opposition vielleicht erahnen, aber sein direktes Symbol, die Sichel, ist nicht vorhanden. Die Strahlen der Sonne, die in die Tiefe reichen, wirken wie eine Leiter, an der sich mancher heraushanteln möchte, aber dies ist mehr eine Fata Morgana, wir müssen alle den Umweg über die Lebensaufgaben nehmen, so wie es uns das Häusersystem der Astrologie in Radform immer wieder offenbart.

Dies ist die Karte Zehn. Also die Karte der erhöhten Eins. Die Zahl der zehn Planeten und die dritte Station des zweiten Siebener-Weges. Bis zur Zehn geht die kleine Zahlenkette, die wir lernen müssen. All das können wir an unseren Fingern abzählen. 3 × 10 Tage ist der Monat lang, dann beginnt ein neuer synodischer Mondumlauf. Mond ist der astrologische Gegenspieler des Saturn, der hier im Abschnitt Steinbock herrscht. Der gegenüberliegende Abschnitt ist Krebs, wie schon erwähnt wurde. Wir haben hier in einer Zahl den ersten Kreis neben der schöpferischen Eins, deswegen muß hier auch der Kreis den Mittelpunkt darstellen. Und damit wir auch die Drei nicht vergessen, ist dies in dem Dreieck ausgedrückt, auf dem der Sockel des Sphinx ruht. Der Kreislauf unseres Alltags bis hin zum großen Lebensbogen ist deswegen so trügerisch, weil er einen schweren Aufstieg anzeigt, von dem man sich alles erhofft. Aber oben angekommen, werden neue Wünsche in einem wach! Um diese zu befriedigen, muß man Anlauf zu seiner Tiefe nehmen. Und wieder oben angekommen, warten neue Ziele! Ein Ziel treibt das andere, oder besser: unsere Unzufriedenheit treibt uns, es dem Tier Steinbock auf Erden gleich zu machen. Nun kommt es auf das Fortune in uns an – nicht auf das Glück von außen –, ob wir uns beschränken können. Der Steinbock lehrt uns auch dies. Wenn es ihm oben in der winterlichen Kälte zu einsam, zu ungemütlich wird, dann steigt er hinab. Wir haben dies meist verlernt, keiner mag zurückstecken. Es ist für die meisten Menschen ein Problem, sich im Alter zu verkleinern, ihre Kräfte zu strecken, indem sie den Aufwand ihres Lebens einschränken. Wer einmal in einem Schloß gewohnt hat, der will da nicht mehr heraus, koste es, was es wolle. Meist bringt uns diese Anstrengung um einige Jahre des Lebens.

Dieses Auf und Ab kennen wir auch zwischen den Generationen. Da opfern sich Eltern auf, um ihren Kindern ein besseres Leben zu gönnen, aber die Kinder, die davon nichts wissen wollen, verschreien sie deswegen als altmodische Spießbürger. Sie wollen leben, wie sie es wollen, bis sie selbst Kinder haben – dann haben sie das vergessen. Dies muß uns alles hier klar werden, da wir fast die Hälfte des Gesamtweges nun hinter uns gebracht haben. Das sind die Rätsel des Sphinx, die er uns aufgibt. Er lehrt uns ferner, daß wir seine steinerne Ruhe gewinnen müssen, die Unbeirrbarkeit, mit der er seinen ihm angestammten Platz behält. Es geht also um die große Ruhe, um das Wissen, daß ein ständiges Auf und Ab das einzige Wechselbad ist, das uns frisch erhält. Die Annahme des Circulus vitiosus ist aber keine Einladung für einen Fatalismus! Denn was wir auf dem Rad mit dem unvermeidlichen Auf und Ab machen, das ist unsere Sache, das ist unser Schicksal, ja, das macht eben unser persönliches Fortune aus.

Der Mensch hat ja nicht nur die Möglichkeit, die dunkelste Nacht durch künstliches Licht zu erhellen, das hatte er sehr schnell mit der Erfindung des Feuers gelernt, sondern er hat auch die Möglichkeit, in dunklen Situationen helle Punkte des Glaubens zu setzen. Die Erfindung des Feuers ist übrigens hier bedeutend, nicht nur weil die Steinbocknächte kalt und lang sind, sondern weil das Feuer aus zwei aneinanderzureibenden Saturnsteinen geschlagen werden kann. Der blasseste aller Planeten herrscht hier. Es ist also deutlich, wie sehr es auf das innere Licht ankommt.

Dieses Rad symbolisiert auch den Prozeß der ständigen Wandlung, der ständigen Veränderung durch den Ablauf der Zeit. Zeit kann nicht gespeichert werden, damit ist die Zeit das kostbarste äußere Gut, und deshalb herrscht über dieses kostbare Gut auch Saturn, der einst Chronos genannt wurde, und nach dem wir heute noch unsere Uhren als Chronometer bezeichnen. Wie man die Zeit nicht anhalten kann, so auch nicht dieses Rad, denn das würde Stillstand bedeuten, damit das Ende. Bliebe die Sonne stehen, würde sie uns versengen, oder wir würden vor Kälte erstarren, das ist die Erfahrung. Und wer den Wunsch hat, beim schönen Augenblick zu verweilen, der ahnt nichts vom Ablauf der Zeit.

Haben wir das in uns aufgenommen, dann haben wir damit die Kraft, unser Fortune zu zwingen. Ja, wir begreifen, daß das Glück, das wahre Fortune in uns selbst liegt, meist in der Beschränkung und in der Anvisierung eines Gipfels. Natürlich visieren wir dann nach dem Erreichen einen weiteren Gipfel an, aber es geht um etwas anderes. Wenn wir in eine saturnische Bergwelt kommen, uns einen Gipfel auswählen und uns zu dessen Ersteigung rüsten, ist alles gut. Dann, auf dem Weg dahin, sehen wir einen höheren Gipfel und wenden uns vom ersten Ziel ab. Aber so erreichen wir nicht einmal den kleinen Gipfel, weil wir für den echten, großen Berg nicht trainiert sind! Da liegt der Hase, wie man sagt, im Pfeffer, und das macht unser Fortune aus. Das Erkennen der eigenen Möglichkeit und das dauernde Training, noch höher zu kommen. Oben treffen wir vielleicht nur Einsiedler an, aber diese Stufe müssen wir ja hinter uns bringen, um uns erfahrener den anderen zuzuwenden.

Was entscheidender ist: nur so gewinnen wir Kraft, Kraft, auf die sich jeder dann verlassen kann. Und wir müssen nun lernen, mit unserer Kraft umzugehen, darum geht es in der nächsten Station. Der saturnische Steinbock lehrt uns die Kräfte auszuprobieren, sie zu trainieren, niemals zu zögern wieder von unten anzufangen, weil wir nur so die innere Sonne in uns stärken können. Saturn soll das Herz angreifen, sagt die astrologisch-psychosomatische Medizin, aber doch nur das untrainierte oder das völlig überforderte Herz! Das müssen wir hier erkennen, so wie auch jede Zielerreichung eine Pause, die schöpferische Pause, beansprucht. Jeder muß erfahren, daß es auf dem Gipfel zwar eine Pause, aber kein gemütliches Einrichten gibt. Wer das tut, wie Bergbauern etwa, der bezahlt dies mit Einsamkeit und dreifacher Arbeit.

Das Rätsel der Sphinx in den griechischen Mythen ging darum, das Werden und Vergehen des Menschenlebens zu erkennen: erst kriecht es auf vier Beinen, dann auf zweien und schließlich auf dreien. Das Kind, der Mann, der Greis mit dem Stock. Dies früh aufzunehmen, also den jeweiligen Altersstufen nicht auszuweichen, das macht ein Großteil unseres Fortune, damit unserer Ausstrahlung aus.

Karte: 11

Die Kraft

Astrologisch: Löwe

Vordergründig betrachtet, sehen wir eine Frau auf einem Löwen reiten. Der Löwe gehorcht ihr, er fügt sich ihrem Willen, läßt sich von der weiblichen Hand führen. Das Fassen in die Mähne ist fast ein zärtliches Kraulen. Der Stab in der anderen Hand dirigiert den Gang des Löwen, er muß nicht mehr zur Zähmung benutzt werden. Die Frau ist auch keine Dompteuse, sie ist das Innere, die innere Kraft, die den Löwen führt. Der Löwe hat gerade in seinem königlichen Gang angehalten. Er verweilt in einer grenzenlosen weiten Wüstenlandschaft, die von der Sonne ausgedörrt ist. Das Sonnenlicht symbolisiert hier die zeugende Kraft, die aber – wie man spürt – ein Echo benötigt. Jedes Grün fehlt, jede Bepflanzung, und so scheint die Sonne eher unbarmherzig. Es ist die Zeit der Hundstage, da die Sonne mit größter Kraft auf die nördliche Halbkugel brennt, was nur starke Wesen aushalten. Nur starke Wesen brauchen da keine Schatten aufzusuchen, wie der Löwe und die Frau auf ihm.

Die Frau ist von der Sonne entflammt. Die Strahlen der Sonne gehen in ihr Haar über, und so angefüllt wartet die Frau auf das Erlebnis der Lust durch Kraft. Am Schwanz des Löwen züngelt eine königliche Schlange, auf die dem Löwen innewohnende Vitalität hinweisend. Die Frau ist nackt. Kraft benötigt keine Verkleidung, die kann sich sehen lassen, die will ansteckend und anziehend auf die Umwelt wirken.

In der Mähne des Löwen erkennen wir drei Männerköpfe. Einen noch jungen Kopf, dann einen männlich-ritterlichen und einen sich schon dem Himmel zuwendenden weisen, erfahrenen Kopf. Diese Köpfe ruhen in der feurigen Mähne des Löwen, sie gehen oder sind durch das Feuer der Kraft gegangen. Doch so ungestüm sich diese Kraft zeigen kann, so geballt und beherrscht ist sie nun. Kraft also, die nicht wütet, die voller Wissen ist, die stets neben männlicher Lust und Zeugungswillen und weiblicher Lust und Empfangsbereitschaft vorhanden sein muß. Man spürt dem Löwen eine gewisse Ungeduld an, denn nun will die Kraft sich erproben, nachdem das Abenteuer des Fortune bestanden und erfahren wurde. Das Auf

11 DIE KRAFT ♌

und Ab des Lebens, der Kreislauf ist erkannt, nun gilt es, die so gewonnene innere Kraft mit der äußeren Kraft verbunden einzusetzen. Die junge, anziehende Frau genießt sichtbar ihre Macht. Sie ist oben, sie herrscht, sie bremst den Löwen, sie will erproben, wie lange sie ihn zurückhalten kann, wenn sie sich auch auf das Abenteuer der Kraftentfaltung freut. Aber sie will den Zeitpunkt bestimmen, sie will sich nicht von der Kraft abhängig machen. So spielt sich hier ein Kampf zwischen der männlichen und der weiblichen Kraft ab, was nur zu einer Potenzierung führen kann.

Neben der Kraft herrscht auch die Freiheit der Betätigung. Es gibt keine Grenzen, keine Scham. Unendliche Freiheit scheint möglich zu sein. Aber nur, weil hier keine geistlose, willenlose Kraft vorherrscht, sondern eine gezähmte, geballte und damit innere Kraft. Deswegen ist auch diese Frau von wohl königlicher Qualität, wie es ihre gesamte Haltung aussagt.

Es ist die Karte Elf, die Karte also, die eine doppelte Eins darstellt und doch in der Quersumme auf die Zwei hinweist. Und die Zwei ist die Zahl des Gegenpols, der Opposition, des Gegenscheins. Sie ist auch die Zahl der zwei Geschlechter, die sich zur Vereinigung treffen. War der Magier in Eins noch allein, so ist jetzt die Erprobung der Sonnenkraft gekommen. Der Magier, die Sonne des Spiels, ist hier zuhaus. Im Abschnitt Löwe findet die Sonne ihre verwandte Kraft, so steckt der Magier im Löwen, ist der Löwe.

Das wird durch die drei Häupter klar gezeigt, die die Wandlung anzeigen, die jeder durchzumachen hat. Es geht hier um die Jugend, deren Aufgabe es ist, die Triebkraft des Tierischen gezielt einzusetzen, ihr einen Sinn zu geben, sie also nicht zu verschleudern. Die Jugend hat ihre eigene Kraft, die aber noch mehr ein Geschenk als eine Leistung ist, das ist das Wesentliche. Erst wenn man mit ihr umzugehen lernt, erwächst eine gebildete, ritterliche, männliche Kraft. Ritterlichkeit ist ja kein veraltetes Schlagwort, sondern eine Voraussetzung im Umgang mit dem anderen, dem so herrlich gegensätzlichen Geschlecht! Diese Kraft vereint die dunklen wie die hellen, die animalischen wie die geistigen Kräfte in uns selbst und im anderen.

Im Alter überwiegt dann die geistige Kraft, denn Weisheit ist die stärkste Kraft, wenn sie angenommen wird. Weisheit wendet den Blick nach oben, denn da liegt schließlich das Heil, nachdem die Erderfahrungen bewältigt worden sind.

So hält der Löwe hier alle Kräfte in sich, und da auch Weisheit in ihm ist, läßt er sich durchaus eine kluge Führung von weiblicher Hand gefallen. Die Frau aber läßt den Kopf des Löwen nicht aus den Augen, sie weiß, daß ungezügelte Kraft selbst beim reifen Menschen ausbrechen kann.

Und wie diese junge Frau die Kraft beherrscht, so muß auch jede Mutter ihren Sohn führen, wenn aus dem jugendlichen Kraftübermut Ritterlichkeit und Weisheit wachsen sollen. Wer weise ist wie der Mann auf der Karte, hat die drohende Senilität überwunden, der kann schweigen, nur seine distanzierten Augen sprechen. Nur gilt es diesen Bogen so frühzeitig wie möglich zu erkennen, denn in der Jugend werden die Weichen gestellt.

Im Abschnitt Löwe, da die Sonne mit größter Kraft brennt, liegt, je weiter man in den Süden kommt, ein großer Teil der Menschheit gerade in den Mittagsstunden brach. Das ist sicher weise Erkenntnis, die Kraft aufzuheben, um nicht auszubrennen. Aber es verführt auch dazu, sich gehen zu lassen, denn die Sonne läßt ja die Früchte vor der Tür wachsen. Die alten Ägypter hatten diese Gefahr erkannt und in den heißen Zonen trotz Hitze und Trockenheit und Dürre eine Kultur aufgebaut, die wir noch heute bewundern. Sie hatten begriffen, daß die Sonnenkraft zu nützen war, wenn auch der Schweiß in Strömen floß. Als das vergessen wurde, gingen diese Kulturen unter und verlagerten sich mehr in die nördlichen Breiten, wo man ja gerade die wenigen Sonnenstunden ausnutzen mußte, um der Härte des Winters zu begegnen. Darum geht es: Kraft nicht zu verschleudern, sondern zu nutzen. Wer sich durch die Sonne verführt nur der Siesta hingibt, der macht sich an der Sonne, am Schöpfer und an seiner Kraft schuldig.

Aus der Kraft wächst die Lust. Ist keine Kraft vorhanden, gibt es keine Lust, vielleicht nur Begehren oder träumendes Wünschen, so ist die Kraft stets die Voraussetzung. Oft wurde diese Karte auch die Lust genannt, was sicher zu vordergründig gemeint ist. Hier geht es außerdem um die Möglichkeiten, aus denen alles Kreative geboren wird. Kreativität setzt ja eine Gabe, ein Talent und Einsatzkraft voraus.

Im Horoskop wird das fünfte Haus das Sonnenhaus, das Haus der Kreativität genannt. Primitivste und höchste Kreativität ist es, Kinder zu gebären, damit das Leben weitergeht, aber auch dies will nicht tierisch ausgeübt werden, sondern mit Zügelung. Wird Leben ungezügelt gezeugt und geboren, so ist dies eine Kraft, die sich selbst aufzehrt, wie es jetzt der Menschheit mit dem Geburtenüberschuß droht. Der Glauben an die Kraft allein ist es nicht, und je südlicher, umso mehr Geburtenüberschuß, weil eben die Kraft dort als unendlich angesehen wird. Deswegen zügelt hier das erzogene und gebildete Weib den Löwen, läßt sich aber aus demselben Grund ebenfalls zügeln. Das Bild der Frau auf dem Löwen, das es in der Kulturgeschichte zahllos gibt, heißt ja astrologisch nichts anderes als Venus in Löwe, was alles besagt.

Sonnenkraft ist Heilkraft, heißt ein altes medizinisches Gedankengut, wobei nur die innere Sonne nicht vergessen werden darf. Wer sich nur nach äußerer Sonne sehnt, der wird trotz Hitze frieren, denn er wird im Grunde nur alles von außen erwarten, die innere Kraft wird nicht gefordert. Natürlich verlangt das richtige Umgehen mit der eigenen Kraft Übung und Erkenntnis, ja sogar Distanz von sich. Nur über eine Distanz kann man seine innewohnende Kraft richtig einschätzen und damit auch dosiert und gezielt einsetzen.

Es ist also auch der Kampf mit der eigenen Kraft zu bestehen. Herakles kämpfte 30 Tage mit dem nemeischen Löwen, solange also, wie die Sonne im Abschnitt Löwe steht. So geht es auch in unserem Kampf mit uns selbst nicht um ein Ausruhen in den wärmenden Strahlen der Sonne, was manchen zwar äußerlich gesund erscheinen läßt, aber doch nur eine geborgte Maske ist, die bestenfalls Eitelkeiten befriedigt, sondern um die innere Wärme. Die Sonne ist der Schöpfer in dem Kosmos, in dem wir leben. Der Sonne verdanken wir erstmal alle Chancen, was wir daraus mit unserer Kraft machen, das liegt in unserem Herzen, liegt daran, in welcher Richtung der Magier zaubert. Und allein kann es keiner! Jeder braucht die gegengeschlechtliche Ergänzung. Wer glaubt, darauf verzichten zu können, der überschätzt seine Kraft gewaltig.

Natürlich: man kann sich allein erproben, zusehen, wie man allein fertig wird, das ist ehrenwert, aber niemals echt schöpferisch. Darunter leiden die Emanzipierten, ob sie nun weiblich oder männlich sind. Es wäre nicht schlecht, wenn sie und alle anderen die Welt einmal von einer verkehrten Warte aus betrachten würden, damit das Blut, unser Kraftstrom, wieder in den Kopf fließen kann.

Darum geht es in der nächsten Station.

Karte: 12

Der Gehängte

Astrologisch: Uranus

Vordergründig betrachtet, sehen wir einen Menschen, der sich freiwillig an einem Fuß aufgehängt hat. Dadurch hat dieser Mann Gelegenheit, von unten nach oben zu schauen, sein Blickpunkt ist «verkehrt». Die Welt wird also von diesem Mann aus einer a-normalen Warte gesehen. Er selbst hängt zwischen zwei Bäumen, den Symbolen des Lebens, wobei ihn ein Baumast hält.

Der Kopf liegt in einer Höhle, er liegt also mit seinem Verstand, mit seinen fünf Sinnen an den Wurzeln der Erde, aber weil er nach oben blickt, ist er auch der Sonne und dem Mond sehr nah. Er versucht, mit seiner Person durch diese absonderliche Lage in seinem Kopf Himmel und Erde zugleich aufzunehmen. Das freie Bein hält der Mann in klassischer Dreiecksform, damit die Trinität anerkennend. Es ist die Karte Zwölf, deren Quersumme eine Drei ist. Der Mann hängt zwischen zwei Bäumen und einem Baumast, was auch eine Drei ergibt, in Kopfverbindung von Sonne-Mond und Erde. In unserer zweiten Siebener-Entwicklung haben wir hier die fünfte Station erreicht, wo es wieder auf die fünf Sinne ankommt, die auf die Probe zu stellen sind. Es geht darum, die Welt auch einmal mit anderen – als den gewohnten – Augen zu sehen, was gerade nach der Überschreitung der ersten Lebenshälfte so wichtig ist. Und wir stehen am Beginn der zweiten Hälfte unseres Tarot. Die Welt mit anderen Augen zu sehen erfordert Kraft – die hat der Mann ja gerade empfangen – und persönlichen Mut, denn es geht auch um eine Loslösung von der Norm, vom Üblichen, was zu keiner Zeit leicht war. Sich außerhalb einer Norm zu stellen, heißt Spott ertragen zu müssen oder sich als eine Art Volksbelustigung zu betrachten. Man ist in den Augen der anderen ein Narr, aber kein Narr für sich selbst, und darauf kommt es an. Der Gehängte pfeift auf seiner Flöte (unser Stab) und auf die Welt.

Diese Karte stellt also nicht eine Strafe, sondern eine freiwillige Situation dar und nicht den gehängten Christus, wie diese Karte auch benannt wurde. Nein, es ist eine Bewußtseinsstufe, die durchaus als freiwillig zu

12 DER GEHÄNGTE

betrachten ist: einmal sich selbst auf den Kopf zu stellen, sich von vorgeschriebenen Ansichten zu befreien, die Welt neu zu entdecken, wobei auch Werte an und für sich in Frage gestellt werden sollen. Aber dies ist nicht als revolutionäre Situation zu sehen, die gesellschaftspolitisch umgesetzt werden sollte, sondern als persönliche Erfahrung für sich selbst! Jeder muß allein zu dieser Ansicht kommen. Und nicht ohne Grund steht diese Karte nicht nur in der Mitte der großen Arcana, sondern auch zwischen dem Krafthochgefühl und dem Tod. Erst wenn sich jemand auf den Kopf stellt und sich dabei auch treu bleibt, ist eine innere Reife erlangt, die überzeugt. Wer sich selbst in Frage stellt, der – aber nur der – darf andere Menschen, darf andere Zustände in Frage stellen. Diese «Prüfung» – auch diesen Namen trug die Karte – muß eine freiwillige sein. Es ist die Prüfung, was eigentlich im Kopf vor sich geht, wenn plötzlich eine neue Situation eintritt, die alles auf den Kopf stellt, wenn auf einmal die Einfallskraft, die Intuition gefragt ist! Denn Intuition kommt nicht von allein. Intuition muß trainiert werden, da muß man sich vorher mehrfach und gründlich so sehr den Kopf zerbrochen haben, daß es in einem weiter denkt, bis der rettende Einfall kommt, bis einem die Schuppen urplötzlich von den Augen fallen! Es geht hier also um die uranische Kraft in uns, die viele durch ihren so betonten Intellekt verkümmern ließen. Aber auf die Einfallskraft, auf den genialen Gedanken, kommt es an, der allein kann den gordischen Knoten lösen.

Das versinnbildlicht auch Uranus in der Astrologie, mit dieser Kraft kommen wir dem Weltall näher, bewegen wir uns im All, lösen wir uns von der Erde. Die Intuition ist ein wahrer magischer Zauber, wenn plötzlich Licht ins Dunkle kommt, wenn neue Wege gegangen werden müssen, eben weil wir uns auf den Kopf gestellt haben, damit die Kopfregion durchblutet und so vom Kraftstrom beflügelt, befruchtet wird. Nicht ohne Grund ist das Uranus-Symbol dem Sonnenzeichen so ähnlich, und nicht ohne Grund findet Uranus in dem Zeichen, das dem Sonnenabschnitt Löwe gegenüberliegt, im Abschnitt Wassermann seine verwandte Kraft.

Dies alles soll uns sagen: auch wenn die Lagesituation noch so schwierig, ja verquer ist, es gibt immer einen Ausweg, wenn wir nur unsere Intuition mobilisieren. Man kann es auch anders formulieren: es gibt eine Lösung, wenn wir den Mut finden, mal einen anderen Blick- und Standpunkt einzunehmen, ja wenn wir vielleicht unser Gegenüber einmal ehrlich verstehen wollen und ihm zuhören. Wer stets bereit ist, auch neue Wege einzuschlagen, wobei die Betonung auf dem Wort *auch* liegt, der zeigt seine innere Jugendlichkeit, seine Bereitschaft, das Leben voll auszuschöpfen. Der läßt sich nicht festlegen, vor allem: der ist bereit, dazuzulernen, selbst im hohen Alter.

Hier geht es also zutiefst um eine innere, reife, durchaus flexible aber nicht prinzipienlose Einstellung. Wer alles *nur* auf den Kopf stellt, der ist ein Scharlatan. Diese Gefahr liegt hier natürlich auch, das muß erkannt und gesehen werden. Das sind dann die Leute, die als die modernen Opportunisten gelten können, die aus Angst, nicht mehr als jung angesehen zu werden, alle Torheiten der Jugend mitmachen, von der Kleidung bis zum Aussteigen aus der Gesellschaft. Nein, deutlich zeigt der Gehängte sogar, wie er seine Wurzeln in der Erde sucht, wie sehr er den Erfahrungen der Himmelsbilder verhaftet ist, da er sogar symbolisch Hörner von Tieren trägt, die einst als heilige Mondtiere angesehen wurden. So gewinnt man eine neue Objektivität. Sich von sich selbst zu lösen, ohne sich zu verlieren, das ist ein schmaler Grat, aber der Grat wird nach oben hin immer enger, man braucht da auch nicht mehr soviel Platz, es sind nur wenige, die so hoch kommen. Der Himmel ist hier grün. Das Grün der Hoffnung also, läßt uns der Himmel sagen, liegt in uns selbst. Dies wird erkannt, wenn die Erde als Spiegelbild des Himmels gesehen wird, so unten wie oben, das Urgesetz der Astrologie. Das heißt aber letztlich, den Himmel in sich aufzunehmen und ihn in sich zu begreifen. Mit dem Verstand allein ist das nicht zu machen, deswegen kommen die klügsten Naturwissenschaftler da nicht mehr mit, weil sie ihre Gedanken nicht umstürzen können. Aber das logisch Beweisbare ist noch längst nicht der Weisheit letzter Schluß, ist noch längst nicht die letzte Wahrheit, wohl eher im Gegenteil. Da liegt auch die Grundlage für unser künstlerisches Bedürfnis. Kunst allein führt uns aus der Alltagsgedankenwelt in eine neue Dimension der Lebensbetrachtung, wenn diese Kunst – oder besser der Künstler – voller Intuition ist, also voll uranischer Kraft.

Natürlich kann dieses Sich-auf-den-Kopfstellen kein Dauerzustand sein, denn nur verkehrt leben, das hält niemand aus. Auch die gewaltige Umstellung unseres Lebens durch die industrielle Revolution, die einbrach, als Uranus entdeckt wurde, kann nicht ewig unser Leben bestimmen, weil wir darüber die Verbindung zur Natur verlieren würden. Wenn die Maschine wirklich die Herrschaft über den Menschen antreten sollte, wäre das das Ende der menschlichen Welt. Diese Gefahr ist gegeben, da viele alles Maschinelle sozusagen als heilig ansprechen. Das geht nicht gut, genauso wie es eben nicht gut gehen kann, wenn jemand ständig die

Nacht zum Tage und den Tag zur Nacht macht, das hält keiner durch. Aber die Nacht mal zum Tage zu machen, das hat durchaus seine schöpferischen Qualitäten, das gibt Anstöße und geistige Befruchtung, weil es auch heißt, sich vom Tag, vom Alltag zu lösen. Uranische Kraft ist also mit Vorsicht zu genießen, es kommt auf die Dosis an. Wer diese Kraft zu sehr in den Vordergrund schiebt, der verliert seine beständige Entwicklung, der verliert auch seine Zähigkeit.

Der Verführung des Uranus, alles auf den Kopf zu stellen, müssen wir widerstehen, aber uns auch umkrempeln können, ohne Schaden an uns selbst zu nehmen! In der Mitte unseres Lebens müssen wir das tun, wenn nach dem 40. Lebensjahr Uranus in Opposition zu seinem Geburtsort kommt. Das heißt: hier wird die zweite Lebenshälfte bestimmt, hier müssen noch einmal neue Wege zumindest versucht oder bewußt abgelehnt werden.

Darum geht es auch in dieser Karte.

Intuition ist etwas, was kein anderes Wesen aufzuweisen hat. Intuition ist Tieren fremd, also ist sie etwas Menschliches, und was so menschlich ist, will gepflegt werden. Im Instinkt sind uns die Tiere überlegen, nicht in der Intuition. Das macht letztlich die Größe des Lebewesens Mensch aus. Es heißt ja auch, den Himmel nicht als eine Orientierungsstufe anzusehen, wie es Vögel etwa tun, sondern vom Himmel zu lernen und sich in ihm geborgen zu fühlen. Daher der Drang zur Astrologie, so primitiv dieser sich auch manchmal zeigen mag. Mit dem Himmel sprechen, seine Bilder, seine Harmonie, seine Melodie aufnehmen, das hebt und erhebt. Dies ist es auch, warum wir der Auseinandersetzung mit dem Tod so bewußt entgegen schauen können, weil wir wissen: der Tod ist überwindbar – in welcher Form auch immer – und diese Erkenntnis ist keine merkurische, keine naturwissenschaftliche, sondern eine uranische Erkenntnis. Kann ich mich auf den Kopf stellen, dann damit auch den Tod.

Mit dieser Einstellung geht jeder wohl gerüstet zur nächsten Station, die sich mit dem Tod auseinandersetzt, um ihn von innen heraus zu überwinden.

Karte: 13

Der Tod

Astrologisch: Skorpion

Vordergründig betrachtet, sehen wir einen Sensenmann. Gevatter Tod aber dreht uns den Rücken zu. Er steht vor einem Baumstamm. Neben ihm am Boden zu seinen Füßen das Tiersymbol des Todes, ein Skorpion. Von diesem Tier geht die Mär, daß es sich mit seinem Stachel selbst töten kann, das ist zoologisch falsch, aber tiefensymbolisch richtig, denn es meint ja die uralte Überlieferung, die moderne Psychologen wiederentdeckt haben, daß der Mensch in dem Moment stirbt, in dem er sich selbst aufgibt. Der unbewußte Todestrieb, wie Freud es nannte, lebt in uns. Natürlich will keiner bewußt sterben, aber wenn uns im Unbewußten die Lebenskraft fehlt, dann geben wir uns auf, dann sterben wir, was meist nur eine unendliche Sehnsucht nach tiefer, langer Ruhe ist. Der Tod ruht in uns selbst. Deswegen nahm man den Skorpion als Todessymbol, weil er theoretisch die Möglichkeit hat, sich selbst den Tod beizubringen. Kein anderes Tier kann sich selbst totbeißen, sich selbst schlagen etc.

Auf der anderen Seite dieses Bildes liegen aufgebrochene Eierschalen, ein altes Lebenssymbol, da uns ein Teil der Tierwelt ja vorzeigt, daß aus dem Ei neues Leben kommt. Das Ei diente einst auch als Gefäß, große Schalen von Straußeneiern etwa wurden in Afrika benutzt, um kostbares, fruchtbares Wasser zu schöpfen. Aus alldem entstand der Mythos, daß der erste ägyptische Gott aus einem Ei geschaffen ist. Die Griechen meinten, Leda habe ein Ei gelegt, aus dem die Helena und zwei Zwillingssöhne entstanden. Und auch der Vollmond schien ja wie ein Ei, das verschwand und neu entstand. So legt man etwa in Nubien den Toten Eier ins Grab, und innere Särge der ägyptischen Mumien trugen die Bezeichnung: Ei. Das Zerschlagen eines Eies galt lange Zeiten hindurch als Religionsverbrechen, und wir wissen um die Bedeutung des Eies zum Frühjahr, zu Ostern, wenn das neue Jahr, das neue Leben anbricht.

Später schuf man künstliche Gefäße aus Lehm und Ton in Eiform, deswegen zeigen hier die aufgebrochenen Eierschalen deutlich an, daß der Sensenmann letztlich mehr Leben als Tod bringt. Ein anderes Zeichen:

13	DER TOD	♏

Selbst aus dem Kopf des Sensenmannes grünt es und aus seinen Schultern, im Hintergrund grünt der Lebensbaum und neben ihm gedeiht eine exotische Pflanze. Der Horizont ist aschweiß, so wie die Sonne im Herbst weißes Licht am Himmel zeigt, wenn Nebelwolken sie – wie mit einem Schleier – abdecken. In seiner Hand hält der Tod die Sense, unseren Stab. An den Füßen hat er Stacheln, ähnlich wie das Todestier, der Skorpion. Und zur Skorpionzeit stirbt in unseren Breiten die Natur, der Horizont wird eng, Nebel deckt das Sterben zu. So gesehen, ist der Tod eindeutig erstmal Verlust, Absterben des Lebens, die Vernichtung, das Ende. Kein Wunder, daß man dieser Karte die Nummer Dreizehn mit der Quersumme Vier zugeschrieben hat. Die Dreizehn als Unglückszahl ist uralt, sie stammt aus der Astrologie und ist eine Mondzahl.

Man rechnete stets mit dem Mond, heute noch. Zwölf synodische Umläufe – also von Vollmond zu Vollmond – finden cirka in einem Jahr statt. Das bestimmt das Verhältnis Sonne-Mond. Als man aber die siderische Rechnung aufmachte, also die Bewegungen an einem Fixstern orientierte, etwa dem Sirius, mußte man feststellen, daß dreizehn siderische Mondumläufe zwölf synodischen Umläufen gegenüber standen, denn der siderische Umlauf ist um etwa zwei Tage kürzer. Damit konnte man die Mondfeste kaum mehr nach der Sichtbarkeit feiern, da der synodische Mond nachhinkte. So war also keine Mondgottheit mehr am Himmel zu sehen, damit wurde die Dreizehn verflucht, weil durch diese Zahl die sichtbare Gottbezogenheit zu Ende ging.

Der Abschnitt Skorpion ist der 8. Abschnitt im Tierkreis, da in der Mitte des Herbstes nicht nur die Natur stirbt, sondern auch jeder Mensch, der das Absterben um sich herum sieht, sich mit dem Tod auseinandersetzen muß. Das achte Haus des inneren Horoskops beschäftigt sich ja ebenfalls mit den Todesfragen und den Dingen, die hinter dem Tod erfolgen. Ganz zuerst rechnete man sowieso nur mit acht Häusern, und das letzte Haus wurde das Todeshaus genannt. Aber damals bedeutete der Tod eine große Hoffnung, denn er war die Pforte zum ersehnten Paradies.

Erst vor diesem Hintergrund wird man wohl die dreizehnte Tarotkarte richtig verstehen können. Der Tod nämlich wendet sich ab, wenn man ihn innerlich angenommen hat, und im Abwenden zeigt er dann, daß aus ihm bereits das neue Leben wächst. Und wenn unser Tod auf der Karte einen stilisierten Skorpionschwanz trägt, dann zeigt das mehr als die Verbindung Tod/Skorpion. Es zeigt uns an, wie sehr wir den Tod in uns tragen und letztlich auch dafür verantwortlich sind.

Der Himmel lehrt uns das Kommen und Vergehen, aber auch die Wiedergeburt. Dieses ewige, stete Himmelsvorbild ist so verwurzelt in uns, daß es zum Glauben wurde. Nur der Intellekt vermag diesen Glauben zu zerstören, ihn sterben zu lassen. Aber es stirbt nichts auf dieser Welt, so wird auch der Glaube an die Wiedergeburt ewig neu aufflammen. Jeder trägt diesen Glauben in sich, sogar die «Nur-Intellektuellen», denn auch sie denken über ihre Generation hinaus in die Zukunft. Sie tun es wirklich, weil der Mensch den Gedanken nicht ertragen kann, wie eine Blume gepflückt sterben zu müssen, oder wie ein Tier abgeschlachtet zu werden, beziehungsweise zu verenden. Der Tod ist das Dunkle, durch das wir hindurch müssen, um neu geboren zu werden. Dabei geht es nicht um die körperliche Wiedergeburt, sondern um die Wiedergeburt der Seele, um das Weiterleben der Erfahrungen. Das Alte, was abfällt, ist der Dung für das Neue. Jeder Landwirt weiß dies, jeder erlebt es, der durch unsere herbstlichen Wälder wandert. Wie kein Tropfen Wasser vergeht, so vergeht kein Atem, der in uns lebt, um diese Erkenntnis geht es in dieser Karte, die eine sicherlich schwere Bewußtseinsphase aufzeigt. Aber vor dem körperlichen Ende die Augen zu verschließen ist so kindisch, daß es an den Anfang der Menschheitsentwicklung zurückversetzt werden sollte.

Der Sensenmann ist ein Gerippe, wie kam es dazu? Nicht etwa, weil die Skelette überlebten, nein, weil der sterbende Mond zu einer schmalen Rippe wurde, und der neugeborene Mond zunächst als schmale Rippe (Adams Rippe) am Himmel erscheint, bevor er zur Rundung anwächst. So ist auch der Sensenmann das Abbild eines himmlischen Vorgangs, so tief ist die Astrologie in uns verwurzelt.

Im Tod allerdings muß sich jeder Mensch entblößen, das letzte Hemd hat keine Taschen – das ist nicht nur materiell gesehen; früher hieß dies, daß keiner im Anblick des Todes seine Sünden, seine geheimen Gedanken verbergen kann. So ist es auch heute noch. Werte materieller Art kann ich zwar über den Tod hinaus verstecken, aber nichts in mir. Mögen wir auch Geheimnisse mit ins Grab nehmen, vor dem jüngsten Gericht werden sie entblößt. Dieses Wissen liegt hinter uns, deswegen begegnen wir in unserer Bewußtseinsentwicklung erst jetzt dieser Phase. Das zeigt, wie gut der Tarot – auf uralte Erfahrungen und Erkenntnisse sich stützend – in seiner Weisheit aufgebaut ist. Wenn es oft an der richtigen Interpretierung fehlt, dann eben, weil Menschen den Tarot falsch auslegen.

Auf dieser Karte richtet sich der Tod zu einer überdimensionalen Größe auf, aber nicht als Drohung, sondern um die Verbindung zwischen

Himmel und Erde aufzuzeigen und herzustellen, denn erst durch den Tod steht uns der Himmel wirklich offen. Die Erde hält unsere Seelen nicht mehr fest, und über den Himmel wird unsere Seele einst in einem anderen Körper wieder zur Erde kommen. Wenn der Tod im menschlichen Leben auch als eine Befreiung angesehen wird, dann durch die Erfahrung, daß Verlust ja auch Befreiung sein kann. Natürlich ist nicht jeder Verlust eine Befreiung, aber jeder Verlust gibt uns Anstoß, über unsere innere Fesselung nachzudenken und uns auf das Nochverbliebene zu konzentrieren. Vieles muß in uns absterben, damit wir dazu kommen: die Genußsucht, die Überschätzung von äußeren Werten, die Sucht nach Macht, und vor allem der Neid, der uns zerfrißt und uns innerlich wie ein skorpionischer Stachel abtötet.

Der Tod will uns mit aller Deutlichkeit klarmachen, daß es darum geht, den Kreislauf zwischen Werden und Vergehen zu begreifen, daß eines das andere bedingt, daß der, der mir vorangeht, mir nachfolgen wird – eine der wichtigsten religiösen Himmelserkenntnisse. Die alten Ägypter gingen viel weiter als wir, wenn die Todesfrage aufkam. Sie erbauten längs des Nils ihre Städte da, wo die Sonne aufging, nämlich am Ostufer; aber alle Grabstätten, alle Totenstätten wurden westlich vom Nil errichtet. Dort sind noch heute die Nekropolen zu sehen. Das heißt nicht nur: wir folgen dem Weg der Sonne, das heißt vor allem: erst der Tod gestattet uns, an das andere Ufer zu kommen, womit das Nilufer natürlich nur sinnbildlich gemeint war. Wer aber in Sinnbildern lebt, der lebt mit der Entwicklung der Natur und den Bewegungen des Himmels echter und wahrer zusammen, eingebetteter und mit Sicherheit geborgener und damit kraftvoller.

Nicht ohne Grund hieß der Abschnitt Skorpion einst Schlange und Adler (Drachen). Auch dies ein Sinnbild, daß sich die an die Erde klammernde Schlange zum Himmel erheben will. Das Tier, das sich zwar durch Häutung verjüngen, doch nicht innerlich verwandeln kann. Aber die Spannweite der Sehnsucht ist hier ausgedrückt, die einem die Furcht vor dem Tod zu nehmen vermag. Und so verführte uns in der biblischen Geschichte die Schlange, vom Baum der Erkenntnis zu essen und nicht vom Baum des ewigen Lebens, – das war ja auch Adam und Eva nie verboten. Aber durch die Frucht vom Erkenntnisbaum wußten nun Adam und Eva, daß am Ende der Tod steht. Deshalb wähnten sie sich aus dem irdischen Paradies vertrieben, doch nun stand ihnen ja erst das himmlische Paradies offen, sie hatten ihr Maß gefunden.

Karte: 14

Das Maß

Astrologisch: Wassermann

Vordergründig betrachtet, sehen wir ein unwirkliches Bild. Zwei Frauen beherrschen diese Karte. Aber diese zwei Frauen sind, genau genommen, eine Frau. Es ist also etwas Fremdartiges hier zu schauen, ungewöhnlich die ganze Atmosphäre. Aus einem faunischen Krug fließt Wasser in einen Krug mit dem Bild des Horusfalken. Die Frauen haben Flügel, zwei Flügel, also sind diese beiden Frauen auch ein Engel. So haben wir es hier mit einem Zwitterwesen zu tun. Auf dem einen Flügel ist die Sonne sichtbar, auf dem anderen der Mond. Neben dem unteren Krug steht ein zahmer Löwe, der sich am Wasser labt. Dicht dabei ein Adler, der sich mit seinen Flügeln unter dem Arm der blonden Frauenhälfte fast wie in ein Nest verkriecht. Auch er trinkt das Wasser.

Aus der Erde wachsen schöne Fantasieblumen, und in den Himmel entschwebt ein Pegasus, das Sinnbild menschlichen Geistes, der himmlische Ideen empfangen hat, das Symbol für die Dichtkunst und die erfinderische Fantasie.

Der Himmel leuchtet hier hell und kalt, wie es um die Wassermannzeit überwiegend der Fall ist. Wir haben die feste Winterzeit, da die ersten Blumen manchmal schon vorwitzig aus der Erde keimen und ihre Blüten öffnen. Im Hintergrund ist Schnee zu sehen, man spürt Kälte, doch die Frauen frieren nicht. Kälte ist zu überwinden. Und der Wasserstrahl (unser verwandelter Stab) ist auch nicht zu Eis gefroren.

Wir sind am Ende unseres zweiten Siebenerweges angelangt. Es ist die Karte Vierzehn. Die Karte Zwei mal Sieben mit der Quersumme Fünf. Hier gilt es also, das rechte Maß zu finden, nachdem dieser Weg mit der Gerechtigkeit seinen Anfang nahm. Auf diesem Weg begegneten uns – außer Uranus – keine Gottheitssymbole der Astrologie, der Mensch ist hier auf sich allein angewiesen. Es ist ein Weg, der realer war als der erste Weg der Einweihung. Nachdem die Auseinandersetzung mit dem Tod gerade durchgestanden wurde, ist der Mensch nun soweit, ein Maß für sich zu finden, das ein himmlisches Maß ist. In diesem Zeichen Wasser-

14 DAS MASS

mann, da der Mensch zum Engel werden möchte, regiert der Uranus, der in unserem Gehängten seine Kraft offenbarte.

So schließt sich hier ein kleiner Kreis im großen Kreis. Die Unwirklichkeit des Gehängten oder des intuitiven Blickes wird jetzt von einer anderen Warte verdeutlicht. Der sogenannte Wassermann ist weiblich, ist eine Gestalt aus zwei Frauen, anzeigend, daß es ab einer gewissen Erkenntnisstufe nicht mehr auf das Geschlecht ankommt. Aber es geht doch um die Fruchtbarkeit, die durch Frauen besser symbolisiert wird, denn es ist das Wasser des Geistes sowie das Schneewasser, das hier klug von der Natur gestaut wird, um dann mit Kraft die aufbrechende Wintererde zu befruchten. Das Kleinliche muß abfallen, wenn es um das Große geht, und auch die Kraft muß anders gestaltet werden. So ist der Löwe – den Abschnitt symbolisierend, der dem Wassermannzeichen gegenüber liegt – zahm, auch er bedarf der geheimnisvollen Wasserkraft, die von oben von einem Krug zum anderen fließt. Und selbst der sonst in die Höhe fliegende Adler bleibt am Boden.

Das Maß ist erst zu finden, wenn die Gegensätze nicht nur erkannt, sondern auch verarbeitet wurden. Darauf kommt es hier an: nicht auf den äußeren Ausgleich, sondern auf den inneren Ausgleich, der sogar den äußeren Ausgleich auf den Kopf stellen kann – womit wir wieder an die uranische Kraft erinnert werden, die hier vorherrscht. So wird das heilige Wasser (später das Wasser der Taufe) in einem faunischen Krug bewahrt, da in dieser Wassermannzeit nicht nur Pan herrscht, sondern auch der Mundschenk Ganymed, von Zeus verführt und entführt, hier symbolisch angesiedelt ist.

Dieser Abschnitt Wassermann wurde in Ägypten einfach nur «Das Wasser» genannt, was darauf hinwies, daß das Wasser, das im Sommer die Nilflut bringt, zu diesem Zeitpunkt seinen Weg im Himmel beginnt.

In Babylon sah man hier die Wassergöttin Gula thronen, woran diese Tarotkarte auch erinnert, und erst in Hellas erschaute man einen Mann, nämlich Ganymed, den Mundschenk der Götter. Ganymed war als Mensch so schön, daß Zeus ihm nicht widerstehen konnte, so kam Ganymed in den Himmel. Und dieser Abschnitt symbolisiert ja auch das Streben des Menschen in den Himmel zu kommen, denn es ist eine alte Vorstellung, daß die guten Menschen später Engel werden. Der Vater Ganymeds trauerte nun derart um seinen entführten Sohn, daß Zeus ihm geflügelte Rosse schenkte, damit er sich überzeugen konnte, daß sein Sohn alterslos wie die Götter leben würde.

Diese windbeflügelten Rosse waren die Vorgänger des Pegasus. Wenn aber die Menschen gottgleich in den Olymp aufgenommen werden, dann verlieren die Götter ihre Funktion. Auch das ist ein Maß, das beachtet werden muß, denn es führt zu dem Schluß: wird das Menschengeschlecht nicht mehr sein, versinkt auch die Götterwelt. Eines bedingt das andere, das ist die große Ausgewogenheit, wie die Karte auch hieß. Und dies ist letztlich auch die Erkenntnis nach dem zweiten Siebenerweg, die wir aufnehmen müssen: das richtige Maß bewahre uns vor zu großer Mäßigkeit aber auch vor Maßlosigkeit. Das wahre Maß zu finden erfordert schon eine große innere Bildung, die man im profanen Leben auch Takt nennen kann. Das ist das Maß zwischen Kleinmut und Hochmut, was im Grunde zur Mitte führt. Denn aus einer Mitte leben wir, wie die Sonne der Mittelpunkt unseres astronomischen Systems ist, betrachtet man dies äußerlich. Innerlich und astrologisch aber bleibt die Erde die Mitte, weil von hier auf die Sonne und die anderen Gestirne geschaut wird. Die Erde ist also nicht etwa Mittelpunkt, sondern Mitte, auch das ist ein Maß, das angenommen werden muß. So müssen wir also zwischen jeder Polarisierung die Mitte finden, da sich Anziehung und Abstoßung aufheben, sich aber nicht eliminieren, sondern gegenseitig halten und stützen.

Sonne und Mond geben uns unser Zeitmaß, damit auch die Zeit, in der wir unser Schicksal erleben, welches von unserem Charakter bestimmt wird. Wenn die Sonne zeugt, so empfängt der Mond – was uns auf der Erde dadurch befruchtet, da der Mond mit seiner Anziehung unser Wasser bewegt; auch ein Maß im Klima-Ablauf. Es ist schon gesagt worden, daß kein Tropfen verloren geht, das bezeugt hier dieser Wasserstrahl, aber auch, daß das Neue aus dem Alten entsteht und wieder zum Alten wird. Merkwürdig ist der Gesichtsausdruck der zwei Frauenköpfe. Da ist einmal die uralte Vorstellung von der sogenannten hellen, blonden Reinheit, aber auch die Sehnsucht, das faunisch Dunkle zu entdecken, wobei hier der exzentrische Haarschnitt auf zu einseitig emanzipatorische Bewegungen hinweist. Es wird nicht alles so heiß gegessen, wie es gekocht wird, – diese hintergründige, humorige, aber auch bissige Lebenserfahrung spielt in dem dunklen Gesicht sicher eine nicht unwesentliche Rolle. Kein Wunder, daß gerade diese Frauenseite den faunischen Krug in der Hand hält. Das Wasser galt immer als das Element der Seele, aber auch als Symbol des heiligen Geistes, denn mit dem Wasser erreicht die Taufe ihren Höhepunkt. In Asien werden die Gläubigen völlig ins Wasser getaucht oder man schwimmt im Fluß dem Wasser nach, um den

Glauben zu erfahren. Geist und Seele (zum Geist gehört die Intuition) sind die wesentlichsten Dinge, die uns vom Tier unterscheiden!

In der 14. Bewußtseinsstufe hat der Mensch seine meisten, nur vielleicht noch nicht die wesentlichsten Erfahrungen gemacht. Das Tierische ist überwunden, der Löwe ist zahm, der Adler muß uns nicht mehr zeigen, wie wir uns dem Himmel zu nähern haben, menschlicher Geist in Gestalt des Pegasus kann höher fliegen als jeder Vogel, – das sind Errungenschaften, die bescheiden zu machen haben, so stolz wir auch insgesamt darauf sein dürfen. Nun geht es um das Ringen der Ausgewogenheit, die ja noch nicht erreicht ist, sondern die wir hier als Aufgabe erkennen. Eine wichtige Aufgabe, da uns am Start zur letzten Dreieretappe der Teufel erwartet. Auch hier wird im kleinen Kreis der große Kreislauf sichtbar.

Wir dürfen uns also keinen Illusionen hingeben, sondern wir haben die Illusionen zu durchschauen. Immer wieder passiert es, daß sogenannte große Ideen sich als Taschenspielertricks entpuppen, daß Worte und Gesten besser auf dem Jahrmarkt angesiedelt wären als im Geistesleben. Reformen lassen sich leicht ankündigen, aber nur Schritt für Schritt langsam und zäh verwirklichen. Wem dazu die Kraft oder das Maß fehlt, der ist bald nicht mehr von einem Jahrmarktschreier entfernt. Das sind wieder die Gegensätze, zwischen denen wir das Maß finden müssen. Wer schafft es schon, sich selbst illusionslos im Spiegel zu betrachten! Entweder sieht man über seine Gesichtsfurchen hinweg, oder aber man dramatisiert sie und rennt zum Schönheitschirurgen, weil eben die Ausgewogenheit in einem verloren gegangen ist. Jugend ist nicht durch Äußerlichkeit zu kaufen, zu gewinnen. Das Leuchten der Augen kann nur vorübergehend vorgetäuscht werden, und das innere, ehrliche Lachen überhaupt nicht. Wie weit wir von all dem entfernt sind, zeigt auch dieses Bild des Tarot, da die Krüge ihr kostbares Wasser mit spitzen Raubtiergebissen verteidigen.

Es ist die Tragik mancher Erfahrungen, daß wir von einem Extrem ins andere fallen, als wenn es immer nur ein Entweder und ein Oder gäbe. Das ist kein Heldenmut, kein Opfermut, wenn es heißt: alles oder nichts! Das ist übergroße Naivität mit pubertärem Gebaren. Eine weitere Tragik ist, daß nur die Unwissenden sich stark und unangreifbar fühlen, aber so werden sie nie weiterkommen – außer in Bluffsituationen. Dies tröstet wiederum die anderen, was zum richtigen Maß zurückführt. Und es ist wohl die größte Tragik, daß der Teufel diese Ausgewogenheit wieder auf die Probe stellt.

Karte: 15

Der Teufel

Astrologisch: Mars

Vordergründig betrachtet, sehen wir einen Teufel, der ohne Schwierigkeit als böse Ausgeburt zu erkennen ist. Der Teufel hat menschliche Züge, um deutlich zu machen, daß er in uns allen wohnt, wenn er auch eine Maske trägt. Der Teufel sitzt auf einem Pferd als männliches Sexualsymbol, es kann der Pegasus aus dem vorigen Bild sein. Wenn uns ein Teufel packt, reiten wir unseren Pegasus zum Teufel. Dem Teufel wachsen Hörner aus dem Kopf, denn mit der Ablösung einer Gottheit, etwa der Mondgottheiten, wurden durch neue Erkenntnisse die alten Gottheiten schnell verteufelt und als satanisch bezeichnet. Der Stab hat sich zu einem Fackelhalter entwickelt. Aus der Fackel leuchtet es lichterloh, wild und ungestüm. Das Licht der Fackel flammt heller als die Sonne, so, als wolle unser Teufel dem Schöpfer Paroli bieten. Neben dem Teufel die Tribute des Mars: Schwert und Pflug. In der anderen Hand hält der Satan ein Phallussymbol, sein Symbol der Zeugungskraft, das Gültigkeit hat, so lange der Mensch sich als Mittelpunkt des Alls vorkommt und meint, es käme auf die Sonne nur klimatisch an. Die Kerze steht in einer Schale, einem alten weiblichen Symbol. Unterhalb der Schale tanzen menschliche Körper tierisch verzückt und berauscht, wie es ihre verwandelten Köpfe anzeigen.

An einer Kette sind zwei Menschen, – eine Frau und ein Mann – gefesselt, denen der Teufel seine Hörner aufgesetzt hat, und während die Frau bisher noch ihre Reinheit scheinbar bewahrt hat, hat sich der Mann ganz dem Satanischen überlassen und unter die gehörnten Tiere eingereiht.

Aus diesen Teufelsmenschen, die sich selbst nicht kennen, weil sie verblendet, getrieben sind, bricht alles Animalische trotz einer Maske hervor. Aber wie sehr der Teufel dem Himmel doch noch verbunden ist, das zeigt sein Henkelkreuz, das Kreuz der Sonne und des Kreuzweges auf der Erde. Hinzu kommt, daß dieses Symbol mit der liegenden Mondsichel geschmückt ist, daß also auch hier die Dreiheit am Start des letzten der drei Siebenerwege vertreten ist. Auch das aufgebrochene Ei auf dem Kopf hat eine Mondsichelform.

15 DER TEUFEL ♂

Hier wird also erneut begonnen, was Kraft erfordert, die der Mars/Teufel besitzt. Es muß erstmal nach der Erreichung eines Zieles eine große, wenn auch teuflische Kraft wirksam werden, damit die Aktivität nicht im illusionären Maß erstickt. Vor lauter Ausgewogenheit besteht die Gefahr, daß wir uns wohlig ausruhen wie so viele Menschen, die ihren Lebensabend genießen, um noch etwas vom Leben zu haben. Hier zeigt sich eine Leistung des Teufels von besonderer, satanischer Art, weil das so einleuchtend und doch so falsch ist. Auch der dritte Weg, der des Alters, will aktiv gegangen werden. Der Tod hat uns nur vordergründig das Maß angezeigt, aber damit ist nicht gemeint, daß das Leben nun nicht mehr auszuschöpfen wäre.

Diese Karte trägt die Nummer Fünfzehn, das ist die 3 x 5, heißt also, dreimal unsere fünf Sinne zu gebrauchen und hat in der Quersumme die Sechs, die 2 x 3. Also Zahlen, die uns anspornen sollen und wollen. Noch einmal ist die Urenergie gefragt, die Mars in der Astrologie symbolisiert, wobei nicht nur an Krieg gedacht werden soll. Nein, Mars ist auch der Überwinder des Winters. Deswegen liegt diese Karte auch neben der Karte, die den Abschnitt Wassermann symbolisiert und vor der Karte, die den Abschnitt Widder wiedergibt, in dem ja Mars regiert. Es bedarf einer marsischen Kraft, um Aktivität anzukurbeln, um den Willen in die Tat umzusetzen! Jeder schöpferisch arbeitende Mensch weiß das: mögen die Ideen noch so weit gediehen sein, die wahre Arbeit wird hinausgeschoben, man zögert vor dem Beginn, voller Angst und Hemmung! Da braucht es oft einer teuflischen Kraft wie der der Terminnot, daß die Arbeit endlich angegangen wird, auch wenn diese Termine noch so verflucht werden.

Bergsteiger kennen dies. Bei jedem Gipfel möchte man ruhen, wenn auch schon der nächste Gipfel lockt. Ganz besonders braucht es teuflischer Kraft, wenn es gegen das Alte geht, wenn Autoritäten sich einem in den Weg stellen, wenn alte Gesetze als unveränderbar angesehen werden, wenn andere Leute eine Meinung fest gepachtet haben und nicht fähig sind, ihre Meinung zu korrigieren. Sie verlangen den Respekt! Aber da muß sich das Neue durchsetzen, da ist oft ein geistiger Vatermord nötig, dazu braucht man den Mars und leider auch teuflische Mittel.

Echte Schöpfer übrigens vertragen Kritik, sie wissen sogar, daß Widersacher erst wirklich befruchten. Deswegen hat der Schöpfer, wie er sich auch immer nennen mochte, nie den Teufel verdammt, sondern den Teufel als gefallenen Engel betrachtet. Und was heißt Lucifer eigentlich anderes als Lichtbringer? Die alten Mythen wußten um die Schattenseiten der Götter; je höher, je größer der Gott, um so dunkler die Schatten. Der Schatten Apollons, der Sonne, war der Dionysos, der von Satyrn begleitet wurde, – das spricht für sich.

Der Gegensatz von Hell und Dunkel erst hebt die Helligkeit, der dunkle Mond erhält sein Wunder für uns erst durch das Licht der Sonne, und erst das Versinken der Sonne hinter den Horizont läßt uns ihre Kraft anbeten. Der Teufel also fördert die Gottheiten und beide, Gott wie Teufel, wurden ja nach dem Ebenbild des Menschen geschaffen, – was genau besehen eine Teufelei von grandiosem Ausmaß ist –, aber die Gottheiten haben dadurch nichts von ihrem Glanz und ihrer Würde verloren. Es kommt auf das Schaffen an! Wer das Böse will und doch das Gute schafft, der ist der Urschöpferkraft willkommen. Und wer nicht durch das Dunkle gehen will, der wird nie die Höhe erreichen. Jeder Mensch braucht seinen Talpunkt, von dem er neu ansetzt um aufzusteigen.

Das Problem dieser Karte im profanen Tarot ist die Verteufelung des Satans. Dies ist eine historisch bedingte lange Geschichte, da man nur in Bildern sprach und dachte, und Bilder nicht gräßlich genug sein konnten, um die Strafen der Hölle in grausamen Variationen auszumalen. Dabei geht es ja in der Hölle nie um Strafe, sondern um die Läuterung. Und Strafe ist ja nichts anderes als ein deutlicher Tadel, der so lebensnotwendig ist wie die Beschneidung eines Baumes. Nichts bekommt einem Baum so gut wie ein Erziehungsschnitt, und menschliche Fehler müssen ebenfalls gestutzt werden.

Der Teufel nun symbolisiert auch die Lust am animalischen Leben, das wir über den Segnungen der Kultur und der Zivilisation ja zu verlieren im Begriff sind. Das sind die Folgen der schon angesprochenen Kopflastigkeit, die unser Leben unter des Tisches Platte abwürgt.

Es wird heute soviel vom Selbstwert gesprochen. Verquer daran ist nicht der Begriff, sondern wenn der Begriff zum Schlagwort wird. Da wünscht man sich eine teuflische Kraft, daß endlich wieder gesunde Vitalität kopflastiges Geschwätz ablöst. Theoretische Liebe und zur Diskussion gestellte Verhaltensweisen zwischen Mann und Frau führen zu Verklemmungen, so daß man den Teufel mit seiner Animalität förmlich herbeisehnt, um hexenhafte Kraft endlich loszulassen!

Der Teufel ist nicht lichtlos, im Gegenteil, er bringt Licht, genauso wie Erotik und Sexualität eine Lichtquelle, eine schöpferische Kraft sind. Natürlich ist der Teufel auch ein Versucher, aber wer vor dem Versucher

Angst hat, der ist ihm ja schon erlegen. Was soll denn versucht werden? Meine Kraft, meine Geisteseinstellung, meine Lebensauffassung, – nicht meine kleinen Laster, über die kann ein Teufel ja nur lächeln. Erst im Widerstehen erproben wir uns, wo kein Versucher ist, können wir uns nicht beweisen. Natürlich kann man bitten, uns nicht in Versuchung zu führen, aber das ist ja das Eingeständnis einer Unmündigkeit. Richtig mündig wird wohl nie jemand von uns, aber wer nicht einmal in die Verantwortung entlassen worden ist, wird nie lernen, Verantwortung zu tragen. Natürlich regt der Teufel unser Blut an, und Mars ist Herr des Blutes. Aber wenn das Blut wallt, muß es gelenkt werden, und wir haben – jeder für sich – aufzupassen, daß wir nicht «außer uns» kommen. Es geht also darum, unsere Kräfte zu wecken und dann zu erkennen, daß wir ihrer Herr werden müssen.

Was sollte ein Mensch ohne Marskraft anfangen! Er brauchte gar nicht erst ins Leben zu starten, er hätte keine Antriebskraft, keine Anziehung auf das andere Geschlecht.

Marskraft wird oft verteufelt. In der Astrologie gilt sie als das kleine Unglück. Und je mehr der Teufel in einer Zeitepoche Bedeutung errang, um so verteufelter wurde der Mars. Dieses Hand-in-Hand-gehen ist so eindeutig, daß dazu eigentlich kein Wort mehr notwendig ist.

Das Tierische, was dem Teufel zugeschrieben wird, hängt mit den Tiergöttern zusammen. Tiere wurden zu Gottsymbolen, weil sie mehr als Menschen konnten, etwa fliegen, etwa tauchen. Und sie waren stärker. Als der Mensch sich über das Tier erhob, schämte er sich natürlich der Tiergötter, und so verteufelte er sie. Er schrieb ihnen dämonische Satanskraft zu, um sich so von ihrer Magie zu befreien, was ihm nie gelang. Noch heute bedeutet eine schwarze Katze über den Weg Schrecken, und wenn sich nachts der Uhu meldet, meint man immer noch, eine Todesankündigung zu hören. Nein, auch die Tiergötter leben in uns, es hat keinen Zweck, sie zu verleugnen und dann zu dämonisieren, sondern man muß sie, wie die teuflische Kraft des Lichtbringers, annehmen!

In der nächsten, der zweiten Bewußtseinsstufe dieses dritten Etappenweges, gilt es Erstarrtes von der Verkrustung zu befreien. Das ist nicht nebenbei zu erledigen, da helfen keine klugen Argumente, da muß schon eine auch zerstörerische Kraft eingesetzt werden. Das ist besonders immer dann notwendig, wenn die Materie etwa Selbstzweck wird, wenn man sich eingerichtet hat und jede Entwicklung ablehnt. Damit zur nächsten Station, die jeden noch einmal ganz fordert.

Karte: 16

Der Turm

Astrologisch: Widder

Vordergründig betrachtet, sehen wir einen Turm, in den ein Blitz (unser Stab) einschlägt. Der Turm fängt Feuer. Menschen fallen flüchtend aus dem Turm. Mit den Menschen fallen auch die Teufels-Fastnachtsmasken. Der Teufel vom letzten Bild legt seine Maske ab. Und da hier die Widderzeit symbolisiert ist, werden nun auch die Fastnachtsmasken, die die Winterdämonen vertreiben sollen, abgelegt. Dieser uralte, heidnische Brauch, mit Dämonenmasken und Teufelsspuk die bösen Geister des Winters zu verscheuchen, hat sich bis heute gehalten.

Unten am Turm ruht der Widder, seine Zeit ist angebrochen. Es grünt nun wieder, wie es die Blätter, die aus seinen Hörnern wachsen, verdeutlichen. Da, wo der Widder liegt, ist schon der Schnee von der Erde geschmolzen, die Kälte weicht, erlöst die Menschen aus ihrer Erstarrung, gekrönte Häupter wie das Gefolge. Der Neuanbruch geht an keinem vorbei. Die Sonne scheint noch nicht mit voller Pracht, aber sie strahlt voll sichtbarer, spürbarer Wärme.

Über allem wacht das Auge Gottes. Diese Zerstörung hier ist also eine gute, eine aufbauende Zerstörung, die die Menschen aus ihrer Lethargie, aus dem Winterschlaf weckt. Viele nämlich richten sich für und über den Winter bereits so behaglich ein, daß sie selbst den neuen Naturaufbruch eines Sonnenjahres verschlafen möchten, sie können sich innerlich wie äußerlich kaum von ihrem Winterspeck lösen.

Dazu bedarf es einer starken, ja animalischen Kraft, wo sich wirklich noch Urlebenssäfte zeigen, die auf unsere Abstammung aus dem Zusammenleben mit Tieren hinweisen. Wir haben uns gerade in der Winterzeit weit von der Natur entfernt. Wir leben in geschützten Räumen, die wir mollig warm machen, und wer den Wintersport genießt, der ist ausgerüstet wie zu einer Polarreise und übt diesen Sport auch nur bei gutem Wetter aus.

Nun heißt es zurückzufinden zur Natur, aber das fällt oft schwer. Die verschlossene Tür im Turm zeigt an, daß noch niemand aus seiner Gebor-

16 **DER TURM** ♈

genheit, die oft eine erstarrende Verkrustung ist, herauswollte; so muß ein Blitz einschlagen, der die Menschen mobilisiert, der sie innerlich anzündet. Die Menschen, die herausgeschleudert werden, packt auch kein Entsetzen, es passiert auch nichts, alle überleben den Sturz. Es ist der notwendige Schub, den sie empfangen müssen, die Volkssprache weiß dazu einen sehr drastischen Ausdruck: «Ich werde Ihnen Feuer unter Ihren Allerwertesten machen».

Die Karte, die zweite Station des dritten Siebenerweges, trägt die Nummer Sechzehn. Das ist die schöpferische Eins, verbunden mit der Zwei mal Drei. Auch die doppelte Acht, also das Zeichen der Unendlichkeit, die hier wieder mit dem Beginn des Sonnenjahres ihren Anfang nimmt. Die Quersumme ergibt die heilige Zahl Sieben, die Zahl der Hauptkräfte in uns, die durch die alten Planeten symbolisiert sind. Und diese Hauptkräfte müssen jetzt alle neu eingesetzt werden, denn gerade die kostbare Frühlingszeit des Aufbruchs darf nicht ungenützt vorüber gehen. Was jetzt nicht in die Wege geleitet wird, das muß abgeschrieben werden. Das wissen die Bauern noch, die mit der Natur leben.

Jeder Abschnittwechsel in der Astrologie ist äußerst markant, aber keiner in sich so dramatisch wie der Umschwung von 30 Grad Fische auf Nullgrad Widder. Da bricht wirklich eine neue Welt des Sonnenjahres herein, da wird, wie man so schön sagt, das Tote lebendig.

Und das stimmt! Über Nacht ist die Natur verwandelt, das geht so schnell, daß man jedes Jahr immer wieder davon überrascht ist. Auch die Menschen wandeln sich, wenn sie aufgeschreckt werden. Nicht umsonst wird von der Frühjahrsmüdigkeit gesprochen, weil dieser Wandel anstrengt, und er geht vielen an die Nieren. Es schlägt wie ein Blitz ein. Deswegen ist hier der Stab zum Blitz gewandelt. Es ist der Stab des Magiers, der wirklich zaubern kann, der sich – das verdeutlicht den Frühjahrseinbruch – von der Sonne verzaubern läßt! In dem Moment, da die Tage nur um Minuten länger sind als die Nächte, wird der Wandel vollzogen, und das Leben auf der Erde hat eine völlig andere Qualität. Da muß der Mensch mithalten, will er nicht den Start verpassen! Wer nicht wegkommt, würde in seinen Startlöchern verbleiben, das ist eine Lehre, die befolgt werden muß! Und so werden die Menschen nicht nur aufgeschreckt durch einen Zauberblitz, sondern sie werden auch hinausgeschleudert. Sie haben gar nicht mehr die Ruhe, die Treppe im Turm herunter zu eilen und die Tür zu öffnen, um dem grünenden Widder direkt in die Arme zu laufen. Selbst das gekrönte Haupt hat keine Zeit, das zeigt an, daß dieses Herausschleudern aus der winterschlafähnlichen Lethargie innerlich gemeint ist. Und das Auge des Schöpfers überwacht besonders diesen Neuanfang, weil der ja jedes Jahr ein göttliches Geschenk ist.

Deswegen liegen auch die Gottesfeste fast alle im Frühjahr, deswegen wird der Auferstandene im Frühling nach dem ersten Frühjahrsvollmond gefeiert. Aber der Mond hat hier nichts zu suchen in dieser Station, da herrscht die Sonne. Allein die Tat ist wichtig, die Dunkelheit spielt keine Rolle. Im Zeichen Widder legen alle Planeten ihr kämpferisches Kleid an, und nirgends sind die Kräfte so sehr auf die Ich-Durchsetzung ausgerichtet wie hier. Jeder muß erst einmal seine ihm innewohnende Kraft spüren, ehe es zu Gemeinschaftstaten kommt. Nein, hier ist das Neue, das gerade Geborene, der Sinn.

Der Tempel Gottes ist diese Karte auch genannt worden, was sicher nicht ganz ihren Inhalt trifft, denn die Menschen sollen ja nicht aus dem Tempel Gottes gerissen werden. Es sei denn, man nähme an, daß sich auch hier schon eine Verkrustung des Anbetens etabliert hat, daß die Menschen aus dem Tempel hinausgetrieben werden müssen, um dem Ausdruck des wahren Schöpfertums in der Natur wiederzubegegnen. Und noch eines: Die Menschen, die hier fallen, fallen nicht ins Unendliche, sondern sie werden auf den Boden der Tatsachen geschleudert. Sie werden vielleicht aus ihren Träumen gerissen, aber den Träumen Taten folgen zu lassen, das bringt uns ja erst einen Schritt weiter. Sonst könnte es wirklich heißen, daß die Sonnenstunden verschlafen werden.

Die Zahl Sechzehn wird auch die potenzierte Vier genannt, also Vier mal Vier. Die Vier war die Zahl des Herrschers, die Zahl der Karte, die die irdische Bewältigung anzeigt, die hier besonders tatkräftig angegangen werden muß. Und deswegen muß – als einzige Bewußtseinsstation – das Auge Gottes sichtbar sein, denn nur der Schöpfer garantiert, daß auch aus der Zerstörung Neues entstehen kann.

Diese Zerstörung des Turmes ist natürlich tiefer zu sehen. Es geht grundsätzlich darum, Altes auf seinen Wert zu prüfen. Nichts, was mal fast vollkommen war, bleibt vollkommen. Ein noch so sicher gebautes Haus verfällt, wenn es nicht ständig in Stand gesetzt wird. Jedes geistige Niveau läßt nach, wenn es sich nicht dauernd neuen Überlegungen und Prüfungen aussetzt. Schauspieler wissen, daß Text lernen und behalten ein Training ist, so müssen sie das trainieren, auch wenn sie nicht spielen. Es gilt also, die Tür zum Turm der eigenen Sicherheit stets offen zu halten.

Wer sich abschließt, wie auch immer, der ist schon verloren. Das hat nichts damit zu tun, sich mal abzusondern, – aber es darf eben zu keiner Institution an sich werden, zu einer Verfilzung führen, nur weil das im Moment so bequem ist. Die Sonne lehrt uns dies mit ihrem ständigen Wandel. So darf auch niemand seiner Liebe sicher sein, der wir im folgenden Bild begegnen, weil dann die Liebe schon gestorben ist, ehe es die angeblich noch Liebenden merken. Das Ende schlägt dann ein wie ein Blitz, wie auch der Anfang einer Liebe die Menschen oft blitzartig überfällt. Es reißt uns von den Schemeln!

Darum geht es: wir müssen auf den Blitz warten können, aber auch blitzartig bereit sein! Wer einen Berg anfahren will, der steil vor ihm liegt, der gebe zeitig Gas. Wer diesen Moment verschläft, droht am Hang hängen zu bleiben. Und es wäre ein gutes Training für manche Menschen, wenn sie sich stets auf plötzliche Ereignisse einstellen könnten. Das Plötzliche ist nämlich unvermeidbar, aber wie wir es anpacken, wenn es da ist, das ist entscheidend! Es ist wichtig, daß wir nicht erst auf den Boden geschleudert werden. Wenn uns plötzlich Glück oder Unglück begegnet, dann reißt uns dies die Masken vom Gesicht. Deswegen fallen hier auch die Masken mit herunter, denn diese Masken sind ohne Leben. Mit der Maske verlieren wir unsere Illusionen. Das ist vor allem wichtig, wenn es gilt, etwas in Bewegung zu setzen. Dann braucht man seine ganze marsische Widderkraft! Denn eine Maske tragen, ein Scheinleben führen, das raubt Kräfte, die uns im entscheidenden Moment fehlen könnten. So bedeutet dieses Bild auch, daß wir immer auf die Demaskierung einer eingebildeten, falschen Sicherheit gefaßt sein müssen. Es gilt wieder, das wahre Ich zu erkennen. Im Teufel der vorigen Karte ging es um die Erkennung der Urkraft in uns, nun geht es darum, uns mit unserem ganzen Ich dazu zu bekennen.

Diese Bewußtseinsstufe soll schließlich noch aufzeigen, daß es unsozial ist, sich abzuschließen, sich in seinen Elfenbeinturm zurückzuziehen. Das betrifft auch die Außenseiter der Gesellschaft, die sich ja in einen Turm, in ein Gefängnis der Ausgeflipptheit einsperren. Wenn wir die wahren Sterne in uns als Leitbilder erkennen wollen, müssen wir versuchen, die Masken abzulegen, bevor ein Blitz einschlägt. Das Schlimme ist nur, daß es meist nicht ohne Gewalt, ohne ein Unglück geht, ehe man wirklich aufwacht. Doch zumindest im Bemühen kann jedem Unglück begegnet werden, denn die Hoffnung bleibt uns immer, weil jedem sein Stern leuchtet. Und diesem Stern müssen wir uns nun zuwenden.

Karte: 17

Der Stern

Astrologisch: Venus

Vordergründig betrachtet, sehen wir die Isis, die ägyptische Vorgängerin der griechischen Aphrodite und der römischen Venus. Sie sitzt in der abendlichen Stunde an einem steinigen Ufer. Und obwohl es Nacht ist, blühen Blumen. Isis entnimmt kein Wasser, sondern sie lenkt einen Wasserstrom des Himmels in das Gewässer. Dieses Wasser sollte ja – wie die alten Ägypter annahmen – aus dem Himmel kommen, sollte die Fortsetzung der Milchstraße sein, die im Hintergrund auch zu sehen ist. Der Strahl aus dem Himmel ist unser Stab, der sich nun – nach dem Blitz – ins fruchtbare Element Wasser gewandelt hat, und die Milchstraße ist auch wie ein Stab. Diese Himmelsstraße war immer das Symbol des Lebensbaumes, bis heute – da wir uns noch den Weihnachtsbaum ins Zimmer holen und ihn mit Lichtern und glänzendem Schmuck behängen, damit er als Abbild der Milchstraße bei uns im Heim leuchtet. Und obwohl dunkle Winternacht ist, muß es ein ewiger grüner Baum sein, denn wenn Wunder geschehen, blühen auch des Nachts die Blumen.

Daß das Wasser aus dem Himmel kommt, ist für uns eine logische Vorstellung, denn wenn es regnet oder schneit, dann kommt das Wasser vom Himmel. Nur regnete es in Ägypten, in Oberägypten, so gut wie nie, trotzdem brachte die Nilflut das geschmolzene Schneewasser des afrikanischen Zentralgebirges. Also wirklich Wasser, das vom Himmel kam.

Nun ist hier dieses Wasser erst in zweiter Linie gemeint. Es geht natürlich um die himmlische Schöpferkraft, um die himmlische Fruchtbarkeit, die der Himmel uns schenkt, und da wandte sich der Anschauungsglauben schon immer dem schönsten Stern, dem Abendstern der Venus zu. Im Abendstern verkörperte sich Venus/Isis, – wenn sie auch Morgenstern sein kann –, aber der Abendstern hinterließ in den Seelen der Menschen die tiefsten Eindrücke. Dieser schönste Stern funkelt und leuchtet über alle anderen hinaus. Hier glitzern acht Sterne, was auf die Acht der Venus hinlenken soll. Venus war stets auch die Krone, die dem aufgehenden Mond am Abendhimmel aufgesetzt wurde, damit die Bedeu-

17	DER STERN	♀

tung des Mondes erst unterstrich. Auch als Morgenstern begleitete Venus den Mond in die Unterwelt. Daher glänzt hier die Mondsichel so herrlich, um die Schönheit der Nacht zu unterstreichen.

Es ist die Karte Siebzehn. Also die schöpferische Eins verbunden mit der heiligen Sieben. In der Quersumme trägt diese Zahl die Acht in sich, was wieder auf die Unendlichkeit hinweist. Es ist die dritte Station des dritten Siebenerweges. Und wie im ersten Siebenerweg die Herrscherin die dritte Karte war, die irdische Königin, so ist es hier die himmlische Königin, die als Himmelskönigin in die Religionsgeschichte einging, aber – was wesentlicher ist –, sich in den Seelen gläubiger Menschen vieler Religionen festsetzte. Die Kirchen bei uns sind voll von Madonnen, der heiligen Jungfrau, der Mutter Gottes, ein Bild, das auch im Buddhismus anzutreffen ist. Das innigste Gebet wendet sich immer an die Himmelskönigin, wie man sie auch nennen mag.

Die Geschichte der Himmelskönigin reicht weit zurück, und der Glaube an sie war nie auszurotten, so oft es auch innerhalb vieler Religionen versucht wurde. Isis galt zeitweise mächtiger als Osiris, also als der Mond, sie galt als die unbeschreibliche Göttin, die sich so über alle anderen erhob. Ihre Attribute waren: Die Große, die Gottesmutter, Königin der Menschen, Fürstin aller Länder. Groß im Himmel, mächtig auf der Erde. Zaubergroße, Auge der Sonne (des Nachts), Herrin des Himmels. Dies ist nur eine kleine Auswahl.

Unzählige Wallfahrtsorte in aller Welt beweisen, daß das Volk immer Hilfe, Wunder und Hoffnung von dieser Himmelsgöttin erhoffte. Und so stellt sie auch im Tarot die große Hoffnung dar. Nach dem Auftreten des Teufels, nach dem Einbruch des Neuen mit dem Frühling, kommt nun das Moment der Liebe, der Güte, der anziehenden Weiblichkeit, der Verführung und der Künste in das Spiel. Der Stern schenkt uns das Wasser ohne faunische Begleitung wie noch in der Karte das Maß. Venus wurde schon bei den Babyloniern die leuchtende Fackel des Himmels und der Erde genannt. Wenn man ihr das zuschrieb, mußte die Verehrung ins Unendliche steigen. Isis hat Mann und Weib zusammengeführt, hat die Männer gezwungen, die Frauen zu lieben, hat die Gerechtigkeit stärker gemacht als Gold und Silber. Deswegen mußte auch eine Isispriesterin die Waage der Gerechtigkeit halten.

So schließt sich der Kreis. Es ist die Göttin, die der Himmel auf den flimmernden Wellen des Meeres gebar. Das Bild blieb, denn von der römischen Venus wurde geschrieben, daß in ihr der liebesbedingte Ursprung aller lebendigen Dinge zu finden ist. Und mit Begier folgt ihr jeglicher, wohin sie ihn lockt.

Der Stern also, der Hoffnung bringt, der Verheißungen weckt, der uns führt. Seinen Stern erkennen und ihm nachgehen, darum geht es, aber das wird einem ja nicht geschenkt. Das Blühen in uns soll geweckt werden und strahlen, damit wir uns befruchten können. Die innere Schönheit ist hier angesprochen, deswegen blühen die Blumen nachts. Es kommt nicht auf das Äußere an. Je mehr wir uns vom äußeren Schein blenden lassen, um so anfälliger sind wir selbst, auf das Äußere Wert zu legen. Früher hatte man diese Karte auch «die Sterne» genannt, womit der Himmel angesprochen war, aber sicher kommt es darauf an, seinen Stern zu finden und ihm zu folgen.

Und es geht hier speziell um die Venus in uns, um unsere Weiblichkeit, um unser Empfinden, aber auch um das Musische in uns. Die Musen waren stets der Ausgleich für die harte Arbeit am Tag. Die Künste genießen, das erweitert den Horizont. Nicht umsonst wird Kranken wie Genesenden oder Kurgästen soviel Musisches geboten, weil es das Seelenleben aufbaut, die Heilung unterstützt. Die Musen führen uns zum Frohsinn, zum Humor, auch dazu, daß wir uns selbst zwar nicht unwichtig, aber nicht zu wichtig nehmen. Zum Musischen gehört der kultivierte Umgang miteinander, die Höflichkeit.

Wir müssen also von Innen leuchten, dann wird uns die Fruchtbarkeit des Himmels zuteil. Wie die Isis/Priesterin aus der Karte der Gerechtigkeit, ist auch diese Isis/Venus mit einem zerbröckelnden Goldpanzer umgeben, der mal zunimmt, mal abnimmt, so wie die Sonne eben ihr Licht sehr unterschiedlich auf den Planeten Venus wirft. Damit wird noch einmal betont, daß es auf das Äußere nicht ankommt, daß das «äußere Goldige» von einem abfallen kann.

Wichtig ist der Wasserfluß des Himmels, der unseren Geist und unsere Seele befruchtet, wenn wir nur zum Firmament aufblicken. Venus als Stern zieht unseren Blick an, aber sie geht stets früh unter, ist nie lange zu erschauen, so als wolle sie uns bildlich mitteilen: es kommt auf mich allein ja gar nicht so sehr an, sondern auf den gesamten Himmel.

Aber Venus hat uns noch ein anderes Ausdruckssymbol zu vermitteln. Sie ist nicht nur der hellste und eindrucksvollste Planet, der in seiner Strahlkraft selbst den glitzernden Sirius übertrifft. Nein, Venus ist auch vom Ablauf ihres scheinbaren Ganges um die Erde von einer ungewöhnlichen Harmonie, sie symbolisiert so auch die Harmonie in uns, die wir finden müssen, gerade nachdem uns der Trieb des Teufels gereizt, und der Blitz des Widders aufgescheucht hat. Das sind Ausnahmesituationen, die sein müssen, die aber nie zur Regel werden dürfen! Nicht ohne Grund folgt auf das Zeichen Widder der Abschnitt Stier, ein handfester Venusabschnitt. Hier aber geht es darum: Habe ich ein Ziel mit aller Anstrengung erreicht, ist es die Aufgabe, wieder zu mir selbst zu finden, zurück zu mir, zu meiner Mitte, damit ich mich im Himmel eingebettet fühle.

Gerade der sternenübersäte Himmel zeigt uns die große Harmonie, den inneren Gleichklang. So stellt diese Karte im Grunde die Ergänzung, den Ausgleich zum Magier dar, und seine Blume blüht auch hier und ohne Sonnenschein wie durch einen Zauber. Die Sterne auf unserer Karte stehen in einer Anordnung wie der Tierkreis, also rund, und im Mittelpunkt ein mächtiger Stern, unser innerer Leitstern. Dieser Leitstern steht unter dem Schutz der Isis/Venus, dem können wir folgen. Und die Milchstraße weist uns den Weg in den Himmel. Die Gewißheit, daß einem der Himmel offen steht, ist beruhigend und kraftgebend zugleich, so daß wir diese Gewißheit immer wieder suchen. Es ist die Karte, die diese Bewußtseinssituation verdeutlicht, die Ruhe erfordert, ja Ruhe als inneren Weg zur Harmonie voraussetzt. Wir müssen abschalten, müssen uns hingeben können, die Stimmen des Alls hören, die harmonischen Schwingungen, die uns berühren. Wer hört heute noch den Wind in der Nacht, wer noch, was das Rauschen der Blätter uns zu sagen hat, oder das Wispern des Grases. Dahin will uns Venus nun nach dem Aufbruch führen.

Diese Venus ist so harmonisch wie die weichen Aspekte im Horoskop, das heißt, es sind Möglichkeiten, und es liegt an uns, ob wir sie annehmen. Venus wird nichts mit Gewalt erreichen wollen, wird niemanden zwingen, dieses Glück aufzunehmen. Schicksalsschläge treiben uns oft zur bösen Reaktion, aber nicht die Stille, nicht das Gleichmaß, nicht die beruhigende Nacht. Wir können zwar der Nacht ihre Harmonie nehmen, aber damit schaden wir uns selbst. Deswegen sollten wir auch jede Reaktion überschlafen. Denn nur durch die Stille kommen wir an den Urgrund unserer Seele, an das eigentlich Schöpferische, das uns im nächsten Kartenbild begegnen wird.

Karte: 18

Der Mond

Astrologisch: Krebs

Vordergründig betrachtet, sehen wir einen riesigen Krebs aus der Tiefe aufsteigen, er hat harten Stein-Erdboden durchbrochen, was eine ungeheure Kraft andeutet. Die überdimensionalen Fühler des Krebses fassen scheinbar den Mond, der sonnengleich die Nacht erhellt. Neben dem Krebs sieht man Mistkäfer, heilige Tiere – in Ägypten Skarabäen genannt –, die entlang des Nils lebten und die kommende Nilflut ankündigten, indem sie vor den Fluten ins Landinnere flüchteten. Der Käfer wurde so zum Symbol der Fruchtbarkeit und danach benannte man in Ägypten auch die einbrechende Sommerzeit mit dem Namen: Der Käfer.

Auf unserer Karte führt ein Weg in die Ferne, ja in die paradiesische Unendlichkeit, denn am Horizont schimmern Kornfelder, stete Nahrung versprechend. Aber der Weg ist äußerst scharf bewacht. Es muß ein Sehnsuchtsweg sein, den viele gehen wollen, der aber nur für wenige ausersehen ist, sonst bedürfte es nicht der riesigen Wachtürme und der vielen Anubis-Hunde der Dunkelheit. Diese Hunde sind hellwach, haben gespitzte Ohren und ein stolzes, fast herrisches Gehabe. Sie wissen also um den Wert, damit um die Richtung des Weges.

Um die Mondsichel herum erschaut man die Tiere der Nacht schemenhaft angedeutet, es sind die Wesen der dunklen Bezirke. Der Mond, dem diese Tiere zuzuordnen sind, spiegelt deutlich wider, daß er sein Licht von der Sonne empfängt, also von der Sonne gezeugt wird. So aggressiv der Krebs aufzuerstehen scheint, so friedlich zeigt er sich in seinem Reich, denn seine Scheren sind geschlossen. Auch die Wachhunde haben vor diesem überdimensionalen Tier keine Scheu, das weist den Krebs mehr als Symbol denn als Realität aus.

Hier im Abschnitt Krebs unseres Tierkreises findet der Mond (die Hohepriesterin) seine verwandte Kraft. So ist anzunehmen, daß der unendliche Weg (unser Stab) im Grunde zu ihrem Tempel führt. Es ist die vierte Karte des dritten Siebenerweges, der uns nun nur noch nach oben führen kann, damit der Kreis geschlossen wird. Jetzt stehen die letzten

18 **DER MOND** ♋

Stationen an. Nach Venus führt der Weg über den Mond zum Zeichen Zwillinge, da die Sonne hier den Gipfel erreicht, dann zur Auferstehung und zur Symbolkarte des Alls. Wer bis hierher in seiner inneren Einstellung und Wandlung gekommen ist, wer diesen bewachten Torweg durchqueren kann, hat es geschafft, hat eine höhere Stufe erreicht. Damit wird noch einmal deutlich, warum Teufel und Turm am Anfang dieses dritten Weges standen: um uns die notwendige Kraft zu geben.

Die Karte trägt die Nummer Achtzehn. Da ist die Zwei (die Karte der Hohepriesterin) mal der Neun oder auch der Quersumme die Neun. Somit kommt hier die Drei mal Drei am stärksten zum Ausdruck, da es wirklich um das Urschöpferische geht, das ja nur aus der Tiefe aufsteigen kann. Hier im Krebs ist die Urmutter beheimatet, aller Erfahrungsschatz, den die Seele aufgespeichert und bewahrt hat. Aber der Weg zu diesem wertvollsten Schatz ist nicht jedem gestattet, der muß verdient werden.

Verdient durch Arbeit an sich selbst. Erste und wichtigste Erfahrung: der große Lebensweg wird von mir selbst bestimmt, es ist falsch, daß beim Scheitern meines Wollens die anderen schuld haben. Wer grundsätzlich – und das ist eine wirklich verteufelte Einstellung –, den Umständen oder den Menschen um sich herum die Schuld für sein Leben gibt, der ist so sehr auf dem Holzweg, daß ihm wohl nicht zu helfen ist. Der kann mit Sicherheit nicht durch dieses Tor gehen! Dabei kommt es nie auf den äußeren Erfolg an, sondern auf die innere Grundeinstellung. Schuld auf andere zu schieben, ist das Leichteste auf der Welt, genauso wie es billig und leicht ist, Kritik an anderen, an den Dingen um sich herum zu üben! Es ist mit das Schwerste, für sich selbst keine Entschuldigungsgründe zu suchen, sondern sich selbstkritisch zu analysieren. Das wird hier gefordert. Wir haben uns selbst – und erst in zweiter Linie andere – zu disziplinieren. Deswegen halten hier Hunde, das Triebsymbol unserer Träume, die Wache. Hunde, die so diszipliniert sind, daß wir ihnen unseren Stab übergeben können. Wir mußten sehr tief in uns hinabsteigen, um das zu erkennen, aber haben wir den tiefen Gründen in die Augen geschaut, wissen wir mehr. Natürlich gibt es Situationen, an denen wir schuldlos sind, aber auch hier kommt es darauf an, wie wir mit diesen Situationen fertig werden. Das allein prägt unsere Grundeinstellung zum Leben, damit zur Reifeentwicklung. Wir können nun mal keinen anderen Menschen wirklich erziehen oder umgestalten. Umwandeln, umgestalten kann jeder nur sich allein. Diese Erkenntnis, die natürlich verdeckt, ja tief vergraben wurde, muß hier zum Vorschein kommen, wenn es wirklich auf den Gipfel der Entwicklung gehen soll.

Nur sie weckt unsere schöpferische Kraft, gibt echte Ausstrahlung, damit Ankommen und Lebenslust. Nach Anerkennung streben ist legitim. Aber der Umwelt Vorwürfe zu machen, wenn sie ausbleibt, ist der größte Irrtum, den Menschen sich erlauben, und sie merken gar nicht, wie durch diese – meist bequeme – Einstellung der Weg bergab führt, und dies nicht nur innerlich, sondern auch äußerlich.

Die alten Mythen haben das schon wunderbar ausgedrückt, als sie davon sprachen: wir müssen uns selbst zum Opfer anbieten, zum Opfer der Kritik nämlich, als Buße unserer Schuld, die darin liegt, die Verantwortung für sich im Grunde auf andere abzuschieben, ob dies nun Institutionen sind oder Menschen, die uns umgeben. Wer dies nicht aufnimmt, erkennt und tief in sich bewußt macht, der wird nie seine Seelenerfahrungen, seine Kollektiverfahrungen nutzen können, der geht, wie es in den guten alten Märchen heißt, an seinem wahren Schatz vorbei. Deshalb wählten übrigens die alten Ägypter den unscheinbaren Mistkäfer, ihren Skarabäus, zum heiligsten Tier. Es kommt nicht auf das Äußere an, aber wer immer sich bemüht, wer, wie diese Käfer ihre Kugel, – die den Nachwuchs, also ihre Sonne enthält –, vor sich herschiebt, der hat auch die Kraft, die Sonne durch die dunkle Nacht zu tragen. Deswegen wurde dieser Käfer zum Talisman, der die Auferstehung, die Wiedergeburt garantiert.

Aber ich muß eben vorher wie der Käfer handeln! Dasselbe sagt der Name Krebs für den Sommeranfang. Ich muß wissen, daß es von jedem Gipfel wieder einen Abstieg gibt, daß die Sonne tief herunter muß, um wieder aufzusteigen, daß die Höhe allein durch die Tiefe bedingt wird.

Die deutsche Sprache formuliert es sehr deutlich: man muß den Schweinehund in sich besiegen. Das Wort wird oft sehr profan übersetzt, daß es dabei – etwa in Kriegen – um den äußeren Mut geht, aber der ist ja nicht gemeint. Äußerer Todesmut kann sogar Flucht bedeuten, sogar Angst, sich einzugestehen, daß man feige ist. Daß der Sinn tiefer liegt, kommt in dieser Karte sehr gut zum Ausdruck.

Der Blick in sich hinein, fördert oft tiefen Schlamm zutage. Aber gerade dieser Schlamm ist die Grundlage jeder Fruchtbarkeit, so wie die Nilschwemme ja nicht wegen des Wassers ersehnt wurde, sondern wegen des Urschlammes, den das Wasser mitbrachte. Heute, da man das Wasser staut, um es das ganze Jahr zur Verfügung zu haben, staut man in Wahrheit den Schlamm, und das Land wird rund um den Nil unfruchtbarer denn je werden. Sicher wird es auch dagegen bald technische Mittel geben, aber das Urbild, das uns hier die Natur lehrt, das müssen wir aufnehmen! Es geht nicht um die intellektuelle Technik, nicht um das Merkurische, sondern um die Seelenerfahrung, und die Seele ist ja viel älter als der Verstand.

Die Hunde haben auf dieser Karte aber auch noch eine andere, eine himmlische Bedeutung. Der Sirius, der Hundsstern, kündigte nämlich im Sommer, also wenn die Sonne im Abschnitt Krebs steht, mit seinem heliakischen (von helios = Sonne) Frühaufgang die Nilflut an. Das heißt, vor der Sonne trat der hellste Fixstern (von der Sonne abgesehen, die ungleich näher steht) blitzend und funkelnd am Morgenhimmel hervor, und dies in einem Zeitabstand von genau 365,25 Tagen. Sirius heißt auch Seth, der Scharfe, womit auf den Hund und die brennende Sonne angespielt wird.

So darf in diesem Abschnitt der Hund nicht fehlen, wenn auch der Krebs das wichtigste Symbol bleibt, denn der lebt da, wo die größte Fruchtbarkeit zu finden ist, da nämlich, wo Wasser und Erde sich vereinen. Diese Fruchtbarkeit kommt aus der Tiefe, sie trägt Früchte, wenn die Sonne Wärme spendet, also zeugende Kraft ausstrahlt.

Das Symbol der zurückgehenden Sonne ist auch noch tiefer übertragbar. Jeder muß auch zurückgehen können, man muß den Mut haben, auch gegen den Strom zu schwimmen, um wieder an die Quelle zu gelangen. Und gegen den Strom zu schwimmen, gegen den Zeitgeist, erforderte immer schon Einsatzbereitschaft und Kraft.

Es ist Nacht, fruchtbare Nacht, denn während der stärksten Helle sind die Gegensätze zwischen Nacht und Tag besonders kraß und deutlich. So liegt auch der Abschnitt Krebs zwischen den hellsten Monaten, wenn nämlich die Sonne entweder in Löwe oder in Zwillinge steht.

Und diese Karte begegnet uns auf der nächtlichen Station, dahin führt also auch der unendliche Weg. Es ist eine besondere Auszeichnung, aus dem Dunklen ins Helle treten zu dürfen, deswegen liegt im Tarot die Krebskarte des Sonnenrückschrittbeginns vor der Zwillingekarte, da die Sonne noch aufsteigt. Symbole fragen nicht nach intellektueller Logik. So haben wir hier auch (außer dem Weg als Stab) zwei Türme, zwei Stäbe, die die Hunde halten, um den Zusammenhang von Hell und Dunkel als Einheit auszudrücken, – neben dem Symbol der Zwei mal Neun. Aber der Weg dahin ist eng, es ist ein Weg der Einweihung, damit auch des Aussiebens, der Auslese.

Karte: 19

Die Sonne

Astrologisch: Zwillinge

Vordergründig betrachtet, sehen wir zwei merkurische Menschen vor einer Alchimistenküche um einen jungen Lebensbaum (unser Stab) tanzen. Sie freuen sich ihres Lebens. Es ist die Zwillingezeit, da die Sonne im 30. Grad den höchsten Stand des Jahres erreicht, um dann langsam in die Tiefe abzusteigen. Die Sonne strahlt als Mittelpunkt auf dieser Tarotkarte, die ihren Namen trägt. Um die Sonne sieht man die in zwölf Abschnitte eingeteilte Ekliptik, wobei die Grenze zwischen Zwillinge und Krebs in der Höhenmitte entgegen dem Uhrzeiger liegt.

Um die Beiden am Boden ein grüner Lebenskranz. Das Grün der Hoffnung erfüllt nun alle Menschen, die sich fast unbekleidet zeigen können. Hinter dem Baum ist die Alchimistenküche in Betrieb, ein Werk des Merkurius; hier soll tote Materie zum Leben umgewandelt werden. Die beiden Tauben in den Glasgefäßen versinnbildlichen Conjunctio und Separatio der Alchemie. Es geht hier um die Herausläuterung des Göttlichen aus dem natürlichen Menschen, nicht um die Verwandlung von Metallen in Gold, was ja im Altertum nie mit den Künsten der Alchimie versucht wurde. Im Gegenteil, dies stellte ja einen Niedergang in der Alchimie dar, wenn schöpferische Kräfte für das Materiell-Profane genutzt werden sollten.

Der Abschnitt Zwillinge wird vom Merkur als Morgenstern beherrscht, weil hier der Merkur seine entsprechendste Verwandschaft findet.

In diesem Abschnitt geht es darum, nach allen Seiten offen zu sein, da die mächtige Sonne den besten Beistand und Schutz bietet. Zwillinge haben nicht, wie volksnah gesagt wird, zwei Seelen in ihrer Brust, sie sind auch nicht zwiespältig, sie haben nur entdeckt, daß im Menschen – egal ob Mann oder Frau – sowohl das weibliche wie das männliche Element vertreten ist, daß der Mensch in sich eine helle und eine dunkle Seite hat. Und diese Erkenntnis macht frei! Deswegen tanzen die beiden Gestalten, die ja in Wahrheit eine Gestalt sind, um den Baum des Lebens. Es handelt sich hier also nicht um ein Liebespaar, dafür wäre auch Merkur nicht zuständig, sondern um zwei Wesen in einem, denen dies nun bewußt

19 DIE SONNE

wurde. Außerdem stellt das Zeichen Zwillinge natürlich die Kommunikationsfrage. Nachdem der Mensch sich selbst erkannt hat, muß er offen sein für die anderen, damit aus einem Menschen zwei und letztlich drei Menschen werden, damit das Leben fortgesetzt werden kann. Und diese Kommunikation muß aufgenommen werden, so verschieden die Menschen an und für sich auch sein mögen, was ja durch den Tierkreis mit seinen zwölf verschiedenen Jahreszeittypen deutlich ausgedrückt wird.

Diese Karte trägt die Zahl Neunzehn. Es ist die fünfte des dritten Siebenerweges. Die Neunzehn faßt die höchste und die kleinste Einzelzahl zusammen, und sie ergibt in der Quersumme die Zahl Eins mit dem Kreis der Unendlichkeit, die Zehn. So ist sie die Zahl, die eigentlich alle Zahlen umfaßt, damit die Sonnenzahl schlechthin, – im rechnerischen Sinn –, sonst bleibt ja die Schöpfer-Sonnen-Zahl die Eins.

Da die Sonne hier so hoch und der Sommer vor der Tür steht, ist es die richtige Zeit, die menschlichen Erkenntnisse umzusetzen. Daher ist hier die Alchimistenküche so vorrangig.

Das eigentliche Wesen der Alchimie (oder Alchemie) war einst der Versuch einer umfassenden Weltanschauung, in der sowohl ägyptische Mythologie, griechische Philosophie, christliche Dogmatik und jüdische Kabbalistik vereint waren. Damals war Glauben und Wissen also noch verbunden, später wurde dies (cirka im 18. Jahrhundert) getrennt. Das führte zu einer Zwiespältigkeit, da, wie es C.G. Jung schrieb, «dem Glauben die Erfahrung und dem Wissen die Seele fehlte». Die Wissenschaft glaubte nun an die meßbare Objektivität und vergaß, daß der eigentliche Träger des Wissens die Psyche, die Seele ist. Aber diese Seele wurde ja von den Naturwissenschaftlern verdammt, so daß auch Tarot und Astrologie ein nicht anerkanntes Dasein führen mußten, das aber trotzdem Bestand hatte. Für die alten Alchimisten aber existierte in vorderster Linie die Psyche als Erkenntnisquelle.

Mit der Wiederentdeckung und den modernen Erkenntnissen der Psychologie bekam auch die Astrologie, und bekommt wohl auch der Tarot, wieder Wert als Wegweiser ins Seelenleben. Dazu bedarf es der Sonnen-Schöpferkraft und des merkurischen Geistes, deswegen ist beides hier durch den Abschnitt Zwillinge in der Karte Sonne vereint worden. Nur die Sonne kann tote Materie in Leben umwandeln, und auch der menschliche Geist wird allein durch die Sonne schöpferisch inspiriert, was dann durch den Götterboten Merkur vermittelt wird. Immer wieder also muß der Mensch lernen, daß er ohne Schöpferkraft ein Nichts ist.

Die Sonne stellt in der Astrologie das schöpferische Bewußtsein dar, im Gegensatz zum Mond, der ja das schöpferische Unterbewußtsein symbolisiert. So geht es hier also um den Geist, den Götter den Menschen vermittelt haben. So allein wird das Unbewußte bewußt, kann als Erkenntnis verwertet werden. Der Geist ist die schärfste Waffe des Menschen, er ermöglicht menschliche Existenz auf unserem Planeten. Und mit diesem Geist hat der Mensch die Ekliptik entdeckt, damit aber auch die Zeit gefunden, und mit der Zeit den Ablauf des Schicksals betrachten können. Das bedeutete, daß die Erkenntnis um die Verschiedenheit der Charaktere nicht mehr weit war. Als die Menschen dies merkten, war die Freude natürlich groß, die im Tanz um den Lebensbaum ihren Ausdruck fand. Vielleicht wurde so allzu leicht der Glaube an die heile Welt geboren, die es ja nicht geben kann. Aber (fast) am Ende des großen Weges durch den Tarot kann sich der Mensch seines Lebens freuen, und wann besser als zur Zeit, da die Sonne ihren höchsten Stand für die nördliche Halbkugel findet! Und auf der nördlichen Halbkugel wurden ja sowohl die Astrologie als auch der Tarot geboren.

Oft wird gefragt, wie paßt die Astrologie für die südliche Halbkugel? Die Antwort kann nur lauten: unsere Astrologie paßt nicht, denn sie ist von der Anschauung der nördlichen Halbkugel her entdeckt und entwickelt worden.

Auf dieser Bewußtseinsstufe also kann – wie zum Abschied – das Leben gefeiert werden, da der Erkenntnisstand so gewachsen ist! In der nächsten Station erwartet den Menschen dann das Problem der Auferstehung von diesem in ein anderes Leben.

Auf dieser Stufe wird also die stoffliche Welt zu einer Krönung geführt. Das bringt menschliche Überlegenheit mit sich, von der die Gefahr drohen mag, daß sie der Erde auch Schaden bringt. Die Sonne mahnt dies an, sie wandert nach unten. Es kommt darauf an, daß die Menschen das bei ihrem Tanz um den Baum aufnehmen. Den Menschen ist hier immerhin ein bedingt individuelles Leben, eine bedingt individuelle Persönlichkeit gestattet. Die Kollektiverfahrungen können nie ganz verdrängt werden, um den Blick allein nach vorn frei zu geben.

Der Magier (Sonne) hat hier seinen nächsten Planeten, den Merkur, plaziert, um auch so aufzuzeigen, wie nah die Menschen in diesem Zeitraum, aber auch in diesem Stadium der Sonne sind. Und so zaubert der Magier durch seinen Götterboten hier in der Alchimistenküche mit, – wiederum einen Kreis schließend, da wir uns dem Ende nähern. Deswegen liegt im Tarot die Krebskarte vor der Karte der Zwillinge, weil der Mond ja stets ein Vorangehender ist und die Sonne im Krebs schon absteigt. Aber das geistige, menschliche Leben wehrt sich gegen Rückschritte in jeder Form. Doch es wird getragen von der Psyche, deswegen muß diese (Krebs) vorher liegen, umgekehrt wie am Anfang, da erst die Sonne (Magier), dann der Mond (Hohepriesterin) den Weg einläutete.

Dieses Bild zeigt, wie sehr die Menschen vom Schöpferischen geprägt sind, denn die Sonne strahlt über alles. Wehe, wenn sie (und nicht etwa nur klimatisch) als Selbstverständlichkeit hingenommen wird! In jeder Religion wird diese Dankbarkeit an die Schöpferkraft vorausgesetzt, weil man sich nur dann des Lebens freuen darf.

Wenn es also in dieser Karte um die Reife des menschlichen Geistes geht, dann auch um die Magie, derer der Mensch mächtig ist. Die Anbetung des Goldes als Abbild der Sonne ist sicher damit nicht gemeint, die Sehnsucht, Gold in der Alchimistenküche herzustellen. Das ist ein Abgleiten, ein Zeichen menschlichen Übermutes, wenn auch der Ur-Ausgangspunkt, das Sonnenmetall aus dem Geist zu schaffen, zu verstehen ist. Inzwischen erzeugen wir künstliche Sonnen in Form von Atomkraftwerken, und wir nähern uns bedenklich der Grenze, da die menschliche Schöpferkraft sich selbst überschätzt. Bei allen magischen, menschlichen Kräften gibt es also Grenzen. Vielleicht weiß der Mensch das Leben zu verlängern, aber die toten Seelen zur Auferstehung zu bringen, das wird ihm bis ans Ende der Welt versagt bleiben. So liegt in der Sonnigkeit dieser Zwillingekarte auch eine dringliche Mahnung, nie die Sonne, das wirklich einzige schöpferische Licht, unsere Wärmequelle zu vergessen. Die Sonne ist nicht übersehbar, darf nicht übersehbar sein, obwohl die Sonne hier nicht eigentlich gemeint ist, wie auch der Mond in der Karte vorher dem Titel entsprechend nicht gemeint war. Aber Mond und Sonne sind überall, wo Menschen sind. Die Freude am Leben soll groß, aber nicht ohne Demut sein. Künstliche Sonnen sind Illusionen, sind magische Träume, bestenfalls Verblüffungen, die zur Blendung führen. Ist dies aufgenommen, im Geist wie in der Seele, dann kann sich der Mensch der nächsten Station, der Auferstehung zuwenden.

Karte: 20

Die Auferstehung

Astrologisch: Fische

Vordergründig betrachtet, sehen wir eine riesige Posaune, die aus dem Himmel kommt, um für die Verkündigung zu ertönen. Eine fast geschlossene Mondsichel (die symbolische Verbindung von Morgen- und Abendsichel) füllt den anderen Teil des Himmels aus, obwohl dieses Sichelsymbol weit hinter der Posaune zurücktritt. Der Himmel muß hier als das schon erwähnte Himmelsmeer bezeichnet werden. Der Stella Marina oder Stella Maria wurde auch Meeresstern genannt. Die Überlieferung der Mythen spricht von diesem Stern als «offene Pforte des Himmels» oder «Du, Stern des Meeres». Deswegen ist hier Neptun als der Planet, der im Abschnitt Fische seine verwandteste Kraft findet, nach seiner astronomischen Entdeckung wieder richtig zugeordnet. Wieder deswegen, weil alte Bilder aus Griechenland bezeugen, daß dies schon damals bekannt war.

Der Himmel reicht ins Meer, auch auf dieser Karte. Im Meer schwimmen Särge wie Boote. Aus den Särgen erheben sich unbekleidete, also gestorbene Menschen, die das irdische Leben überwunden haben. Das Wasser gebiert die nun durch das Wasser gereinigten Seelen. Im Wasser erkennen wir aber auch Raubtiere oder schwimmende Raubfische, die nicht auferstehen können, denen nichts Erfreuliches von der himmlischen Posaune verkündet wird. Der Klang dieses Musikinstrumentes entfesselt einen Meeressturm, damit nur die gereinigten, die geläuterten Seelen auferstehen können.

Die Auferweckten heben glücklich ihre Arme und Hände dem Himmel entgegen, um ihn beschwörend zu begrüßen. Sie fühlen sich befreit und erlöst.

Hier im Abschnitt Fische verwandelt sich die Sonne gravierend. Bald hat sie ihren Jahresweg beendet. In diesem Abschnitt findet die große Regeneration statt, was die Menschheit durch das Sinnbild des Fastens der Sonne abgeschaut hat, denn auf dem 30. Grad des Abschnitts Fische, der ja mit dem Null Grad des Abschnitts Widder unseres Tierkreises identisch ist, bricht die Sonne mit marsischer Frühlingskraft hervor. Das ist die wahre Auferstehung der Sonne, denn jetzt erst werden die Tage

20 DIE AUFERSTEHUNG)(

länger als die Nächte, das ist das Entscheidende. Nach der Auferstehung muß mit reiner Jugendkraft wieder an die neue Arbeit, an das neue Sonnenjahr gegangen werden, an das neue Leben, das uns ins All einbettet, wie die letzte Karte zeigen wird. Unser Stab ist der Stab der Posaune, die aus dem Himmel kommt. Der Stab, der beim Narr ein alter Baumzweig war, ist nun ein wahrhaft himmlischer Stab geworden.

Vor die Auferstehung haben die Sagen das jüngste Gericht gesetzt, als ob es am Ende eine Gerichtsszene gäbe. Auch diese Karte wird oft das jüngste Gericht genannt. Aber als Lebensabschnitt gibt es kein jüngstes Gericht. Auch das wußten die Mythen schon. Unser ganzer Lebensweg ist nämlich dieses jüngste Gericht. Die Posaune verkündet uns das Urteil in Form der Auferstehung, da sich die Seelen eine Stufe höher hin entwickelt haben.

Wenn also der Himmel mit seiner Posaune ruft, öffnen sich die Gräber, nicht um die Körper, sondern um die Seelen freizugeben. Aus Angst vor den toten Seelen hatten einst Menschen die Gräber ihrer Anverwandten, denen gegenüber sie ein schlechtes Gewissen hatten, so verschlossen, daß für sie die Hoffnung bestand – zumindest bildeten sie sich das ein –, daß diese Seelen nicht auferstehen konnten. Wenn dies auch primitiv im Denken war, zeigt es doch eine Wissenserfahrung, die erstaunlich ist. Dasselbe symbolisieren hier die miteinander verbundenen Mondsicheln, die ja so nie gemeinsam am Himmel, nie am gleichen Tag morgens und abends zu sehen sind. Aber das Vergehen und das Auferstehen wird damit deutlich.

Und uralt ist auch die Überlieferung, die die neue Umweltseinstellung bestätigt: nur wo das Wasser gesund ist, schwimmen Fische. Es kommt also auf das gesunde Wasser im ureigentlichen Sinn an. Im Wasser erneuern wir uns wie im Fisch. Jonas war drei Tage im Fischleib, ehe er – geläutert – befreit wurde, solange wie der Mond braucht, um nach dem Sterben wieder aufzuerstehen. Drei Tage also benötigt das reinigende Lebenswasser nach dem Beispiel des Mondes, und deswegen wird auch drei Tage tiefste Trauer getragen, oder die Beerdigung soll erst drei Tage nach dem Tod erfolgen, damit es die Seele leichter hat, aufzuerstehen. Es ist ein Kreis, der sich immer wieder schließt, weil er auf einem tiefen Wissen der Urerfahrung beruht. Dies wurde nicht nur in der Astrologie, sondern auch im Buch der Bilder, im Tarot, festgehalten, weil alles auf eine Quelle, die der Seelenerfahrung, zurückführt.

Sicher ist es für den modernen Menschen oft schwer, diese Erfahrungen in sich selbst zu suchen, deshalb steigt auch das Interesse für die sogenannten Geheimwissenschaften, wenngleich auch hier der Intellekt über das eigentliche Geheimnis hinausschießt. Die Sicherheit des geheimen Wissens liegt in uns und nicht auf fernen Planeten, von denen Götter uns besucht haben sollen. Nur weil das Nahe uns so fremd geworden ist, stürzen wir uns auf das Weite, auf den Blick in die unendliche Ferne. Es ist im Grunde auch dies eine Flucht von sich weg, vor der eigenen Verantwortung. Andere haben die Schuld, in diesem Fall Bewohner, Götter ferner Sternensysteme. Astrologie und Tarot führen wieder zurück zu dem Menschen, in den Menschen. Nichts führt von uns weg, das Erkennen aller Weisheit fängt in uns drinnen an, ohne daß daraus Egozentrik entsteht oder sich entwickelt. Im Gegenteil! Denn in uns leben ja alle Urerfahrungen, die kollektiven Urerfahrungen wie die kollektiven Archetypen. Wir müssen, das wird an dieser Karte deutlich, unsere Tarnung ablegen, so wie wir sind, nackt und bloß, müssen wir uns vor uns selbst hinstellen.

Nicht einmal die Verantwortung des Richtens können wir in eine andere Hand legen, auch das bleibt an uns hängen. Und wer ehrlich ist, der weiß auch, daß Lob anderer uns nicht über die von uns selbst erkannten Fehler und Fehlhandlungen hinwegtröstet. Das ist das jüngste Gericht des Alltags. Und dazu bedarf es keines Engels, keiner himmlischen Posaune, sondern nur des Rufes nach innerer Wahrheit in uns selbst.

Die Wiedergeburt erfolgt also aus uns heraus, das ist das letzte der Geheimnisse. Dabei hilft vielleicht das Bild des Himmels und des Mondes, denn der Himmel mit seinen Gestirnen lebt mit seinen Rhythmen in uns, wie es große Denker immer wieder klargelegt haben.

So sollen wir auch im Abschnitt Fische, beziehungsweise im inneren Horoskop im 12. Haus, unsere Besinnung finden, um zu uns selbst, und damit zur Regeneration zu kommen. Das heißt, wir müssen uns immer wieder einmal von den Äußerlichkeiten lösen, weil diese leider – auch das ist eine teuflische Kraft – das Innenleben mit Hektik und Lärm zudecken. In der Besinnung des Ichs liegt auch seine Entfaltungskraft, deswegen teilte man einst, als Neptun noch nicht entdeckt war, Jupiter diesem Abschnitt zu. Aber Entfaltung sollte in der Phase der Beschränkung ausgeschlossen sein, deswegen steht hier nun Neptun, der uns die Kraft gibt, sich wieder auf den Urinstinkt zu besinnen, aus dem sich dann die kleine oder große Inspiration entwickeln kann. Es ist eine Art Heimkehr, die wir hier erleben, wenn wir nach dem Sinn dieser Entwicklung fragen.

Wenn jemand «außer sich ist», dieses Wort fiel schon, dann ist er außerhalb des wahren Ichs, damit des wahren Lebens.

Diese Karte trägt die Nummer Zwanzig, das ist die große Zwei, anzeigend, daß Himmel und Erde für uns die beiden Pole unseres Lebens sind. Es ist die Zahl, die vor der alles beinhaltenden Zahl Einundzwanzig, der Drei mal Sieben steht.

Wir haben zehn Planeten, die in sich Schatten und Helligkeit haben, was auch durch die Zwanzig ausgedrückt wird, und sie wurde auch stets als die Zahl der zwei Welten interpretiert, in denen wir leben.

Die Zahl Zwanzig ist die Zahl Zwei der Hohepriesterin mal der Zahl Zehn. So spielt sie hier natürlich auch mit hinein, denn auf die Grundseelenhaltung kommt es an. Zweimal Zehn ist aber auch die Karte Zwei mal der Karte Zehn (Fortune), was ja nichts anderes heißt, als die Aufgaben des Lebens mit der Seele zu multiplizieren. Wie wir das Fortune meistern und dies seelisch verarbeiten in Sieg und Niederlage, – darauf kommt es an. Deswegen steht auch der Mond hier so im Vordergrund.

Ein neuer Mensch steigt aus dem alten hervor, das ist der Wandel, den wir erfahren, wobei der Körper nur Hülle ist. Und die Fische sind das Symbol der Wiedergeburt. Nicht ohne Grund hat gerade die christliche Religion, die das Auferstehen am stärksten in den Vordergrund rückt, die Fische so betont. Aber schon in den alten Mythen wurden etwa Aphrodite und Eros, nachdem sie sich den Fluten überlassen hatten, von zwei Fischen gerettet – also im Abschnitt Fische, im Abschnitt der Auferstehung. Denn nach dem Ertrinken von Fischen hochgetragen werden, was heißt denn das anderes als Auferstehung! Jeder von uns muß sich der großen Flut eines Tages anvertrauen, und wir haben dann für eine Seelenwandlung bereit zu sein. Die Frage vorher jedoch lautet: habe ich mein Leben erfüllt, und wenn ja, wie habe ich es erfüllt? Oder habe ich das Geschenk des Lebens nicht genutzt, es weggeworfen, und wenn – warum? Um diese Frage und die Antwort darauf kann man sich vom Bewußtsein her vielleicht vorbeimogeln, aber nicht vom Unterbewußtsein her. Das muß ein fester Bestandteil unseres Wissens sein. Es hat immer wieder verwundert, daß in allen Religionen den Sündern verziehen wird, aber nur dann, wenn sie ihre Sünden eingesehen haben. Es geht also stets – auch so gesehen – um das ewige Bemühen.

Karte: 21

Das All

Astrologisch: Stier

Vordergründig betrachtet, sehen wir eine Weltallgöttin oder eine Priesterin, die das All verkörpert, in der Mitte des Bildes stehen. Der Stab reicht nun von der Erde bis in den Himmel, nach der Auferstehung ist diese Verbindung geschaffen. Es ist der Halt, der Götter mit Menschen verbindet. Das All umfaßt alles, und alles ruht im All. Das gibt Festigkeit zum Leben. Um diese Frauengestalt sind deutlich Tiere und ein Mensch oder Engel zu erkennen. Es sind die Symbole des sogenannten festen Kreuzes in der Astrologie. Es sind aber auch die Symbole, die eine Jahreszeit bestimmen. Jede Jahreszeit besteht aus drei Tierkreisabschnitten, jeweils die mittleren gelten als die festen Abschnitte, da dann jede Jahreszeit ihren Höhepunkt erreicht hat.

Dies ist im Frühling die Stierzeit, im Sommer die Löwezeit, im Herbst die Skorpionzeit und im Winter die Wassermannzeit.

Dem Stier als ersten festen Zeichen gehört diese Karte, deswegen trägt er auch die Apis-Sonnenscheibe. Die Priesterin dagegen wird vom Mond, den Mondhörnern und der Mondschlange geziert. Sie trägt noch zwei Stäbe mit einer Kugel, es ist unser Stab und der des Magiers, hier nur in zwei Teile zerlegt. Die anderen festen Zeichen neben dem Stier sind Löwe und Skorpion. Skorpion hieß einst Adler und Schlange, weswegen diese Symbole hier auch vorherrschen, aber am Boden kriecht der Skorpion. Das Wassermannzeichen wird durch einen Mensch-Engel symbolisiert, weil das Streben in diese Richtung geht.

Es sind die vier Abschnitte, die in den vier Evangelisten erscheinen, wie auch in dem Drachensphinx.(Stier- oder Löwenleib, Stier- oder Löwenklauen, Schlangenschwanz, Adlerflügel und Menschenkopf). Wir sind am Ende der Bewußtseinsstufen angelangt. Diese Karte trägt die Zahl Einundzwanzig, das ist die Drei mal Sieben, also die Multiplikation der heiligen Zahlen, und auch in der Quersumme ist die Drei enthalten.

Es war ein langer, sicher auch nicht immer leichter Weg. Von der magischen Sonne über den Mond führte der Weg zunächst zur Herrsche-

21	DAS ALL	♉

rin und zum Herrscher. Der Hohepriester gab die Einweihung, die zur Entscheidung befähigte und zum ersten Sieg des Menschen über sich selbst führte. Damit war der erste Siebenerweg beendet.

Der zweite Weg begann mit der Gerechtigkeit, wo gefragt wurde, wie gut der erste Weg abgeschlossen worden war. Er führte in die Höhle des Eremiten zur Einsicht in sich selbst. So erfahren wurde das reale Fortune erprobt, was die Kraft weckte und die Gabe auslöste, die Welt von einer umgekehrten Warte aus zu sehen. Dies gab die Befähigung, den Tod mit anderen Augen zu betrachten, um so das richtige Maß der Ausgewogenheit zu finden. Damit war der zweite Siebenerweg abgeschritten.

Der dritte und letzte Weg begann mit der Urbegegnung des Widersachers in uns, was zur Explosion führte, die das Neue bewegt und uns aus winterlicher oder verkrusteter Erstarrung löst. Dieser Aufbruch leitete uns zur Liebe, zur Kunst, so daß wir den schöpferischen Kräften von Mond und Sonne Genüge tun konnten, was durch die Auferstehung belohnt wird, die uns im All eingebettet sieht.

Es ist vielleicht gut, noch einmal zu betonen, daß Astrologie und Tarot sich getrennt entwickelt haben. Aber die Wurzeln beider liegen in gleichen Bildern und Anschauungen. Daher ist es selbstverständlich, daß die Reihenfolge der Tarotstufen nicht identisch ist mit der Reihenfolge des Tierkreis-, beziehungsweise des Planetenaufbaus. Und doch sind verblüffende Übereinstimmungen vorhanden. Diese vier Tierkreisabschnittsymbole auf der letzten Tarotkarte entsprechen auch den vier Elementen der kleinen Tarot-Arcanen. Das Stierzeichen entspricht dem Erdelement, was im Tarot durch die Hölzer wiedergegeben wird. Das Löwezeichen der Astrologie entspricht den Schwertern, dem Feuerelement. Das Wasserelement, welches hier durch Skorpion, Schlange und Adler versinnbildlicht wird, entspricht den Kelchen, und das Luftelement der Astrologie, hier vertreten durch den Wassermann gleich Engel, entspricht den Münzen. Dies offenbart sich ganz besonders in dieser letzten Karte, da das Ergebnis des Weges so eindeutig festgelegt ist. Danach kommt ein Neuanfang. So sind in dieser Karte auch die vier Jahreszeiten besonders herausgestellt, und zwar nicht der Einbruch der jeweiligen Jahreszeit, nicht die Anpassung an die folgende Jahreszeit, sondern der Zeitraum, in dem die Jahreszeit in sich stabil ist. Das ist gültig, soweit wir kulturell zurückdenken können, denn die kulturellen Spuren, auch die in den Schriften, gehen auf die Stierzeit, den Stierkult zurück.

Der Frühling war und ist eben das wirklich Besondere für die Menschen. Deswegen hält hier die Frau des Alls die Stäbe mit beiden Kugeln nach oben, während bei der ersten Karte des Stabes vom Magier noch eine Kugel nach unten und nur eine nach oben zeigte.

Die Frau des Alls wurde auch einst als «Astrologia» dargestellt, um so das All ganz im kosmischen Rahmen eingebettet zu zeigen. Die Schlange, die sich von der Erde am Stab hochrangelt und die Frau respektvoll umkreist, wie um ihr zu huldigen, trägt einen Lorbeerschmuck. Das Symbol der Schlange, «die Häutung», ist innerlich aufgegangen, der Himmel scheint nah. Hier hat jeder einen meist schwer erkämpften Sieg errungen. Es ist etwas Merkwürdiges geschehen: Man hat nicht die Umwelt verändert, sondern sich in der Umwelt.

Nun ist wirklich die Freiheit errungen, die einen aufrecht zum Himmel schauen läßt, dann fliegt der Adler nicht davon und der Wassermann spendet himmlisches Wasser, der Löwe ist zahm, und der Stier trägt erhobenen Hauptes die Sonnenscheibe. Es ist mehr als ein Symbol, daß der Stier das Tier war, das die Menschen seßhaft zu machen galt, weil durch seine fügsame Kraft die Erde beackert werden konnte. Auch ein Grund, warum man den Stier stets als heiliges Tier ansah, und die Sonne ist sich nicht zu schade, sich durch den Stier ehren zu lassen.

Auf der letzten Karte geht das oft als so schwerwiegend empfundene Henkelkreuz spielerisch in den Stab über, der nun Himmel und Erde verbindet, und hinter dem Kopf der Frau leuchtet der helle Venus-Abendstern und der etwas rötliche Venus-Morgenstern. Und alle Elemente haben Frieden geschlossen, obwohl sonst die Luft das Feuer schlimm entfachen oder Feuer Sturm entfesseln kann, obwohl Erde das Wasser zudecken, aber auch Wasser die Erde untergehen lassen kann. Wasser und Feuer, das zischt, und Feuer kann Wasser zu Luft verwandeln, Wasser aber Feuer auslöschen. Luft kann das Wasser aufpeitschen, und Wasser kann den Wind verenden lassen. Erst wenn sich alle Elemente friedlich nutzen lassen, weil eines das andere bedingt, wird unser Planet im All lebenswert. Vom Kleinen also anfangend, kommt es dann auf das Ganze an. Und wie sich da der Mensch mit Hilfe seines Schöpfers einordnet, das liegt immer nur und immer noch an ihm selbst. Das gilt für die Einzelnen wie für das Kollektiv, für eine kleine Gemeinschaft wie für ein Volk. Der Mensch hat sich weniger gegen die Dinge als für eine Idee einzusetzen, auch das ist wohl auf diesen Stationen jedem klar geworden.

Der Abschnitt Stier zeigt in der Astrologie die Aufgabe an, das Neugeborene zu sichern, es zu füttern und zu hegen, aber durch Venus, die diesen Abschnitt regiert, zeigt er auch an, daß es mit materieller Nahrung nicht allein getan ist, daß der Mensch für sein Leben auch die Kunst und die Ausschmückung braucht. Deswegen ist hier die Schlange, die sonst mehr Furcht als Freude erregt, mit Lorbeer geschmückt, und sie ist – höher als der Adler – als Symbol auch um das Stierhorn am Kopf des Alls geschlungen. So geht in dieser Karte das Kreuz, das sonst als Zeichen des Leidensweges gebraucht wird, fast unter, weil dieser Weg gerade bewältigt ist.

Drei Kreise zeigen sich hier. Der Sonnenkreis, der Mondkreis und der Kreis, den die Schlange zieht, wobei letzterer der wichtigste ist, weil er nach dem Vorbild der himmlischen Lichter bewußt geschlagen wird. Es ist ein künstlicher Kreis, um zu zeigen, so auf Erden wie im Himmel, und auch um den Betrachtern klar zu machen, daß nun unser Kreis geschlossen ist. Danach kommt nach der Einundzwanzig wieder die Null, oder eine neue Zahl, die aber auch Null bedeutet. Damit liegt über diesem Bild sicher schon eine Ahnung, daß diese Station nur eine auf einem unendlichen Weg ist.

Wie der Stier müssen wir uns immer wieder einspannen lassen, müssen uns ins Geschirr legen, ehe wir von der Sonne belohnt werden. Erst dann dürfen wir uns im Universum zu Hause fühlen, sonst stehen wir außerhalb. Die Pflicht ruft uns also immer wieder, weil jeder Acker mit Kraft und Anstrengung fruchtbar gemacht werden muß. Jedes Geschenk also, jede Gabe, und kommt sie von der Sonne selbst, muß verdient werden. Das mag nicht immer als der wahre Lebenssinn angenommen werden, aber jede andere Lebensauffassung beglückt nur vorübergehend, ja führt zu Illusionen und tiefem Unbefriedigtsein. Vielleicht eine Tragik, aber der Mensch ist nun mal kein Gott, er muß sich sein Leben auf dieser Erde, in diesem All verdienen. Voraussetzung dazu ist das Sich-erkennen, und es ist nicht das äußere Erkennen gemeint, denn auf diesen einundzwanzig Stationen begegnet man keinem Spiegel. Es geht allein um das innere Erkennen. Das Schlimmste wäre es, nichts aus diesen einundzwanzig Stationen für sich gewonnen zu haben. Und wenn es nur das stete Bemühen ist, etwas für sich persönlich anzunehmen, was einem bisher vielleicht neu oder gar fremd war, – um kein Narr zu sein ...oder doch?

Karte: 22

Der Narr

Astrologisch: Pluto

Am Ende steht die Karte des Beginns. Aus der Null ist eine Zweiundzwanzig geworden, die wieder eine Null wird. Der Kreislauf ist abgeschlossen, er kann und muß erneut beginnen. Unser Narr hat den Gipfel überschritten, er muß zum Tal. Der schwertartige Obelisk als Endpunkt des Stabes wird der Spazierstab, den sich jeder in der Natur holen kann. Die Musik ist verklungen, nun gilt es, ein neues Lied zu komponieren. So wie jede Zeit ihre Musik hat, so auch jedes Leben und jede Entwicklung.

In diesem Kreislauf, der nur auf den ersten Blick etwas Verzweifeltes hat, liegt auch die große Tröstung für jeden von uns. Nämlich die Gewißheit, bis in alle Ewigkeit eine Chance zu haben. Zwar mögen die Chancen seltener und schwieriger werden, aber sie bleiben bestehen. Durch diesen Wendeltreppen-Weg können wir uns stets in uns hochschrauben, ohne den Boden unter den Füßen zu verlieren. Nichts sitzt so fest in einem Material wie eine Verschraubung. So ist unser Wachsen zu verstehen, den die Chance zum Wachstum hat jeder, wenn es um die innere Entwicklung geht. Das ist das Tröstende und damit das Aufmunternde, auch wenn uns ein noch so schweres Gewicht auf den Boden drückt. Sonst würden wir auch den Druck nicht aushalten. Wir sind also Narren, aber beschützte, im Kosmos aufgehobene Narren! Aus dem Kosmos gibt es kein Entweichen, aber auch kein Hinausfallen. Dies zu verstehen, geht nicht ohne eigenes Zutun. Erkenntnisse fliegen keinem zu, Erfahrungen muß jeder für sich machen.

Der Kreislauf des Lebens ist unendlich, aber nie derselbe. Wer glaubt, etwas für immer gelernt zu haben, der irrt. Er hat vielleicht etwas für die Gegenwart oder für die vor ihm liegende Stunde gelernt. Wer sich mehr zuschreibt, sich zutraut, der ist und bleibt ein Narr.

So weiß unser Narr als Karte Zweiundzwanzig sicher mehr als der Narr der Karte Null, aber es muß eben auch wieder bei Null anfangen. Die ganze Welt ist Bühne, und wir bleiben auf dieser Bühne Narren, solange wir nur unsere vordergründigen Rollen spielen, die uns im Grunde andere schreiben. Und wenn wir immer nur die Lieder singen, die andere uns vorsingen, bis wir ins Tralala der Masse miteinstimmen, dann sind wir närrisch der Masse unterlegen.

Darum geht es auch in der Astrologie in dem Symbol Pluto, der für Generationen bestimmend sein mag, aber dem Einzelnen die Chancen läßt, sich in der Masse gemäß seinem inneren Bild zu entwickeln. Das gilt für die Astrologie wie für die Symbolik des Tarot. Und hier mag der ein Narr sein, der die Karten nur so nebenbei aufschlägt, aber nicht den Hintergrund sieht. Wer eine schwarze Katze als böses Omen wertet, der wird die tiefe Wahrheit nicht ergründen, sondern er muß sich fragen: was will mir diese Volkserfahrung sagen? Vordergründig, daß Ratten in der Nähe sind, aber die sind auch in uns. Und die gilt es zu besiegen, – also fangen wir von vorne an ...vom Meßpunkt Null.

III

Praktische Anwendung von Horoskop und Tarotspiel

Das ausgelegte Tarot-Horoskop

In der Anwendung von Horoskopbetrachtung und Tarot sind viele Möglichkeiten gegeben, die hier nicht alle beschrieben werden können. Wer sich nun mit dem Horoskop und Tarot intensiver beschäftigen wird, wird sicher auch seine eigenen Wege finden, um durch den Tarot die grafische Zeichnung eines Horoskopbildes deutlicher werden zu lassen. Es sei hier nur sehr ausdrücklich davor gewarnt, diese Tarotbebilderung eines Geburtshoroskops als Spielerei aufzufassen, oder aber, wenn die Karten auf dem Tisch liegen, dem unvorbereiteten Ratsuchenden vielleicht beim Anblick des Teufels, wenn über Mars gesprochen wird, zu sagen: Na, sehen Sie doch selbst! Dies ist häufig geschehen, aber es ist ein Irrtum, daß durch den Tarot die Arbeit am Horoskop leichter wird, im Grunde wird sie vielschichtiger und damit schwieriger. Auch muß die Astrologie eigentlich erst recht gut beherrscht werden, ehe man diese Bilder dazuzieht.

Dem Autor ist aber durchaus bewußt, daß dies Theorie ist, daß natürlich viele viel zu schnell nach den Karten greifen werden. Dann sollten diejenigen aber am besten das Horoskop aus dem Spiel lassen. Die Geschichte der Astrologie und die des Tarot ist voller – oft schrecklicher – Beispiele, wie mit den Ausdrücken von Übeltäter (so werden ja auch heute noch in modernsten Büchern Mars/Saturn und Uranus bezeichnet) oder mit den Karten Tod und Teufel echtes Unglück angerichtet wurde. Vor Mißbrauch ist nichts gefeit, gerade deswegen sei darauf hingewiesen.

Die grundsätzlichste und sicher auch äußerlich leichteste Anwendung ist die Auslegung eines Horoskops mit den Tarotkarten.

Im Horoskop ist entscheidend, wie der Tierkreis liegt, also welches Zeichen im Osten steht. Daraus ergibt sich dann folgerichtig, wo alle anderen Zeichen und wie die Planeten in den Zeichen stehen.

So werden nun die Tarotkarten ausgelegt.

Man beginne beim Aszendent, der in unserem Beispiel im Abschnitt Wassermann liegt. Hier sogar ganz am Anfang, bei Null Grad. So nehme man also die Karte das *Maß* und lege sie an die linke mittlere Seite. Dann werden in Kreisform entgegen dem Uhrzeiger die weiteren Anschnitts-Karten, so wollen wir sie nennen, gelegt. Also die Karte *Auferstehung* für das anschließende Zeichen Fische, dann folgt die Karte der *Turm* für den Abschnitt Widder, die Karte das *All* für den Stier, die Karte *Sonne* für den Abschnitt Zwillinge, die Karte der *Mond* für das Zeichen Krebs. Dann folgt die *Kraft*, die der Karte das *Maß* genau rechts gegenüberliegen muß. Dann weiter die *Herrscherin* für den Abschnitt Jungfrau, die *Gerechtigkeit* für das Zeichen Waage, der *Tod* für den Abschnitt Skorpion. Es folgt der *Siegeswagen* für Schütze, und die Karte *Fortune* für Steinbock schließt den Kreis zur Karte das *Maß*.

Es empfiehlt sich dabei, die Tierkreiskarten nicht eng aneinander zu legen, sondern immer einen Abstand zu machen, damit der innere Kreis recht groß wird.

Jetzt werden die Karten der Planeten in den Kreis hineingelegt. Also die Karte der *Hohepriester* als Saturn zur Karte *Siegeswagen,* weil im folgenden Beispiel Saturn im Zeichen Schütze steht. Es braucht einige Übung, bis man den Bogen heraus hat, weil die Tierkreiskarten genauso groß sind wie die Planetenkarten; das muß so sein, damit die Karten auch im normalen Tarot gebraucht werden können.

Es dauert auch eine Weile, ehe der Auslegende genau weiß, welche Karte zu welchem astrologischen Symbol gehört, obwohl jede Karte unten rechts das grafische astrologische Symbol aufweist. Erst beim völligen Beherrschen der Kartensymbole und auch der grundsätzlichen Tarotsymbole sollte man anderen gegenüber Aussagen machen. Erst dann setzt sich nämlich der tiefere Sinn der Karten in einem selbst fest.

Ferner sollte neben den Tarotkarten das gezeichnete Horoskop liegen, und die Erfahrung beweist, daß es gut ist, beim Geburtsbild, beim Radix-Horoskop zu beginnen. Besonders jedoch für diejenigen, die bisher nur Karten gelegt haben. Und eines nie vergessen: ausschlaggebend für eine Aussage ist immer das Horoskop, der Tarot stellt nur eine Ergänzung dar.

Nun zu einem Beispiel.
Das Geburtsblatt eines bildenden Künstlers, eines Malers. Auf den ersten Blick fällt die überwiegende Besetzung der unteren Horoskophälfte auf, wobei vor allem die überbetonte Besetzung der Häuser 2, 3 und IV ins Auge springt, also die Besetzung des Innen-Ich-Quadranten, des Raumes zwischen Aszendent und Himmelstiefe. So kann sofort gesagt werden: der

R. M.
28. 04. 1928
01. 50
Br 51° 20
Lg 09° 30

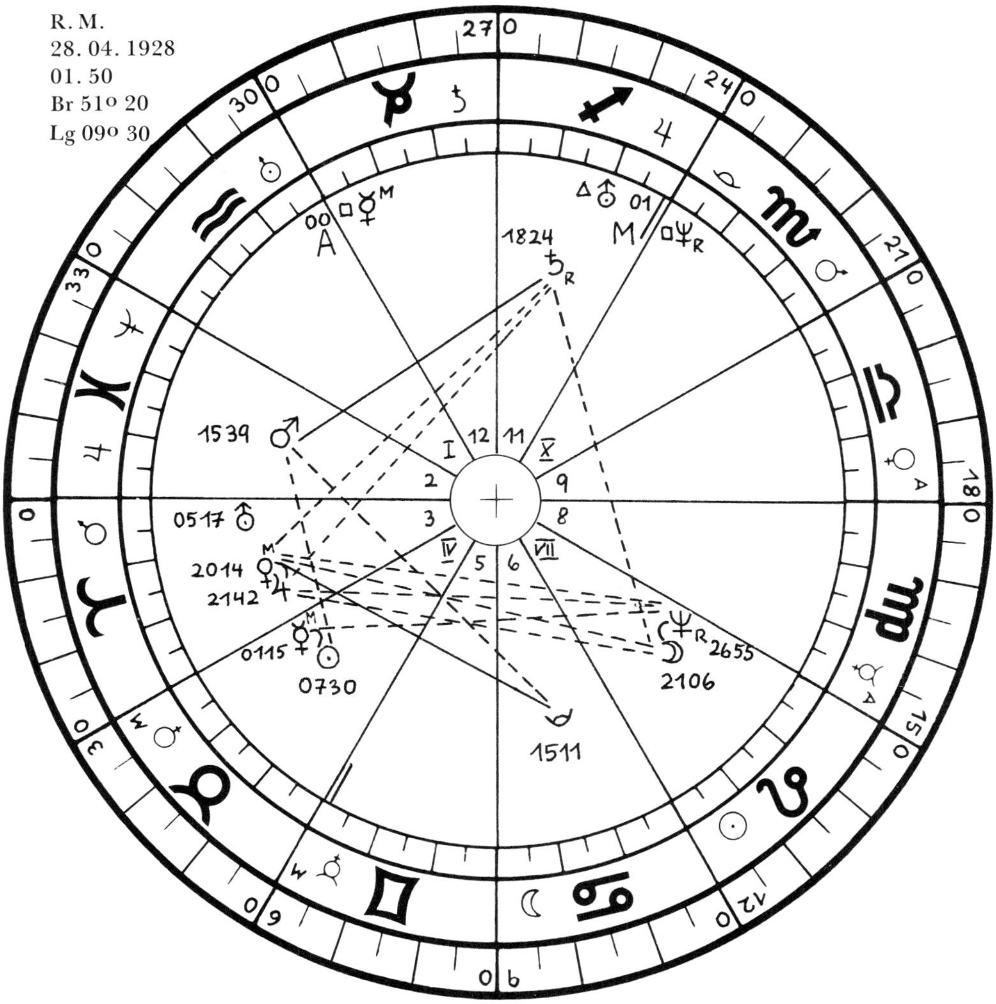

Künstler hat ein sehr reiches Innenleben, das sehr an seine Person gebunden ist, aus dem er schöpft. Sechs von zehn Planeten, das ist eine auffallende Konzentration, so wird die Fantasie nie erlahmen, der Maler besitzt eine persönliche – wenn auch unbewußt sehr subjektive – Schöpferkraft. Da in der Mitte dieser Ballung außerdem Venus, die künstlerische Muse, und Jupiter, die Entfaltung, in zulaufender Konjunktion stehen, und dies im Abschnitt Widder, kann von einem sehr aggressiven Schaffen gesprochen werden, das im aktuellen Leben gar nicht nach außen dringen muß, das aber in diesem Künstler lebt. Die Begabung zeigt zudem das geschlossene Feuertrigon an, und sehr wohl auch die Trigone von den

Konjunktionen Venus/Jupiter und Merkur/Sonne zu Mond/Neptun. Allerdings ist die Sonne nicht in diese Trigone eingebunden. Diese Trigone verbinden außerdem stark das dritte Haus, das Haus der Kommunikation, der Mitteilung, mit dem siebenten Haus, dem Haus des Echos, der Partnerschaft, des Publikums. Hier stehen Mond und Neptun, so kann darauf geschlossen werden, daß dieser Künstler einen guten Instinkt für das Publikum hat, und daß er aus seiner Seele, aus seinem Unterbewußtsein heraus, das Publikum sehr ansprechen kann. Und zwar auf sehr feurige Art, da der Mond im Abschnitt Löwe steht.

Aber diese Aspekte zeigen ja nur Talente, im Grunde nur begabte Möglichkeiten an. In die Pflicht wird jeder durch seine Quadrate genommen, in Spannung durch die Oppositionen gesetzt. Hier sind zwei Quadrate deutlich. Einmal das etwas weite, sich ablösende Quadrat von Venus zu Pluto. Das deutet auf eine Erschwernis in der künstlerischen Durchsetzung hin. Da Pluto nun im 6. Haus steht, zwingt dies auch zur dienenden Bescheidenheit oder zum bescheidenen Dienen, was sicher – wie andere Aspekte zeigen – nicht so leicht gehen wird.

Das zweite Quadrat ist gravierender. Es handelt sich hier um ein zulaufendes – in doppelter Hinsicht, da Saturn rückläufig ist – enges Quadrat zwischen Saturn und Mars. Also der sehr instinktive Antrieb (Mars in Fische), der auch zum Inspirativen führen kann, in Hemmung und Krise zum jovialen Pflichtgefühl (Saturn in Schütze) und zur tiefen Traditionsbindung, die das Außenweltverhalten bestimmt. Dabei spielen Erziehung und Konvention sicher eine große Rolle, wohl auch eine Erziehungsprägung jovialer Art von der Vaterseite her.

Daß Mars im zweiten Haus steht – also der Antrieb im Haus der Materie –, ist für einen bildenden Künstler sicher günstig, daher auch als positiver Faktor zu werten, wenn auch das Materielle selbst (durch das Saturn-Quadrat bedingt) zu wünschen übrig lassen wird.

Dazu muß aber auch Merkur in die Betrachtung einbezogen werden. Merkur steht im materiellen, bewahrenden, realen Stierabschnitt, zusammen mit der Sonne, dem Symbol des bewußten Lebenskerns. Dies unterstreicht das Gesagte, aber es deutet doch auf eine weitere Diskrepanz in der Urveranlagung hin. Denn Merkur und Sonne stehen ja im vierten Haus, dem Haus der Herkunft, der Familie. So wird das bewahrende Stierdenken, das auch an die Lebenssicherung denkt, sicher von Grund auf, von der Familie mit geprägt sein, aber auch das Musische, das künstlerische Denken, denn Stier ist ja ein Venusabschnitt. Nun ist ferner zu beachten, daß die Sonne in diesem Geburtsblatt der tiefststehende Planet ist. Das zeigt ein bewußtes Schöpfen aus der Tiefe an, eine nahe Beziehung des Ego zum Archetypischen, was die Bilder dieses Künstlers auch immer wieder bezeugen.

Wichtig noch der Begabungsaspekt zwischen Mars und Sonne (das Sextil), was aufzeigt, wie gut Antrieb und Lebenskern doch funktionieren können, da ist harmonische Aufgabenstellung gut möglich. In diesem Leben kommt es wohl darauf an (Saturn als höchststehender Planet), mit Fleiß, dauernder Selbstprüfung und Zähigkeit seine Aufgaben zu erfüllen. Geduld wird benötigt, auch teilweise asketische Beschränkung, um die ungeheuren Begabungsmöglichkeiten zu entwickeln. Da das Ankommen beim Publikum gegeben ist, wird es wichtig sein, das Publikum mit Fleiß und Akribie anzusprechen. Denn alle Begabungsaspekte sind ja nur Möglichkeiten, es kommt immer auf einen selbst an, was man aus seinen Talenten macht. Astrologie hat ja noch nie etwas mit Fatalismus zu tun gehabt. Das gilt auch im umgekehrten Fall, wenn über Krisen viele Entwicklungen zu ersehen sind. Fast jede Krise ist zu meistern, vor Krisen darf man nicht in die Knie gehen. Dies meint die Astrologie als Lebensberatung.

Zurück zu unserem Geburtsblatt.

Dieser bildende, malende Künstler ist nun sehr in seiner Innenwelt befangen, so ist anzunehmen, daß er in der Außenwelt völlig anders wirkt, daß zumindest sein Wassermannauftreten (Aszendent) kaum widerspiegelt, wie es in ihm aussieht, das kommt erst durch seine Kunstwerke heraus. Diese oft (für andere – nicht für ihn selbst) so gravierende Unterschiedlichkeit, das so großzügige Auftreten, das joviale Verhalten in der Außen- und Berufswelt kann also in die Irre führen, denn dieser Künstler denkt im Grunde sehr subjektiv (sein Merkur geht auf die Sonne zu), und da beide Planeten im Abschnitt Stier stehen, ist nicht anzunehmen, daß der Horoskopeigner leicht seine Meinung ändern wird.

Das ist für einen tief aus sich heraus schaffenden Künstler sehr vorteilhaft, wenn auch ein gewißes Verbeißen in Eigenanschauungen manches überflüssige Hindernis auftürmen mag. Vor allem aber vermögen Leute mit so einer starken Innen-Ich-Quadrantbesetzung sich kaum über ihr Innenleben äußern, bestenfalls nur zu sehr nahen Partnern, dafür aber oft grandios in ihren Bildern und Schöpfungen. Da bricht es dann heraus, was ja durch Mars in Fische deutlich angezeigt wird. Da wird Antrieb inspirativ, neptunisch, auch oft animalisch und voller Beziehung zur Instinktwelt.

Nun wäre noch zu fragen, wie es um die Intuition steht. Das Symbol dafür ist Uranus, der hier gleichzeitig Geburtsherrscher ist. Damit ist eine gute Voraussetzung für die Intuition gegeben.

Eine Schwierigkeit mag sich zeigen, weil Uranus nämlich in diesem Horoskop unaspektiert steht. Die Intuition ist also sehr solistisch, uneingebunden, oft hat sie keine Hilfen, um sich zu äußern, so stark sie an und für sich auch ausgeprägt sein mag. Denn diese Intuition ist aufbrechend (Uranus in Widder), aggressiv und spontan intensiv.

Hingewiesen wurde schon darauf, daß Neptun mit dem Mond im Abschnitt Löwe steht. Der Mond läuft auf Neptun zu, also ordnet sich das Seelische, das Unbewußte ganz dem Inspirativen, dem Instinktiven unter, was natürlich die Chance gibt, sich mit großer innerer Schau auszudrükken, da hier alle persönlichen wie alle kollektiven Urerfahrungen eingebracht werden. So spiegeln die Arbeiten des Malers stets das Animalische, das Wollen, das Aggressive wider, all die Stufen, die beim Menschen erstmal nötig waren, um zu überleben. Aber das sind ja auch Stufen, die wir alle kaum – und in der Gesamtheit schon gar nicht – überwunden haben. Wenn nun noch bedacht wird, daß der Generationsplanet Pluto im Zeichen Krebs steht, da, wo er entdeckt wurde, dann ist dies eine zusätzliche Gabe, die Urentwicklungen in sich zwar nicht zu wissen, aber zu spüren. Dies wird besonders durch das Quadrat von Venus und Pluto unterstrichen. Daher ist diese Plutostellung in Krebs auch individueller als in den meisten anderen Horoskopbildern.

Dieses Horoskopbild wurde hier deswegen so halbwegs ausführlich dargelegt (obwohl dies ja nur eine Grundskizze ist), um später zu überprüfen, wie hier die Tarotkarten ergänzend oder aufklärend helfen können. Es ist schon gesagt worden, daß es nicht jedem liegt, in den Grafiken eines Horoskops ein Schaubild zu sehen. Schwerer fällt es oft, dieses Schaubild dann in Worte umzusetzen, was aber Voraussetzung für eine einfühlsame und hilfreiche Beratung ist. Es gilt darum, die Bildsprache der Astrologie deutlich zu machen.

Wenn wir uns also das Bild *Mars in Fische* vorstellen, so nur als Wort hingesetzt, dann fällt es Astrologieschülern oft recht schwer, dies einem Ratsuchenden zu übersetzen. Nun ist dies gerade ein schwieriges Beispiel, das uns aber immer wieder begegnet. Sehr viel deutlicher wird es, wenn wir die Karte der *Teufel* neben die Karte der *Auferstehung* legen. Zwei Gegensätze zeigen sich hier, die aber nur vordergründig unvereinbar scheinen. Oder nehmen wir *Pluto in Krebs.* Die Karte der *Narr* also neben der Karte der *Mond* mit dem riesigen Krebs. Daß hier der Narr eine besondere Schwelle zu überwinden hat, um auf den geheiligten Weg zu kommen, wird so schnell deutlich.

Im Beispielhoroskop stehen nun diese vier Bilder im engen, ja engsten Trigonaspekt. Das heißt, sie zeigen eine Begabung an, die hier bildlich deutlich wird. Oder der – danach engste – Aspekt von *Venus* und *Jupiter in Widder.* Also der *Stern* und der *Herrscher* neben dem *Turm.*

Klar, um was es hier im Aufbruch, in der Befreiung gehen muß. Zu bedenken wäre nur noch, daß diese Beispiele unterhalb der Horizontlinie stehen, also anzeigen, daß dies alles in der Innenwelt des Künstlers vor sich geht.

Damit zum Tarot-Horoskop.
Zunächst geht es darum, einen Gesamteindruck aufzunehmen. Also noch keine Einzelheiten zu betrachten, sondern sich in das Horoskop einzusehen. Das dauert eine Weile, und es kommt darauf an, dies in sich wirken zu lassen, so wie man auch ein Geburtsblatt zunächst auf sich einwirken lassen sollte. Dann nämlich kommen einem zu jedem Horoskop wie zu jedem Bild spezielle Gedanken, die gut zur Aufschlüsselung dienen. Und etwas ist wichtig: auf welchen Eindruck einer Bildkombination wird das Auge zuerst und immer wieder stoßen?

Hier ist es sicher die Kombination von *Teufel* und *Auferstehung.* Diese schon erwähnte Gegensätzlichkeit spricht für sich. Es ist der Weg von der Urkraft zur inneren Befreiung. Was für eine Spannweite liegt dazwischen? Mars ist der Herrscher des ersten Zeichens Widder, und er steht im letzten Zeichen, also in seinem Endentwicklungszeichen, bevor er erneut seine verwandten Bezirke betritt. Mars muß sich über alles Konventionelle, über alles zu Bewahrende, ja selbst über gute Sitten hinwegsetzen, um seine Urkraft sowohl im sexuell-erotischen Bereich wie im Verleugnen von geistigen Erziehungsvätern auslebend einzusetzen. Und ohne Urtrieb würde es bald kein Leben mehr auf dieser Erde geben. Nur der überwindet den Tod. Auch dies ist eine Auferstehung, wenn auch die primitive des Anfangs, die hier auf die Endstufe trifft. Der Teufel als gefallener Engel fordert das Schöpferische, gerade in dieser Kombination, heraus. Und man kann sehen, daß hier ein sogenannter satanischer Trieb sich mit der

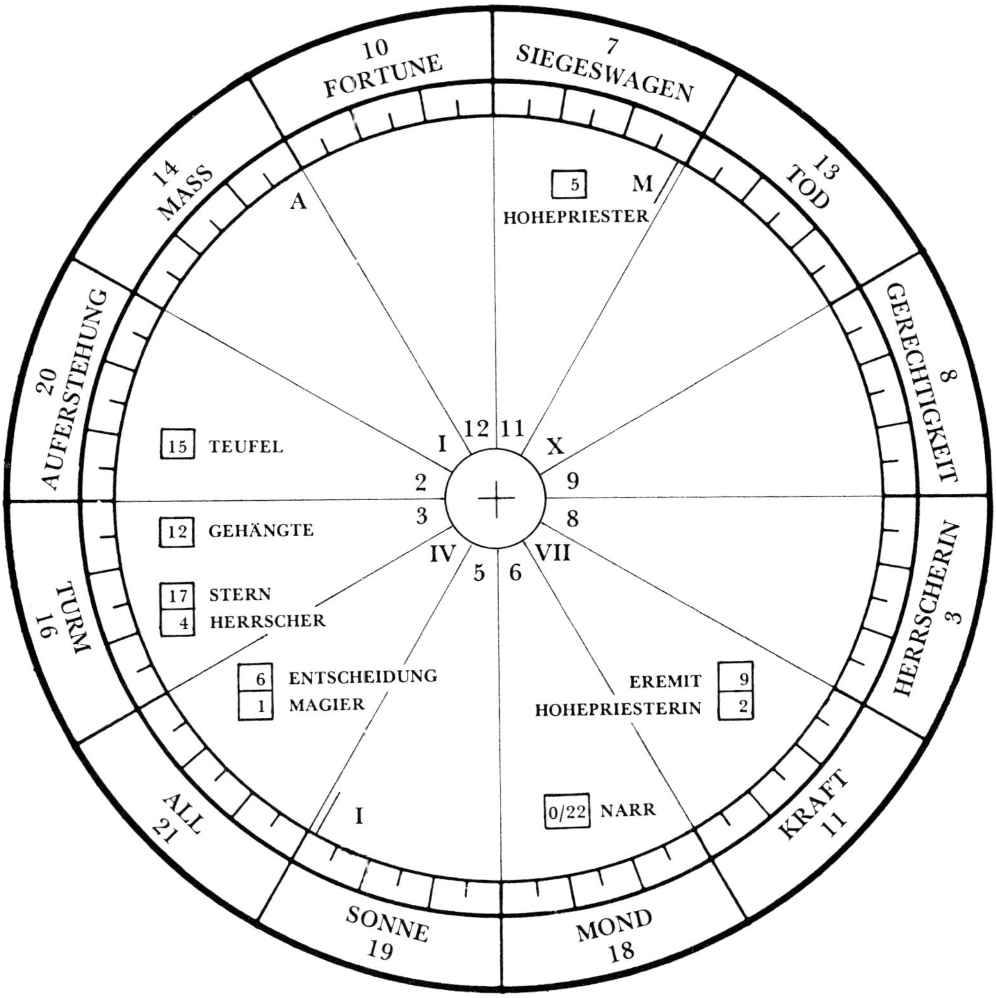

Auferstehung, des «in-den-Himmel-kommen», auseinandersetzen muß. Das ist unleugbar eine schöpferische Kraft. Und diese Kraft spannt einen großen Bogen. Nämlich den der Darstellung und der Bewußtseinsmachung des Bösen in uns, das in uns wohnt, seit wir aus dem Paradies vertrieben sind, bis zur zwanghaften Sehnsucht zur Läuterung. Erst wenn wir den Teufel in uns genutzt und besiegt haben, ist eine Auferstehung möglich. Den Teufel verleugnen, ohne ihm ins Gesicht zu sehen, ist gefährliche Heuchelei, die zur Verdrängung führen muß. Aber selbst das Verdrängte lebt in uns. Dies alles im zweiten Haus, im Haus der Materie einerseits, also des Mutterstoffes, dann im Haus des Selbstwertes. Besser kann dies für einen bildenden Künstler eigentlich kaum in einer Konstellation stehen.

Aus dem Gesagten wird wohl deutlich, wie sehr gut der Tarot die Horoskopaussage bildlich umsetzen und ergänzen kann. Auch, was die Aspekte betrifft.

Die Karte des *Teufels*, das ersehen wir aus dem grafischen Geburtsblatt, liegt im Quadrat zum *Hohepriester*. (Mars/Quadrat/Saturn). Dieser Prüfer, dieser Bewahrende, dieser Hüter der Schwelle steht im Raum des *Siegeswagens*. Er will also den Horoskopeigner in die höheren Regionen führen. Schöner kann es kein astrologisches Lehrbuch ausdrücken: Mit Beständigkeit und Konzentration um die innere Horizonterweiterung ringen. Der Siegeswagen zeigt auch, wie uns das Helle mit dem Dunklen gemeinsam über den Horizont hinaus tragen muß.

Nun zum Quadrat: Beide Kräfte, *Teufel* und *Auferstehung* einerseits und *Hohepriester* und *Siegeswagen* andererseits, können sich hemmen, haben Schwierigkeiten, in Harmonie miteinander zu arbeiten. Aber sie können sich sogar so stören, daß der Horoskopeigner beide Kräfte erkennen muß, um zu entscheiden: welche Kraft hat Vorfahrt? Worum geht es zuerst? Sicher ist hier der *Hohepriester* führend, obwohl Saturn rückläufig ist, aber er ist der höchststehende Planet, das ist ausschlaggebend. Also sind die Gesetze des *Hohepriesters* entscheidender. Ihnen hat sich der Antrieb zu beugen. Bildlich ist klar erkennbar: dem Horoskopeigner muß es bei allem Antrieb, bei allem Wunsch, Gräben zu überspringen, (was damit zusammenhängt, daß nicht konsequent ein Weg zu Ende gegangen werden möchte), auf eine zähe, konsequente Durcharbeitung seiner Lebensstufen ankommen. Das Quadrat ist doppelt zulaufend, Mars ordnet sich dem Saturn unter, der *Teufel* hat sich dem *Hohepriester* zu fügen. Und in der aggressiven Ausdrucksweise im Bildnerischen, also in den Werken des Malers, muß es darum gehen, die Leute nicht etwa nur zu schockieren, (was auch eine Aussage sein kann), sondern die Betrachter der Bilder mit zu läutern.

In der Astrologie wird das Quadrat von Saturn und Mars immer als das gemeinhin Schlechte dargestellt, was bestenfalls vordergründig so zu werten wäre. Das ist nur dann ein Unglücksaspekt, wenn man ihn nicht erkennt, wenn er also nicht richtig aufgeschlüsselt wird. Im Spiegel der Tarotkarten wird deutlich, wie schöpferisch dieser Aspekt an und für sich ist. Eine Krisis wird so in ihren vielfältigen Entwicklungsmöglichkeiten erkannt. Das führt zu gesunden Anstrengungen und lähmt nicht, sondern mobilisiert die Kräfte, um Unglück zu überwinden, um über seine Fehler hinauszuwachsen.

Auch die Bilder der *Hohepriesterin* im Zusammenhang mit dem *Eremiten,* und dazu neben der Karte die *Kraft* gelegen, sprechen eine deutliche Aussage. In der Helle der *Kraft* ist der Gegensatz zu den Nachtkarten der *Hohepriesterin* und des *Eremiten* sichtbar, die Gegensätzlichkeit zwischen zeugendem Bewußtsein und suchendem Unterbewußtsein ist kaum besser darzustellen. Man sieht, wie sehr der *Eremit* – also Neptun – ein inneres Licht darstellt, das nicht aus dem kraftvollen Tageslicht gespeist wird, aber trotzdem leuchtet. Und es ist ein Licht, das nicht selbstverständlich wie das Sonnenlicht ist, sondern das man suchen muß, damit es einem Hilfe leistet.

Aber jede astrologische und jede Aussage des Tarot spiegelt auch eine Verpflichtung wider. Eine *Hohepriesterin* im Westen des Horoskops zeigt natürlich an, daß das Unbewußte die Gabe und Aufgabe hat, den anderen Menschen etwas zu sagen, besonders wenn die Priesterin im Raum der *Kraft*-Karte Löwe steht.

Aller Zeugungswille muß hier vom Unterbewußtsein, von der Seele getragen werden, da muß versucht werden, den Schleier der Vergangenheit zu lüften. Dann erst wird sich das Unterbewußtsein der Betrachter öffnen und die Sprache des Künstlers verstehen. Wichtig etwa auch die Betrachtung des *Gehängten,* des Uranus, im Raum der *Turm*-Karte. Die aufbrechende Befreiung ist also der Hintergrund dafür, daß sich der *Gehängte* dies von unten, aus einer anderen Warte, anschaut. Der *Gehängte* ist guter Laune, sein Ohr ist am Schoß der Mutter Erde, und er schaut in den Himmel, läßt die – aus dem *Turm* Fallenden – auf sich zusegeln. Er schaut – von der Erde geschützt – dem Blitz zu, der die Befreiungsaktion auslöst.

Es wird sofort deutlich, wie gut beide Karten harmonieren, wie gut Uranus im Abschnitt Widder die Intuition beflügelt. Der neue Aufbruch mit einem neuen Denken, das gibt Einfallsmöglichkeiten, Ideen und überraschende, kämpferische Gedanken, die sicher überzeugen. Und dies im dritten Haus (das sieht man aus dem Horoskop), also im Haus der Kommunikation, das sagt aus, wie sehr diese zündende, befreiende Intuition sich verständlich machen will und kann.

So ist Bild für Bild durchzugehen.

Ein Hinweis noch, weil oft die Aufmerksamkeit darauf gelenkt wird. Das ist die Karte 13, der *Tod,* der Abschnitt Skorpion, in dem man hier keinen Planeten findet, so spricht die Karte für sich. Diese Karte fällt mit der Berufs-, der Außenstellung des Künstlers zusammen. Das heißt jedoch nicht, profan übersetzt, daß der Beruf kein Leben hätte. Es heißt hier, daß der Berufsweg sicher über das Alte, das Abgestorbene zu führen hat. Daß also das Neue geschaffen werden muß, ohne die Wurzeln des Alten zu vergessen. Es ist der Kreislauf, den gerade ein Künstler begreifen muß (im Grunde natürlich alle Menschen), daß Neues nur aus Altem wächst. Die abgestorbenen Blätter und Früchte geben dem Boden den besten Dung. Der Tod des Schnees, die Schneeschmelze, bringt das fruchtbare Wasser in der Zeit, da die Sonne im Abschnitt Wassermann steht.

Und deshalb kehrt uns der Tod den Rücken zu, er wendet sich ab, weil er nur eine Station war, weil er das wahre Leben nicht besiegen kann. Ist dieses Bild nun zum Beruf identifiziert worden, wird eine Aufgabenrichtung erkennbar, die so leichter zu begreifen und damit zu verwirklichen ist.

Betrachten wir nun noch die Karte Null beziehungsweise Zweiundzwanzig, der *Narr* im Raum der Tarotkarte *Mond*. Also der *Narr* in Verbindung mit den riesigen Scheren des Krebses, den Anubishunden und der Wachstation. Sicher fällt es einem so spielerischen Menschen wie dem Narren nicht leicht, sich auf diesen Weg zu begeben, aber es ist sein Weg, und er geht ihn aus der Tiefe in die Ferne, da, wo sich Himmel und reifes Kornfeld (sinnbildlich) treffen. Anschaulicher kann das kaum ausgedrückt werden.

Und oft bedarf es gar nicht vieler Worte, um dies einem Fragenden, einem Ratsuchenden, deutlich zu machen. Die uralte Symbolik der Astrologie und des Tarot spricht die Betrachter tief an, ohne daß alles gleich erklärt werden muß. Das ist die glänzende Leistung der ältesten Erfahrungswissenschaft der Menschheit und des ältesten Symbolbilderbuches. Die Seele des Menschen hat Bilder immer verstanden, die Seele denkt in Bildern, was ja die Macht und Kraft der Symbole bewirkt. Wenn es an Worten fehlt, helfen Bilder, helfen Parabeln, helfen Gleichnisse weiter. Die bildhaften Märchen prägen die Seele des Kindes, die Glaubensgleichnisse vertiefen religiöse Überzeugungen.

Natürlich kommt es, das sei noch einmal betont, darauf an, bei allem Reiz für die Einzelheiten den Zusammenhang dieser Bildschau nie aus dem inneren Auge zu verlieren. So viele Mosaiksteine ein Horoskop-Tarot auch enthalten mag, es geht stets um die Gesamtschau, wenn diese auch oft über Einzelheiten gefunden wird.

Aber es ist aufzunehmen, wo sich Kartenbilder ballen, wo dagegen der Raum recht leer erscheint. Und stehen die Bilder links auf der Ich-Seite, oder rechts auf der Du-Seite? Schafft der Künstler – wie hier – aus seinem reichen Innenleben, oder benötigt er, was ja auch der Fall sein kann, mehr die Anregungen anderer? Ferner: wo wiederholen sich Aussagen? Die sind natürlich im Leben mit Sicherheit besonders markant. Wie ist das Verhältnis von oben und unten? Wo liegen die Prüfungen? Wo die Entfaltungskräfte? Auch all dies erfaßt der Ratsuchende sehr gut am Bild, ihm wird mit Sicherheit vieles leichter klar, und manche Fragen erübrigen sich.

Wenn das *Maß* dem Wassermann entspricht, dann ist das wichtig für das Verhalten zur Umwelt, weil hier der Aszendent zu finden ist. Das hilft sehr gut, das Rollenspiel eines Menschen zu verstehen. Läge der Aszendent im Raum der *Turm*-Karte, der *Kraft* oder des *Todes*, dann wären sicher ganz andere Rollenspiele zu erwarten.

Praktische Anwendung zur Deutung von schwierigen Aspekten

Nun muß nicht immer ein ganzes Horoskop ausgelegt werden, obwohl dies am Anfang jeder Beratung stehen sollte. Ergeben sich aber in der Erläuterung einiger spezieller Aspekte gewisse Mißverständnisse zwischen Ratgeber und Ratsuchendem, dann können diese Aspekte einzeln gelegt werden. Hier wäre es sehr wichtig, sich nur die betreffenden Karten vorzunehmen, also die anderen Karten wegzulegen, damit die Konzentrierung allein auf die Karten, die gebraucht werden, gerichtet wird. Da kommt eine Frau zum Astrologen. Ihr Problem, das sie fühlt, aber nicht erläutern kann, liegt verborgen in einem Quadrat zwischen Neptun in Löwe und Sonne in Skorpion.

Es geht also um den *Eremit* in der *Kraft* (was ja im vorigen Gesamthoroskop schon angesprochen wurde) und den *Magier* im *Tod*.

9 DER EREMIT ♆	i	11 DIE KRAFT ♌	□	1 DER MAGIER ☉	i	13 DER TOD ♏

Problem also: das innere Licht des Instinktes, der Inspiration in einer Krisensituation mit dem *Magier* im *Todes*bereich.

Das bewußte Ich des Lebenskerns muß sich mit dem Tod auseinandersetzen, das kann so strapazieren, daß dabei auf die instinktive Kraft und die kraftvolle Inspiration kaum geachtet werden kann.

Oder anders: Die fordernde Lichtsuche der Weisheit behindert die Auseinandersetzung mit dem Absterben und der individuellen Selbstbehauptung. Beides erfordert ja auch alle Kräfte, und es muß nun gesehen werden, was wichtiger ist, was das andere nach sich zieht. Dies alles wurde der ratsuchenden Frau durch eine längere innere Auseinandersetzung mit den nur vier Karten klar.

Ein anderes Beispiel.

Da kommt ein erfolgreicher Kaufmann zum Lebensberater. Das Problem

– natürlich nur eines unter anderen – das Quadrat von Mars in Wassermann zu Merkur in Skorpion. Also der idealistische Menschheitstrieb in krisenhafter Spannung zum vom Sterben und Überleben geprägten Denken.

15 DER TEUFEL ♂	i	14 DAS MASS ♒	□	6 DIE ENTSCHEIDUNG ☿	i	13 DER TOD ♏

Der *Teufel* also zusammen mit der Karte das *Maß*. Die Karte die *Entscheidung* im Anblick des *Todes*. Das sind so viele Gegensätze, die in einem Horoskop nur dem schon Wissenden deutlich sind. Jeder Planet kommt hier in Konflikt mit seiner Raumkarte, dann beide noch im Quadrataspekt. Der Teufel, der Urtrieb, der sich mit der Mäßigung auseinandersetzen muß und sich gehemmt fühlt von dem vom Denken, das sich mit dem Leben nach dem Tode beschäftigt. Diese so aufgebilderte Problematik gibt auch für das Unbewußte Verständnis.

Ein anderes Beispiel.

Eine Horoskopeignerin hat die *Hohepriesterin* (also den Mond) im Raum der *Gerechtigkeit* (Waage) stehen. Das geht ja recht gut auf. Aber dies steht im Quadrataspekt zur Karte der *Stern* (Venus) im Raum der *Mond*-Karte (Krebs).

2 DIE HOHEPRIESTERIN ☽	i	8 DIE GERECHTIGKEIT ♎	□	17 DER STERN ♀	i	18 DER MOND ♋

Der *Stern* muß also mit der Tiefe der Krebswelt und dem bewachten heiligen Weg gesehen werden, er muß im Dunkeln der Seele leuchten, hier die Kraft für das Gefühl empfangen, um dann über eine Entwicklungskrise (Quadrat) die *Gerechtigkeit* des Unterbewußtseins zu erkennen.

Schwierig auch das Quadrat einer Frau, welche Neptun in Waage und Venus in Steinbock hat.

9 DER EREMIT ♆	i	8 DIE GERECHTIGKEIT ♎	□	17 DER STERN ♀	i	10 DAS FORTUNE ♑

Also der *Eremit* im Raum der *Gerechtigkeit*, was ja wohl wenig Schwierigkeiten bereiten dürfte, zumal dies eine Generationsaussage ist, und der *Stern* im Raum der *Fortune*-Karte.

Venus in Steinbock ist sicher schwierig, denn das heißt, das Gefühl, die Emotion muß sich sehr beschränken, braucht Reife und Zähigkeit. Der Stern also ist gezwungen, das Schicksals- und Lebensrad zu meistern, damit der Stern nicht unter das Rad des Schicksals gerät. Außerdem besteht dazu eine Hemmung vom Instinkt des gerechten Ausgleichs. Hier muß wohl der Stern erst sehr deutlich auf das Instinktlicht hören, muß sich noch mehr zurückhalten. Darunter mag manche Frau leiden oder schwer tragen.

Nun ein Sportler, der sich mühen mußte, um seinen Ehrgeiz zu befriedigen. Seine Sonne stand im ehrgeizigen Steinbockabschnitt in Opposition zu Saturn in Krebs.

1 DER MAGIER ☉	i	10 DAS FORTUNE ♉	☍	5 DER HOHEPRIESTER ♄	i	18 DER MOND ♋

Also der *Magier* im Raum der *Fortune*-Karte, das heißt, das Glück mit Zähigkeit zwingen wollen, begreifen, daß es auf den ganz persönlichen eigenen Einsatz ankommt. Dies in Gegenüberstellung zum Herrscher des Lebensrades Saturn, dem *Hohepriester* im Raum der *Mond*-Karte. Der *Magier* also schöpferischer Spannung zum ihm prüfenden *Hohepriester*. Auseinandersetzung zwischen dem Zeugenden (Sonne) und dem alles erstmal Bewahrenden (Saturn). Das geht mehr in die seelische Ebene, denn der *Hohepriester* steht im Mondzeichen Krebs.

Es war also dem Sportler klar zu machen, was in seinem Unterbewußtsein vor sich ging. Woher der Ehrgeiz kam. Daß dieser Ehrgeiz auf den Ursprung zu prüfen war. Und daß einfach für einen Magier am Schicksalsrad ein langer Weg notwendig ist, in dem immer wieder das Auf und Ab erlebt werden muß, so wie Tadel hingenommen werden muß, wenn man Fehler getan hat. Dann sind Tadel so notwendig wie das Stutzen eines Baumes, damit er besser wächst.

Übrigens wurde dieser Sportler dann ein sehr erfolgreicher Trainer, als Sportler selbst hatte er seinen persönlichen Ehrgeiz an den Nagel gehängt. Das haben diese Bilder mit bewirkt.

Eine Frau: Mond in Wassermann in Opposition zum Neptun in Löwe.

2 DIE HOHEPRIESTERIN ☽	i	14 DAS MASS ♒	☍	9 DER EREMIT ♆	i	11 DIE KRAFT ♌

Die *Hohepriesterin* im Raum des *Maßes*, eine wohl recht passende Stellung, aber der *Eremit* fast geblendet im Sonnenlicht, im Raum der *Kraft*, wo das innere Licht der Inspiration besonders schwer zu finden ist. Also schöpferische Spannung zwischen der Seelenhüterin und dem in der Einsamkeit Suchenden. Diese Spannung schafft innere Aufgeregtheit, ein unerklärliches Vibrieren, weil die Entscheidung fallen muß. Höre ich auf den feurigen Instinkt – reagiere ich also animalisch –, oder traue ich mehr meinen Urerfahrungen, dem schon erworbenen Wissen? Diese Gegenüberstellung der Bilder kann hier Klarheit bringen.

Sehr schwer hatte es ein Ehemann. Er liebte seine Frau, aber sie wollte von ihm fort. Ihr Grund? Er würde sie immer wieder verwirren. Sie könne seinen oft in sich zerrissenen Reaktionen schwer folgen.

Das sicher etwas problematische Quadrat des Mannes in seinem Horoskop, Quadrat Mars in Löwe zu Uranus in Stier, sieht im Tarot so aus:

15 DER TEUFEL ♂	i	11 DIE KRAFT ♌	□	12 DER GEHÄNGTE ♅	i	21 DAS ALL ♉

Ein kraftstrotzender *Teufel*, voller Löwe-Zeugungskraft, so recht bereit, die Urenergie, die Urkraft stets und auch wohl überall auszuleben. Doch der Zusammenklang mit der Intuition war dabei nicht so leicht herzustellen. Uranus in Stier heißt ja der *Gehängte* im *All*. Also das Intuitive, das Urplötzliche, das «Sich-auf-den-Kopf-Stellen», doch in einem Raum der Sicherung, der Sinnenfreude, des Erdhaften und mit der Sehnsucht nach dem Beständigen. Das bringt also mehrfach Unruhe, denn dies ist kein so idealer Raum für den Gehängten, und der Teufel ist in Löwe auch zu stark. Das reißt hin und her. Dies begriff nun der Mann, und er verstand seine Frau besser, er konnte an sich arbeiten, um ihr zu helfen.

Schließlich noch eine Frau. Mars in Waage in Opposition zu Venus in

Widder. Also der *Teufel* im Raum der *Gerechtigkeit* in Gegenüberstellung zum *Stern* im Raum des *Turmes.* Gegensätzlicheres, aber wohl auch Anziehenderes ist kaum denkbar.

Wie sieht dies im Tarot aus?

15 DER TEUFEL ♂	i	8 DIE GERECHTIGKEIT ♎	☍	17 DER STERN ♀	i	16 DER TURM ♈

Der *Teufel,* der sich mit der *Gerechtigkeit* auseinandersetzen muß. Dies ist selbstverständlich nicht im juristischen Sinn zu sehen. Das heißt aber, daß ich meine Urkraft, den Antrieb, die Triebe nicht einseitig gebrauchen darf, sondern Recht und Unrecht dabei abzuwägen habe.

Dies steht im Gegensatz zum *Stern,* der uns allen leuchtet, im Raum des *Turmes.* Also das Weibliche, das Musische in uns (in diesem Fall in der Frau), ist in Gefahr, sich einfach zu stark in einer Befreiungsaktion hinreißen zu lassen. Es könnte überschnappen, während sich die Urenergie zu abgewogen verhält. Dies kann sehr anziehend sein, etwa wenn eine kämpferische Amazone auf einen weichen, gefühlvollen Mann trifft. Das kann sich glänzend ergänzen, kann natürlich auch ins Auge gehen, da ist dann das Horoskop genauer zu untersuchen.

Es geht hier um an und für sich sehr gegensätzliche Kräfte in Gegenüberstellung, was sich ja bei Bewußtseinswerdung äußerst schöpferisch auswirken kann. Aber zur Bewußtseinswerdung braucht es eben manchmal der sprechenden Bilder, wie sie der Tarot uns liefert.

Bei diesen einzelnen Aspekten kann also viel klar werden. Es ist auch sehr gut, die Ratsuchenden selbst sprechen zu lassen. So wurde besonders die Frau unseres letzten Beispiels immer wieder gefragt, was ihr denn zu den Bildern einfiele.

Sie sah sich den *Turm* an, der sie erschreckte, denn sie bezog dies sofort auf sich. Sie sagte: «So zerstörerisch wirke ich also mit meinen vielen feurigen Gefühlen.» Und dann bekannte sie, sie verstünde jetzt manchen Mann, der vor ihr Angst hätte. Dabei wäre sie ja gar nicht so leicht zu haben. Sie würde zwar sehr feurig fühlen, aber ihrem Trieb gäbe sie ohne Gefühle nie nach. Damit lenkte sie den Blick auf die Karte der *Teufel* im Raum der *Gerechtigkeit,* und sie verstand, daß die Triebe hier wahrlich nicht sehr ausgelassen sein könnten.

Dann stutzte sie und fragte: «Kann es sein, daß deswegen immer so schlappe Männer auf mich stürzen, die es sich durch mich beweisen wollen?»

Pause.

«Dabei will ich doch die Anlehnung!»

Daran wird deutlich, wie diese Bilder innere Ketten sprengen können.

Hier wären nun natürlich noch viele Beispiele zu geben, aber es geht ja mehr um das Prinzip, um das Wie des sich in die Karten Einsehens.

Und noch eines ist in der Praxis immer wieder beobachtet worden. Da kommen Ratsuchende, die die Karten sehen, die schweigen, und die plötzlich, als der Ratgebende ein Wort sagen will, um Stille bitten. Diese Ratsuchenden haben verstanden, wollten kein Zerreden der Bildeindrücke.

Andere wieder fühlten durch die Bilder plötzlich ihre Zungen gelöst, sie konnten nun über die intimsten Dinge sprechen, ja fühlten sich geradezu durch die Bilder der Symbole dazu gezwungen.

Es ist wirklich gut, wenn diese Karten lange von den Ratsuchenden angeschaut werden, wobei aber darauf zu achten ist, daß nicht solche Karten, wie etwa der *Teufel*, der *Turm* oder der *Tod* durch unvorsichtige Worte überlagert werden. Auch das *Fortune* löst oft soviel inneres Unbehagen aus, daß Albträume daraus entstehen können. Vor solchen Auswirkungen ist eindringlich zu warnen, und der Ratgeber muß spüren, in welcher Verfassung die Ratsuchenden ihn verlassen. Wenn er merkt, da sitzt etwas schief im Unterbewußtsein, muß er sie zurückhalten und weiter mit ihnen arbeiten.

Natürlich sind auch Trigone und Sextile zu legen, aber diese Aspekte sind in schwierigen Lagen mehr Trostaspekte. Eine zu stark auf Trigone gebaute Hoffnung ist nämlich meist zum Scheitern verurteilt, weil Trigone Einsatz ohne äußeren Druck erfordern, also wirkliche Besessenheit. Quadrate und Oppositionen dagegen lösen immer genügend inneren Druck aus.

Nun zu einer weiteren Anwendung. Zur Deutlichmachung von Aszendent und Himmelsmitte, also dem Rollenspiel und unserem Berufungspunkt ist zu schauen, in welchem Kartenraum der Aszendent oder das Medium Coeli stehen.

Anwendungen zur Deutung des Aszendent und des Medium Coeli

Eines der wichtigsten Deutungsverhältnisse ist in der Astrologie das Verhältnis von Aszendent und Sonnenstand. Viele Ratsuchende bekommen ja deswegen ihre Probleme, weil sie von der Umwelt völlig anders gesehen werden, als sie sich selbst einschätzen. Das heißt, vielen Menschen ist ihr Rollenspiel nicht klar, sie wissen nichts über den Eindruck, den sie mit ihrem ersten Auftreten auf ihre Umwelt machen. Das Rollenspiel, das uns die Psychologen zuschreiben, geschieht ja auch unbewußt und hat mit unserem Lebenskern meist gar nichts zu tun, wenn sich auch Rollenspiel und Lebenskern decken können.

Das Rollenspiel wird durch den Aszendent symbolisiert, es wird die Persona genannt, es ist die Wirkung unserer Persönlichkeit, wobei von der Umwelt bestimmt wird, ob wir eine Persönlichkeit sind, und welche Persönlichkeit man uns zuschreibt. Da dies meist schwer zu erkennen ist, können uns auch hier die Tarotkarten helfen.

Ein Beispiel.

Die Sonne steht im Abschnitt Waage, der Aszendent liegt in Widder. Das bedeutet, der Lebenskern ist um Ausgleich, um das Gleichgewicht, um echte Rücksichtnahme, um Bindung bemüht. Das Auftreten in der Umwelt ist aber forsch, mutig, oft gar aggressiv. Wird aber dieser Mensch nun aggressiv genannt, wehrt er sich zu Recht, denn im Kern ist er es nicht.

So kam eine Frau zur Beratung, die ihre Wirkung auf die Umwelt einfach nicht verstehen konnte. Ihre Kinder sagten stets zu ihr: Warum bist Du nur zu allen so aggressiv! Sie war innerlich bereit, ausgleichend zu wirken, aber die ersten Reaktionen waren immer heftig.

1 DER MAGIER ☉	i	8 DIE GERECHTIGKEIT ♎	A i	16 DER TURM ♈

Der *Magier* im Raum der *Gerechtigkeit*, das ist der Kern. Der *Turm* aber ist das Auftreten, das Rollenspiel, der erste Eindruck. Und so kommt die Frau immer wie ein reinigendes Gewitter. Sie will Ehrlichkeit, ist spontan, unkonventionell im Auftreten. Die Umwelt meint aber: Mit was für einem Anspruch des Führens kommt die denn daher! Und schon ergeben sich Konflikte, von denen die Horoskopeignerin nichts merkt oder nicht damit fertig wird. Mit dem Anblick der Karten wurde das der Frau schlagartig klar, sie verstand diese Gegensätzlichkeit, die ja sicher nur eine äußere war, und mit diesem Verstehen konnte sie sich weitaus besser auf die Umwelt einstellen.

Steht etwa die Sonne in Widder, der Aszendent in Wassermann, dann steht vom Tarot aus betrachtet der *Magier* neben dem *Turm*, der Aszendent liegt in der Karte das *Maß*.

1 DER MAGIER ☉	i	16 DER TURM ♈	A i	14 DAS MASS ♒

Hier ist der Lebenskern aufbrechend, befreiend, auch sicher mit Aggression neue Wege suchend, mit dem Ehrgeiz, etwas zu werden, auch wenn dabei einiges zerstört werden muß oder müßte.

Dieses wäre aber im Leben nicht so leicht erkennbar, denn da tritt so ein Horoskopeigner sehr gemessen auf, sehr geistig, sehr alles von der menschlichen Seite sehend. Aber wehe, es packt ihn, oder wehe, etwas berührt seinen Lebenskern, dann legt er los! Dies bedeutet oft in der ersten Zeit für eine Partnerschaft eine starke Belastung. Denn in der Regel verliebt man sich ja in den Aszendent eines Menschen, in sein erstes Auftreten, in sein Rollenspiel, erst viel später, oft im «verflixten siebenten Jahr» einer Ehe erkennt mancher den Lebenskern des anderen. Und dann kommt der eine Ehepartner und meint: Ich habe einen völlig anderen Menschen geheiratet, oder noch schlimmer, es wird gesagt, der Partner habe sich völlig verändert.

Ohne viel astrologisches Wissen können dann durch Einsatz der Tarotkarten viele Mißverständnisse aus der Welt geschafft werden. Und so ging es auch einer Frau, die Hilfe suchte. Sie war über ihren Mann verzweifelt. Sie hatte noch kein Horoskop von ihm stellen lassen. Nun ist ja der Sonnenstand schnell feststellbar, und der Aszendent ist in wenigen Minuten ausgerechnet.

Ergebnis Sonne in Skorpion und Aszendent in Stier.

1 DER MAGIER ☉	i	13 DER TOD ♏	A i	21 DAS ALL ♉

Das heißt im Tarot *Magier* im *Tod* und Aszendent im *All.* Verliebt hatte sich die Frau in das Feste, das Allbezogene, das Sicherungsbedürfnis. Als sie dann den Lebenskern erkannte und sehen mußte, wie sehr im Grunde dieser Kern abhängig war von der inneren Auseinandersetzung mit Leben und Tod, wie dadurch ein Lebenshunger immer mehr das Handeln bestimmte, war sie außer sich. Und mit dieser Düsternis konnte sie nicht leben. Als die Frau die Karte sah, wurde es zunächst – das sei offen zugegeben – noch schlimmer. Nun kam sie mit ihrem Mann gar nicht zu Rande. Es mußte dann eine wirkliche Arbeit mit dem Horoskop beginnen, ehe die Partnerschaft noch einmal versucht wurde. Hier hätte der Ratgebende mehr auf die Klagen der Frau hören müssen und die Todeskarte nicht so schnell auf den Tisch legen sollen. Ein warnendes Beispiel aus der Praxis, das nicht verschwiegen werden soll.

Ein Aszendent Schütze wird durch den *Siegeswagen* im Tarot symbolisiert. Es ist klar, daß hier mit Schwung die Umwelt angegangen wird, ja mit Siegessicherheit. Aber nun steht die Sonne in Krebs.

1 DER MAGIER ☉	i	18 DER MOND ♋	A i	7 DER SIEGESWAGEN ♐

Der *Magier* also im Bereich der *Mond*-Karte des aus der Tiefe kommenden Krebses, der Anubishunde und Wachtürme vor dem Weg in die Höhe, belastet, aber auch voller Kapital durch die Urerfahrungen. Der äußere Eindruck mußte so über den wahren Lebenskern natürlich hinwegtäuschen.

Diese Menschen treten oft viel lebenssicherer auf als sie sind, das führt dann bei anderen Menschen zu falschen Erwartungen, zu Täuschungen, gerade im Partnerbereich, weil die Partner, oft selbst voll Lebensangst, auf die Siegessicherheit des Rollenspieles zueilen, um dann festzustellen, daß der so Siegessichere ja mehr Hilfe braucht als sie selbst.

Damit zum Symbol der Himmelsmitte.

Hier kann vom Tarot und seinen uralten Symbolen eine starke Hilfe für die Verdeutlichung des Berufungspunktes ausgehen. In der heutigen Zeit erleben es bereits viele Menschen, daß sie ihren Beruf mehrmals wechseln müssen, daß sie sich zumindest stets um Weiterbildung zu kümmern haben.

Der Beruf wird immer mehr zum Job, einfach weil durch das Angebot und die technische Entwicklung kaum jemand mehr seine innere Berufung im Beruf erreichen kann, es sei denn, er macht sich selbständig. Aber in einer Zeit der sozialen Auffangnetze wagen dies die wenigsten. Nach einer gewissen Zeit kommen diese Menschen dann doch dazu, um ihre Berufung zu ringen, sie wenden sich einem Hobby, einer Beschäftigung zu, in der sie ihrer Berufung zumindest nahe kommen können. Nun ist im Horoskop sehr zwischen Beruf und Berufung zu unterscheiden, denn der Beruf wird vom X. Haus und seiner Spitze angezeigt, die Berufung jedoch vom MC, also von der Himmelsmitte, dem Medium Coeli. Dieses MC kann ins achte oder neunte, ins elfte oder zwölfte Haus fallen, was jeweils andere Aussagen ergibt. Es kann auch ins zehnte Haus fallen, dann werden sich Berufung und Beruf in etwa decken. Nehmen wir aber an, das Berufshaus ist identisch mit dem Abschnitt Jungfrau, das MC fiele aber ins 9. Haus in den Abschnitt Löwe.

10. Haus	9. Haus MC
3 DIE HERRSCHERIN ♍	11 DIE KRAFT ♌

Der Beruf ist die irdische *Herrscherin*, die Mutter Erde, das MC liegt aber in der *Kraft*. So kommt es im Beruf sicher auf die nüchterne, zurückhaltende, genaue Einstellung an, wo jede Emotion zurückgedrängt werden muß. Um es zu pointieren: ein Buchhalterposten. Die Berufung ist aber eindeutig lust- und kraftvollerer Art. Da steht das Zeugenwollen im Raum, etwas zu hinterlassen, die Freude am Schaffen.

Das wird oft zum Konflikt führen, wenn dies dem Horoskopeigner nicht klar gemacht wird. Er muß sich nämlich neben seinem Job, seiner sorgsamen Arbeit eine Berufungsaufgabe stellen und suchen. Er muß also seine ideelle Vorstellung, seinen Wunsch nach Horizonterweiterung (MC im 9. Haus) erkennen, um das umzusetzen.

Ein anderes Beispiel.

Das Berufhaus liegt überwiegend im Abschnitt Widder, also in der *Turm*-Karte. Das MC aber liegt im elften Haus in Stier, also in der *All*-Karte.

10. Haus	11. Haus MC
16 DER TURM ♈	21 DAS ALL ♉

So kann man sagen, daß im Beruf sicher viel Neues in Angriff genommen wird, ein Pioniergeist ist da gefragt. Die Berufung geht aber viel mehr in die soziale Aufgabe, in das soziale Festhalten am Erreichten, oder auch mehr in die Lebenssicherung (Sozial = 11. Haus). Dies muß natürlich erkannt werden, was gar nicht so einfach ist, und zwar aus folgendem Grund.

Unter den Planeten kann sich noch mancher etwas Bildhaftes vorstellen. Begriffe wie Mars und Jupiter oder Mond beziehungsweise Merkur sind umsetzbar. Die Mythen leben ja in uns. Allerdings haben die Mythen im Lauf der Jahrhunderte einfach an innerem Gehalt verloren. So wird Saturn als der Kinderfresser gesehen, der Mars als der ewige Krieger. Beides ist von einer umwerfenden Einseitigkeit. Auch da hilft der Tarot. Denn Saturn ist ja mehr im geistigen Sinn ein Kinderfresser. Was heißt das? Nun, Kinder sind alles, was man von sich gibt, alles, was man zeugt. Dazu gehören Worte und Ideen, Pläne und Vorhaben. Saturn läßt nichts Unreifes aus sich heraus. Er frißt, was unreif ist, in sich hinein, weil dies draußen nicht leben könnte, und weil es nur Schaden anrichten wird. Wenn nun statt dem kinderfressenden Saturn der *Hohepriester* angesehen wird, kann das einleuchtender sein. Der *Hohepriester* prüft, um zu verhindern, daß Unreifes in die Tempelbezirke gelangen kann. Diese Mythen sind also leicht zu verstehen. Schwerer die der Tierkreiszeichen, weil sie auch unbekannter sind. (Näheres über Literaturhinweise)

Noch schwerer wird aber die Symbolik mit den vier Eckpunkten des Horoskops, mit dem Aszendent und dem Deszendent, dem Medium Coeli und dem Imum-Coeli. Der Aszendent ist da, wo der Horizont aufgeht, der Deszendent da, wo der Horizont untergeht. Aber die Zeichen, in denen diese Punkte liegen, sind eben schwer bildlich zu machen. Das gleiche gilt für die Himmelsmitte und Himmelstiefe, MC und IC. Himmelsmitte ist, wo die Sonne am höchsten steht, Himmelstiefe, wo sie am tiefsten steht, aber die Abschnitte des Tierkreises sind dabei kaum vorstellbar. Auch hier können die Tarotkarten Aufschlüsse geben.

Schaue ich mir eine Tarotkarte an, um zu sehen, aha, da liegt meine Himmelsmitte, dann ist dies oft sehr viel anschaulicher, als eine Schau auf die Horoskopgrafik. Das Gleiche gilt auch für den Aszendent. Aber es geht noch weiter.

Man kann sich so auch die Situationslage des Deszendent einfacher vorstellen. Der Deszendent ist der Punkt, da sich das am Aszendent geborenen Ich aufgeben muß, weil das Ich sich nun dem Du zuwenden muß, um die Hauptaufgabe des Lebens, zu zeugen, zu erfüllen.

Diese Du-Einstellung ist für Ratsuchende oft schwer vorstellbar. Dann greife man zum Tarot. Liegt etwa der Deszendent im Abschnitt Steinbock, dann nehme sich der Horoskopeigner die Tarotkarte Zehn, das *Fortune*, vor und sage sich: Aha, das ist also meine Aufgabe, die ich am Du zu erfüllen habe. Ich muß mich sehr geduldig, zäh und konzentriert dem Du zeigen, damit ich mich und das Du nicht unter das unbeeinflußbare Schicksalsrad bringe.

Diese Vorstellung gilt auch für die Himmelstiefe, das IC. Liegt das IC etwa im Zeichen Schütze, dann stelle ich mir mit der Karte der *Siegeswagen*, also der Karte Sieben, vor, wie viel feuriger Schwung an meinem Startpunkt liegt, und ich kann mich fragen: Wie weit habe ich dem Rechnung getragen, wie das erfüllt?

So ist es wohl vorteilhaft, wenn sich die Horoskopeigner auf die Eckpunkte einschauen. Später kann dies erweitert werden, indem man sich die Räume einprägt, in denen die Felderspitzen liegen, auch dies bringt oft hinreichende Vertiefungen ohne viele Worte.

Anwendungen um gegenwärtige Zustände zu klären

Auf eine der besten Möglichkeiten, die unsere Tarotkarten bieten, sei noch hingewiesen, wobei man natürlich das Horoskop nicht außer acht lassen sollte.

Es ist sogar möglich, dabei die Transite mit heranzuziehen, aber dies wirklich nur in zweiter Linie.

Oft hört man ja: Also der Mars-Transit hat jetzt ein Quadrat zur Radix-Sonne, da passen Sie mal auf. So ein Satz richtet oft starken, seelischen Schaden an, und der Angesprochene kann damit meist sowieso nichts anfangen. In so einem Fall lege man die Karte der *Magier* und die Karte der *Teufel*, führe die Karten so, als wären sie zwei Autos, die sich auf einer Kreuzung bewegen. Sofort wird deutlich, wie sich *Teufel* und *Magier* im Wege stehen.

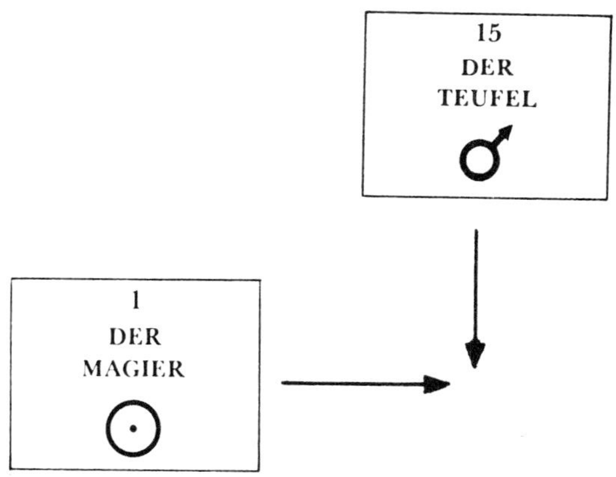

Im Falle einer Konjunktion eines Transits lege man beide betreffenden Karten nebeneinander.

Im Falle einer Opposition kann man die Karten gegenüberlegen und dann langsam aufeinander zuschieben. So wird deutlich, ob sich die Karten vertragen oder anziehen werden, oder ob sie sich vielleicht abstoßen.

In dem Quadratbeispiel, da der *Teufel* der Transit ist, spürt der Horoskopeigner wohl sofort, daß die zu starken animalischen Kräfte in ihm nun Schaden anzurichten drohen. Man kann dies erweitern, indem man die betreffenden Raumkarten dazu legt. Also Sonne in Steinbock und ein Transit-Quadrat kommt von Mars in Waage.

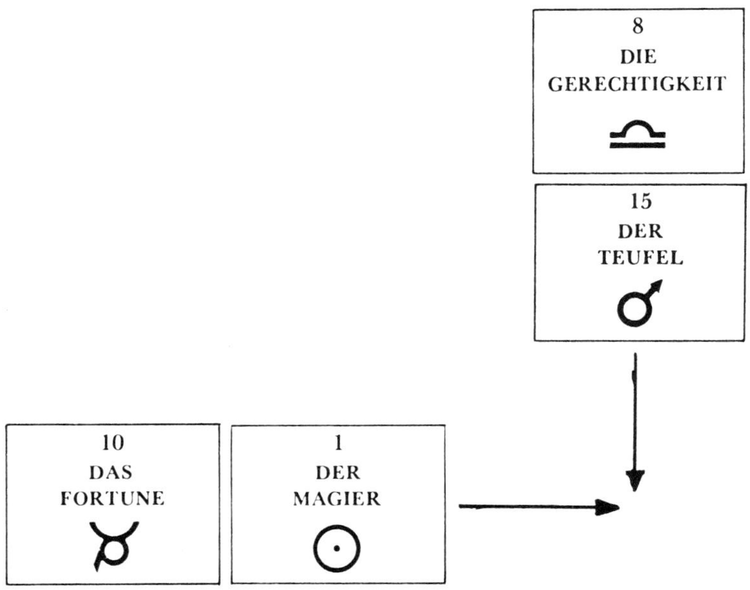

Ohne viele Worte wird offensichtlich, daß die am Lebensrad trainierte *Magier*-Sonne sich dieses Angriffs der in der Gerechtigkeit gezähmten Teufelskräfte recht gut erwehren kann. Das gibt dann oft große Zuversicht, damit auch Selbstvertrauen. Aber wie gesagt, diese Transitanschauungen sind nur in zweiter Linie wichtig, wichtiger sind die Möglichkeiten einer psychologischen Beratung mit Hilfe der Karten, die wir nun im Umriß erläutern wollen. Hierbei kann man sich schon etwas vom Horoskop entfernen, obwohl die Geburtsgrafik immer parat liegen sollte. Aber jetzt treten die Tarotkarten mehr in den Vordergrund.

Wenn wir aktuelle Lebensprobleme klären wollen, legen wir alle 22 Karten der großen Arcana aus. Aber sichtbar! Es geht hier nicht um die Sitte der Kartenlegerin, die Karten verdeckt vorzulegen. Nein, unser Ratsuchender soll sich die Karten bewußt aussuchen können.

Nachdem man ihm gesagt hat, die Karte soll am besten zum Ausdruck bringen, in welcher Situation er sich jetzt zu befinden meint, wählt nun der Ratsuchende eine Karte aus. Diese Karte wird in die Mitte gelegt.

Dann soll die Karte gewählt werden, die der Vergangenheit symbolisch am nächsten kommt. Diese Karte wird links von der Erstgewählten, der Gegenwartskarte, gelegt. Dann wird schließlich drittens die Karte vom Ratsuchenden ausgesucht, die dem entspricht, wie er sich seine Zukunft vorstellt. Er solle dabei sagen, ob er sich diese Zukunft so wünsche oder befürchte.
Das kann dann so aussehen.

VERGANGENHEIT	GEGENWART	ZUKUNFT

Es handelt sich nicht um ein ominöses Orakel, sondern es geht um die inneren Situationen des Ratsuchenden.

Ein Beispiel.

Da kommt eine Frau, die sich lange hat durchringen müssen, ehe sie einen Astrologen aufsuchte. Sie hatte gehört, daß er auch Karten zur Hilfe heranzieht. Und so komisch das klingt, deshalb hatte sie Vertrauen. Sie hatte sich schon viele Karten schlagen lassen. Aber war nie damit so recht zu Rande gekommen. Aber ein kartenlegender Astrologe sei ihr lieber als ein psychologischer Astrologe, wie sie sagte. Als sie sich nun wie in einem psychologischen Test für Bilder entscheiden mußte, war sie eigentlich zunächst entsetzt, dann aber tippte sie mutig auf die gewünschte Karte: Als Bild der Gegenwart auf die Karte *Fortune*.

Auf die Frage, wann denn alles bei ihr zu wanken begann, wie sie das bildlich beschreiben könnte, suchte sie nicht lange und wählte den *Turm*, der nun links neben die *Fortune*-Karte gelegt wurde.

«Ja, und wie stellen Sie sich die Zukunft wünschenswerterweise vor?»

Die Frau wählte den *Magier*. Das sah nun so aus.

16 DER TURM ♈	10 DAS FORTUNE ♉	1 DER MAGIER ☉

Übrigens ist es wichtig zu beobachten, ob die Karten schnell oder sehr zögernd gewählt werden. Die Karte für den vergangenen Zustand, als alles begann, wurde sehr schnell gewählt, der *Magier* zögernder.

Es empfiehlt sich, diese Bilder nun wieder einmal stumm wirken zu lassen, damit aus der Betrachtung eine Schauung wird. Nach einer gewissen Zeit kam dann die Frage:

«Warum wählten Sie die Karte das *Fortune*, da Sie doch meinen, kein *Fortune* zu haben?»

Die Antwort:

«Ich fühle mich wie gerädert, fühle mich angebunden, hilflos, irgendwie wehrlos dem Schicksal ausgeliefert. Und Glück habe ich nicht, obwohl ich es zwingen will.»

Diese Antwort wird oft gegeben: ich muß doch das Glück zwingen.

Nächste Frage:

«Aber Glück und Fortune ist ein großer Unterschied. Fortune hängt von einem selbst ab, Glück kann von außen auch zufällig kommen. Fortune ist nie zufällig.»

«Was soll ich machen?»

«Etwas für das Fortune tun.»

«Wie kann ich das, wenn ich mich gerädert fühle?»

«Indem Sie sich diesen Zustand bewußt machen.»

Das Gespräch tändelt so dahin. Dann die Frage:

«Wie fing denn alles an?»

«Urplötzlich war alles aus.» Dann zeigte sie auf den *Turm*.

«Es schlug ein wie ein Blitz.»

Und sie erzählte: Der Mann brach aus, das Heim ging kaputt, die Kinder waren groß und verließen sie ohne Rücksicht, sie stand alleine da.

«Aber das kann doch *auch* eine große Befreiung sein?»

Da schaute die Frau auf. Das hatte sie nicht begriffen.

«Aber so kann man das doch auch sehen, als eine Chance.»

«Als Chance?»

«Jetzt können Sie tun und lassen, was Sie wollen. Ihre alten Pläne verwirklichen.»

Auch das war der Frau noch gar nicht bewußt geworden. Eine Frau übrigens, die sich äußerlich hervorragend gehalten hatte. Ja, hätte sie nur soviel für ihre innere Entwicklung getan. Sie lächelte und meinte, Männer fange sie noch immer ein, wenn, das Wort betonte sie, wenn es darauf ankommt.

Dann ernster:

«... aber nie wieder will ich mich so fest binden, so einsperren lassen.»

Da war es sicher gut, daß es bei ihr wie ein Blitz eingeschlagen hatte.

Bald lief das Gespräch völlig anders. Man sprach über die Fähigkeiten, die vorhanden waren, die zu entwickeln sind, und dann kam zur Sprache, daß diese Frau eigentlich doch viel zu wenig aus sich gemacht, daß sie sich nur untergeordnet hatte.

Dann wurde nach der Wahl der Zukunftskarte geforscht, dem *Magier*. Die Antwort:

«Mir kann wohl nur noch eine Zauberei helfen.»

Als ihr der Sinn der Karte näher erklärt wurde, hörte sie aufgeregt zu, und das Gespräch wurde vertagt.

Um näher auf das Problem einzugehen, wurden beim nächsten Mal neue Karten zu den schon gelegten ausgewählt.

Erste Frage: «Welche Karte entspricht irgendwie dem Fehler, den Sie in der Vergangenheit wohl gemacht haben?»

Die Frau zögerte nicht lange. Dann griff sie zur Karte der *Narr*. Damit zur Karte ohne Zahl oder der 22. Karte. Sie sah auf einmal, daß sie etwas wie ein «Hans-Guck-in-die-Luft» gelebt hatte, und nun wurde sie ehrlich. Sie hatte geträumt, alles als selbstverständlich hingenommen, hatte kaum mehr Arbeit an sich selbst geleistet, sondern sich von dem recht guten Leben treiben lassen.

Nun hieß es, noch zwei Karten schnell zu legen.

Eine Karte: Nach der Überlegung, was ihr jetzt in der Gegenwart wohl schnell helfen würde, welche Vorstellung?

Und dann: Welche Karte könnte ihr in der Zukunft, könnte also ihrem *Magier* helfen?

Für die Gegenwart wählte sie die Karte 12, also den *Gehängten*. Der Zukunft ordnete sie die Karte 11, die *Kraft* zu.

Das sah nun so aus:

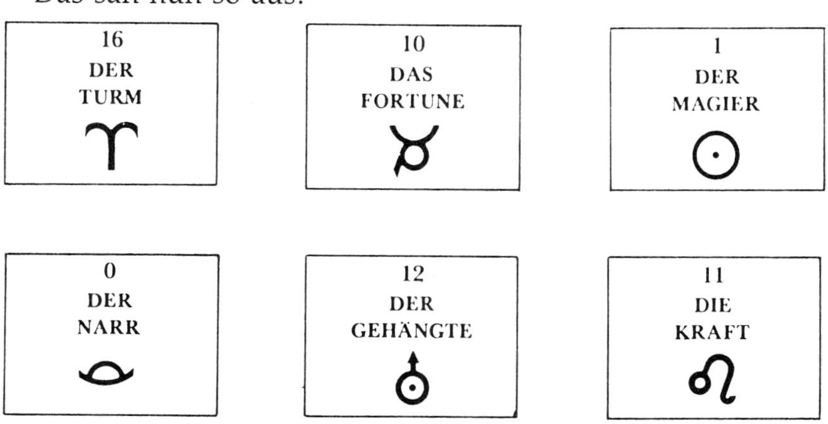

Im Moment, in der Gegenwart, sollte ihr die Möglichkeit helfen, alle Dinge von einer anderen, gegensätzlichen Warte aus zu sehen. Das war sicher schon auf die Gespräche zurückzuführen, mit denen doch eine neue Wandlung eingeleitet wurde. Da konnten wir also sehr zufrieden sein. Aber es ging ja auch um die Vorstellung der Zukunft. Die Karte die *Kraft* zeigte nun an, daß die Frau bereit war, auch zeugende Kräfte einzusetzen. Das alles schien schon günstig.

Oft sieht es nämlich völlig anders aus.

Da wird häufig zur Gegenwart die Karte *Fortune* gelegt, und dann bedarf es der Frage: In welchem Sinn haben Sie die Karte gewählt?

Die Antwort ist oft:

«Ich brauche Glück.»

Und damit sind diese Ratsuchenden auf dem falschen Weg. Sie gehen von der Unterschrift der Karte aus, sie lesen, aber sie schauen nicht. Auch daran sollte also derjenige denken, der sich mit dem Tarot intensiv beschäftigt. Oder es wird die Karte der *Tod* zur Karte *Fortune* gelegt, dann scheint vordergründig der Pessimismus zu groß, aber es kann sich auch schon eine Wendung andeuten, da sich ja aus dem Absterben des gegenwärtigen Zustandes durchaus Neues entwickelt.

Es ist außerdem zu beachten, daß sich meistens die Schwierigkeiten entwickeln, weil man die eigene Person überschätzt. Das ist eine große Gefahr, der der Ratgebende begegnen muß.

Aber nicht, indem er sich wichtig nimmt, sondern die Probleme seines Gegenübers.

Hier wird also viel Fingerspitzengefühl benötigt.

Gerade bei der Wahl der *Tod*-Karte kommt es darauf an, in welcher Besprechungsphase sich eine Begegnung befindet.

Skepsis ist auch angebracht, wenn nach der Wahl der *Tod*-Karte etwa vorschnell (das ist es meist) Karten wie der *Siegeswagen* oder die *Auferstehung* gewählt werden. Hier ist dann meist der Wunsch der Vater des Gedankens, oder ein Ratsuchender glaubt, vom Bewußtsein her, also vom Verstand, die Lösung seines Problems begriffen zu haben. Aber jede tiefere Wandlung muß sich ja erst setzen, muß von den seelischen Tiefen begriffen und aufgenommen worden sein. Das dauert nun einmal seine Zeit.

Sehr gut eignen sich diese Karten auch für die Auslegung und Deutung von Träumen, da ja im Traum das Bildhafte im Vordergrund steht. Dies kann oft viel besser durch eine Karte als mit einem langen Redeerguß dem Gegenüber klar gemacht werden.

Dies alles erfordert viel Einfühlungskraft, und der Umgang mit dem Tarot – wie mit dem Horoskop – kann echte Schwerarbeit sein. Fällt jemandem die Wahl schwer, welche Karte einer anderen zur Hilfe kommen könnte, ist es möglich, Vorschläge zu machen. Zögert jemand, zum *Magier* der Zukunft eine Karte zu legen, liegt der Vorschlag nahe, doch die *Entscheidung* zu wählen. Das ist die Karte Merkur. Es kommt also darauf an, das Handeln und Denken auf die Zukunft auszurichten. Besonders, wenn im Horoskop der Merkur unbeschädigt steht, oder weit weg (im Verhältnis) von der Sonne seinen Platz hat. Und es sind natürlich jeweils noch eine andere Karte zur Gegenwart und Vergangenheit dazuzulegen. Die sollte aber der Ratgeber auswählen, und zwar nach Kenntnis des Horoskops. Er kann ja übersehen, welche Kräfte zu mobilisieren wären, wo Fähigkeiten ungenutzt brachliegen, über welche Gabe eine Initiative zu ergreifen ist. Damit zurück zu unserem Beispiel. Das sähe dann so aus.

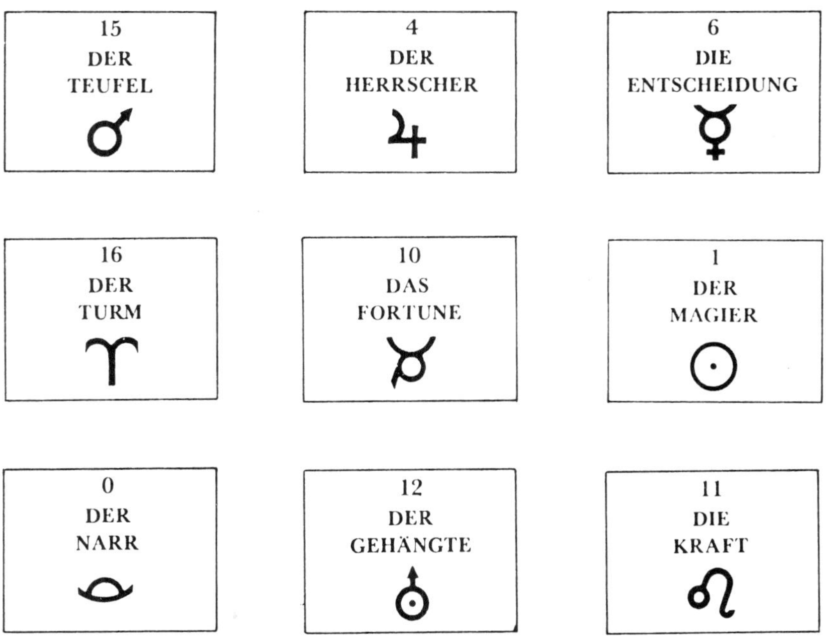

Für die Vergangenheit setzt der Ratgeber den *Teufel* dazu. Für die Gegenwart den *Herrscher.*

Der Grund: Der astrologische Ratgeber weiß um einen langanhaltenden Marstransit, der mit einer Marsdirektion zusammenfiel. Mars war rückläufig im Quadrat zum Mond. Es gab also eine Zeit, da die Frau ihren Mann (diese Direktion traf auch die Sonne des Mannes) unbewußt verteufelte. Sie bestätigte dies, sagte, sie hätte ihren Mann in schweren Albträumen immer sehr verzerrt gesehen. Tagsüber heizte sie ihm mit einer recht unbegründeten Eifersucht ein, bis der Mann wirklich in die Arme einer anderen Frau flüchtete. Für die Gegenwart setzte der Ratgeber dann die Karten des *Herrschers,* (ein Jupitertransit), auch wissend, daß die Entfaltungskräfte bisher durch ein Quadrat zu Venus gehemmt waren, daß also das Weibliche (zu sehr darauf fixiert) die Eigenentfaltung hemmte. Aber die Entfaltung schien notwendig, um das *Fortune* zum Preis des Tüchtigen hin zu entwickeln. Mit dem Wecken und Bewußtwerden dieser Kräfte kann dann die Entscheidung für die Zukunft gefällt werden. Damit ist dann (und diese Wortverbindung kommt ja nicht von ungefähr) mit einer *Entscheidung* die Zukunft entscheidend zu verbessern.

Ist nämlich der Mensch wieder fähig, Entscheidungen zu treffen, hat er seine Handlungen im Griff, dann verzichtet er, auf Wunder zu warten. Aus einem *Narr* wird dann ein echter *Magier,* der die dunklen Kräfte meistert und die hellen Kräfte nutzt.

IV

Neue Legemethoden für das Ansata-Tarot

Der Dreiertest

Der Dreiertest (auch Dreierweg genannt) sollte *vor* Beginn einer Tarot-Besprechung ausgelegt werden.

Es handelt sich um eine der leichtesten, aber aufschlußreichsten Tarot-Legearten. Dem Ratsuchenden werden alle 22 Karten der großen Arcana offen ausgelegt und er wird aufgefordert, sich die Karten sorgfältig anzuschauen. Dann wählt er die Karte, die ihm am «unsympathischsten» erscheint. Als zweite Karte wird diejenige ausgesucht, die vom Ratsuchenden am «sympathischsten» empfunden wird.

Beide Karten werden nun auf den Tisch gelegt. Links (vom Ratsuchenden aus) die sogenannte unsympathische oder die abstoßende Karte – rechts die Karte, die als sympathische oder anziehende ausgewählt wurde. Der Abstand zwischen diesen beiden Karten sollte so groß sein, daß noch eine Mittelkarte dazwischen gelegt werden kann.

Als dritte Karte wird nun eine gewählt, die die beiden anderen Karten miteinander verbindet.

WAHL I	WAHL III	WAHL II
abstoßend	**verbindend**	**anziehend**

Bei der Auswahl der Karten kommt es sehr darauf an, daß der Ratsuchende konzentriert ist und mit Sinn und Überlegung die dritte Karte auswählt, während die beiden ersten Karten aus dem Gefühl heraus bestimmt, beziehungsweise herausgenommen werden. Dem Ratsuchenden muß deutlich gemacht werden, daß es wirklich auf eine Verbindung zwischen den beiden Polen «abstoßend» und «anziehend» (so können die Karten auch bezeichnet werden) ankommt.

Geben wir Beispiele:

Eine Frau wählt als unsympathische oder abstoßende Karte die 15, den *Teufel,* als sympathische oder anziehende Karte jedoch die 19, die *Sonne.*

Bei der Wahl zur Karte der Verbindung braucht sie Zeit, ehe sie sich für die Karte 17, den *Stern* entscheidet.

15 DER TEUFEL	17 DER STERN	19 DIE SONNE

Als unsympathische Karte hatte die Frau die Karte gewählt, die den Urtrieb, auch den sexuellen Trieb symbolisiert, aber auch den Antrieb schlechthin. Daraus kann gefolgert werden, daß die Frau in sich eine Angst vor zu triebgebundenen Reaktionen spürt, vielleicht sexuell falsch erzogen ist oder einem Ausgeliefertsein an die Sexualität grundsätzlich widerspricht. Vielleicht will sie auch (es handelte sich um eine Frau Anfang 40) mit diesen Dingen überhaupt nichts mehr zu tun haben.

Als sympathische und anziehende Karte wählte sie jedoch die Karte mit dem Namen *Sonne.* Diese Karte symbolisiert Gemeinsamkeit, gemeinsames Glück, Lebensfreude zu zweit.

Bei der Wahl nach der Verbindungskarte zwischen *Teufel* und *Sonne* mußte sich die Ratsuchende nun mit dem Problem auseinandersetzen, das sich ergibt, wenn Trieb und Gemeinsamkeit aufeinanderprallen, sei es, daß der Partner diese Triebbefriedigung erwartet, sei es, daß eine echte nahe Beziehung auch das gemeinsame Erlebnis der Sexualität benötigt. Die Frau wählte nun als Verbindung zwischen dem, was sie ablehnt und dem, was sie sich wünscht, die Karte der *Stern,* die Karte der Liebe. Liebe kann alles verbinden, heißt es im Volksmund, und dies träfe wohl auch hier zu. Die Frau müßte sich also mit dem Urantrieb auseinandersetzen, wenn es die Liebe erforderlich machen würde. Man kann aber auch folgern – und das würde dann in einem Gespräch geklärt werden –, daß bisher der echte Funke der Liebe fehlte, so daß diese Frau die Triebwünsche ohne Liebe (eigene und die anderer Männer vielleicht) anwiderten.

Die Kartenwahl eines Mannes fiel wie folgt aus:

10 DAS FORTUNE	12 DER GEHÄNGTE	11 DIE KRAFT

Als unsympathische oder abstoßende Karte wählte ein Manager die Karte 10, also das *Fortune.* Vielleicht, weil er im Moment kein Glück hatte, oder weil er sich dadurch sehr im Streß befand oder sich dem Auf und Ab des Lebens ausgeliefert fühlte, wie es im Rad sehr deutlich zum Ausdruck kommt.

Als sympathische und anziehende Karte wählte dieser Mann jedoch die Karte 11, die *Kraft,* die auch als Zielkarte angesprochen werden kann. Hier wurde deutlich, daß dieser Mann sich die Kraft ersehnte, um seine Aufgaben im beherrschenden oder im herrschenden Sinn zu erfüllen. Er wollte sich also nicht geschlagen geben, wollte – so könnte auch gefolgert werden – das *Fortune* zwingen. Entscheidend war nun die Wahl der Verbindungskarte. Es war die Karte 12, die Karte des *Gehängten.*

Was sagt diese Karte in der Verbindung zwischen *Fortune* und *Kraft* aus?

Die erste Antwort lautet: Stell Dich auf den Kopf! Sieh die Situation von einer anderen Warte. Setz Dich mit den anderen von ihren Standpunkten her auseinander. Sieh nicht alles mit dem Verstand, sondern laß wieder Blut in Deinen Kopf fließen! Der Manager konnte diesen Aussagen sofort folgen. Er begriff, was sein Unterbewußtsein ihm damit sagen wollte. Er war nun bereit, alles von zwei Seiten zu sehen. Er erkannte, daß eine Krise, die sich häufig hinter einem Streßerlebnis verbirgt, auch sehr nützlich sein kann wie eine Krankheit, die ebenfalls eine Besinnung herbeiführen möchte.

So erweist sich der Dreierweg als erster und schon sehr entscheidender Tarot-Test, auch wenn noch keine Beziehung zur Astrologie hergestellt worden ist.

Der persönliche Baum

Diese Tarot-Legeart gibt Aufschluß über die bisherige Entwicklung eines Menschen. Das bisher Erreichte der innerlichen Entwicklung wird sichtbar gemacht, wozu nur acht Karten notwendig sind. Wie beim Dreiertest werden die Karten offen vor den Ratsuchenden ausgebreitet, wobei die Karten durcheinanderliegen sollten, also nicht in der Reihenfolge der siebener Wege oder nach der Numerierung von 0 bis 21.

Die Ratsuchenden werden nun aufgefordert, zwei Karten auszuwählen. Die eine Karte soll die Mutter, die andere den Vater symbolisieren. Sie sollen ausdrücken: Wie erschienen mir Vater und Mutter?

Bei Menschen, die eine schwere Kindheit hatten, vermag dies bereits gewisse Erschütterungen auszulösen, und oft folgen diesen Überlegungen sogar erlösende Tränen. Selbstverständlich erinnern sich Menschen oft auch an das Gute, das sie im Elternhaus erfahren haben. Manche müssen Stiefelternteile oder Erzieher statt der Eltern wählen, falls sie ein Waisenschicksal bewältigen mußten. Wer überhaupt keine Karte findet, die den eigenen Vorstellungen der Eltern entspricht, der greife dann doch auf die Sonnenstände der Astrologie zurück. War also der Vater z. B. ein Schütze, dann wähle man die Karte 7, den *Siegeswagen*, war die Mutter ein Steinbock, dann wird eben die Karte 10, das *Fortune* gewählt.

Besser und auch aufschlußreicher ist es, eine Karte zu wählen, die vom Bild oder von der Unterschrift her den Elternteilen entspricht. Ist also der Vater sehr streng gewesen, könnte man die Karte 5, den *Hohepriester* wählen.

Grundsatz sei immer: Keinerlei Beeinflussung! Die Fragenden sollten ohne jeden Hinweis ihre betreffenden Karten aussuchen! Sind die beiden Karten gewählt, dann wird gefragt, welcher Elternteil wohl für die Entwicklung mehr Einfluß hatte. Diese Karte kommt nach links, die andere mit einem Abstand nach rechts.

Das sähe folgendermaßen aus, wenn der Vater als wichtiger empfunden wurde: Für den Vater wurde die Karte 4, der *Herrscher* gewählt, für die Mutter die Karte 8, die *Gerechtigkeit.*

4 DER HERRSCHER	8 DIE GERECHTIGKEIT

Als nächstes soll die Karte gezogen werden, die der oder dem Fragenden entspricht. Bei einer Frau war dies die Karte 0, der *Narr.* (Auch hier kann, fällt die Entscheidung schwer, die Karte des Sonnenstandes gewählt werden, also bei einer Fische-Geborenen etwa die Karte 20, die *Auferstehung.*)

Diese Karte wird zwischen beide Elternkarten gelegt, aber eine Reihe höher; das ergibt dieses Bild:

	0 DER NARR	
4 DER HERRSCHER		8 DIE GERECHTIGKEIT

Die nächste Karte, die aus den offen ausliegenden verbliebenen 19 Blättern ausgewählt wird, ist die Karte, die die Erziehung widerspiegelt, etwa ob sie streng war oder voller Hingabe oder Fröhlichkeit, also wie die Erziehung empfunden wurde. Diese Karte kommt links neben die Karte des Ichs über die Karte des Elternteils, der als wichtiger erlebt wurde. In unserem Fall wird diese Karte also über die Karte 4, die des Vaters gelegt. Über die Karte der Mutter, in diesem Fall der Elternteil, der als weniger wichtig empfunden wurde, kommt die Karte des Milieus, der Herkunft, des Elternhauses.

Unsere Frau wählte als Ausdruck der Erziehung die Karte 5, den *Hohenpriester,* denn sie sagte, daß sie sehr streng – auch im religiösen Sinne – erzogen wurde. Für die Karte des Milieus wählte sie die Karte 17, da sie ihr Elternhaus als künstlerisch aufgeschlossen empfand, und auch die Liebe der Mutter als sehr wohltuend fühlte, so daß sie recht gute Erinnerungen an die Kindheit hatte. Wie sah nun die Kartenlage aus:

5 DER HOHEPRIESTER	0 DER NARR	17 DER STERN
4 DER HERRSCHER		8 DIE GERECHTIGKEIT

Fünf Karten sind ausgewählt und gelegt; es kommen noch drei Karten dazu in folgender Reihenfolge:

Eine Karte für den erlernten Beruf. Diese Karte kommt über die Karte der Erziehung.

Eine Karte für die Berufung, die man in sich fühlt. Diese Karte kommt über die Karte des Ichs.

Und eine Karte für das, was man sich noch wünscht. Diese Karte kommt über die Karte des Milieus.

Hier die zunächst nur systematische Anordnung:

Beruf **Erziehung** **Vater**	**Berufung** **Ich**	**Wunsch** **Millieu** **Mutter**
(oder Mutter) **wer wichtiger erschien**		**(oder Vater)** **wer nicht so wichtig erschien**

In unserem Fall wählte die Frau als Beruf die Karte 3, die *Herrscherin,* denn sie wurde Sekretärin und war eine «rechte» Hand geworden. Als Karte der Berufung wählte die Sekretärin die Karte 7, den *Siegeswagen.* Dazu erklärte sie, daß sie nebenberuflich Trainerin in einem Jugendsportclub sei, wo sie auch Judo unterrichte, wobei es auf Sieg und Beherrschung ankomme. Leider, so fuhr sie fort, bliebe ihr dafür nicht genügend Zeit. Als Wunschkarte wählte sie schließlich die Karte der *Sonne,* was sie selbst mit dem Wunsch nach einer dauerhaften Verbindung interpretierte.

3 DIE HERRSCHERIN	7 DER SIEGESWAGEN	19 DIE SONNE
5 DER HOHEPRIESTER	0 DER NARR	17 DER STERN
4 DER HERRSCHER		8 DIE GERECHTIGKEIT

Dieses Bild deckt sehr viel auf. Einmal den Gegensatz zu Hause durch den strengen, einflußreichen Vater und die liebevolle, künstlerisch veranlagte Mutter. Dies hatte eine straffe Erziehung zur Folge, die jedoch in einem guten Milieu stattfand. Daraus ergab sich – fast zwangsläufig möchte man sagen – eine solide berufliche Grundlage, die aber nicht der Berufung entsprach. Diese konnte nur nebenberuflich halbwegs erfüllt werden, während der Wunsch (hier handelt es sich immer um einen Wunsch, der noch *nicht* erfüllt ist) nach einer Gemeinsamkeit leider noch nicht verwirklicht ist.

Immerhin konnte mit dieser Frau ein Gespräch begonnen und die Frage erörtert werden, ob ihr nicht die Gegensätze im Elternhaus die richtige Einstellung zu einer dauernden Partnerschaft (zumindest in der Wahl) sehr erschwert hatte, denn die Bilder der Jugend wirken meist lange nach . . .

Die Legeart «Der persönliche Baum» verlangt keine großen Interpretationskünste, da diejenigen, die die Karten auswählen, in der Regel zu jeder Kartenwahl (zumindest auf einen Anstoß hin) einen Kommentar abgeben, das heißt sie beginnen ihr Schicksal selbst zu interpretieren.

Diese beiden ersten Legearten bilden – ohne Verbindung mit der Astrologie – erst die Grundlage für die weiteren Spiele. Sie bauen alle aufeinander auf, vom «Orakelspiel» über das «Frage-Kreuz» bis hin zum «Blick in die Zukunft». Dabei sind die ersten vorgestellten Legearten überaus hilfreich, denn die Bilder sind nun den Fragenden schon etwas vertraut, und eine mögliche Angst vor den Karten und deren Aussagemöglichkeiten wird zunehmend verschwinden.

Das Orakel

Diese Legeart ist eine der beliebtesten, weil durch sie verhältnismäßig schnell und einleuchtend eine Antwort auf eine Frage gefunden werden kann. Wie bei dem berühmten Orakel von Delphi geht es hier in erster Linie um Selbsterkenntnis. Es müssen nicht alle gewählten Karten aufgedeckt werden! Die Fragenden haben es durchaus in der Hand, das Spiel früh zu beenden. An ihnen liegt es, ob – wie man im Volksmund sagt – alles riskiert wird oder nicht.

Das Spiel selbst besteht aus insgesamt sieben Karten.

Die erste Karte – und *nur sie* – wird offen aus den 22 Blättern der großen Arcana ausgewählt. Diese Karte soll die Frage verdeutlichen, wird also stellvertretend für die Frage ausgesucht. Dann übernimmt der Ratsuchende das ganze Kartenspiel.

Nachdem die Fragekarte herausgenommen ist, werden alle Karten aufgenommen und verdeckt gemischt. Auch die Mischung dieser Karten übernehmen die Fragenden. Danach legen sie alle 21 Karten (da die Fragekarte aus dem Spiel ist) verdeckt aus. Nun wählen sie sechs Karten aus, indem sie nur auf die Karten zeigen. Aufgenommen werden die jeweiligen Karten vom Berater.

Nach der vierten Karte erinnert dieser daran, daß nun eventuell die Orakelkarten gewählt werden müssen! Es kommt mit diesem Zwischenruf darauf an, daß sich die Fragenden noch einmal konzentrieren.

Sind diese Karten ausgewählt, wird gefragt, ob die Karten von unten oder oben ausgelegt werden sollen. Diese Frage stellt nur einen Test dar. Lautet die Antwort «von oben», kann vermutet werden, daß die oder der Fragende mehr vom Kopf her an die Sache herangeht, während die Antwort «von unten» darauf schließen läßt, daß mehr aus dem Unterbewußtsein die Antwort gesucht wird.

Zeigen wir, wie die Karten ausgelegt werden, wobei wir die *Reihenfolge* des Kartenlegens mit *römischen Zahlen* demonstrieren, da das ANSATA-TAROT für die Numerierung seiner Karten schon arabische Ziffern verwendet.

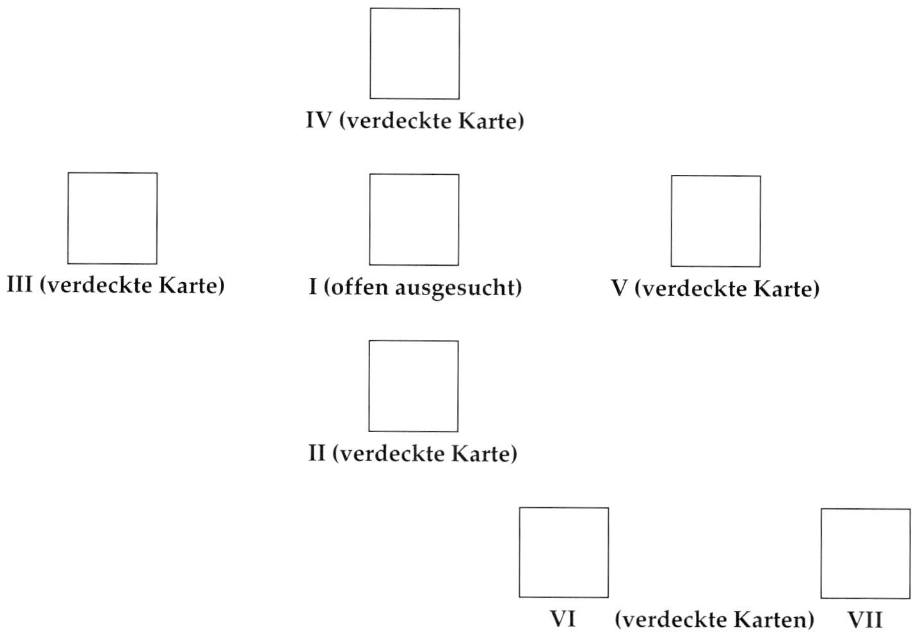

Karte I wird also offen ausgesucht; alle anderen Karten werden, nachdem sie von den Fragenden gemischt worden sind, verdeckt ausgelegt. Ehe wir die Karten auslegen, etwas zur Bedeutung derselben:

IV
(Gegenwart)

III **(Vergangenheit)** **I** **(Frage)** **V** **(Zukunft)**

II
(Erläuterung der Frage)

VI **VII**
(Orakel-Karten)

Karte II erläutert die Frage, gibt Auskunft über die Richtung und differenziert die Frage. Schon bei dieser Karte (alle Karten werden nach und nach aufgenommen) kann sich ein Gespräch zwischen Beratendem und Fragendem ergeben, so daß Probleme klarer zu erkennen sind.

Karte III zeigt, wie es in der Vergangenheit war, wobei Vergangenheit sich nur auf die Frage bezieht.

Karte IV erläutert die Gegenwart oder differenziert, wie sich die Frage zur Gegenwart verhält, wie das gegenwärtige Verhalten zu betrachten ist. Dabei wird auch meist deutlich, warum es zu der Frage gekommen ist.

Die Karte V weist auf die Zukunft hin. Im Grunde ist hier schon ein Vor-Orakel gegeben. Fällt eine sogenannte «günstige» Karte, könnte der Ratsuchende das Spiel abbrechen. Der Berater sollte unbedingt darauf hinweisen!

Das Orakel will die Teilnehmer dazu erziehen, erstens nicht alles wissen zu wollen, zweitens sich zu begnügen und drittens immer wieder daran erinnert zu werden, daß nicht «alles in den Karten steht». Oft ist also mit dem Aufdecken der Karte V alles zu Ende. Bis hierher, also zur Karte V, werden alle Karten aufgedeckt.

Nun kommt die Frage: «Wird das Orakel gefragt?» Erfolgt darauf ein «Ja», muß gesagt werden: Weisen Sie auf die Frage, die Sie auswählen! Den Fragenden steht es also völlig frei, ob sie zuerst die Karte VI oder die Karte VII wählen.

Der Berater gibt seine Deutung kund und übernimmt hier sozusagen die Rolle der Pythia.

Dann wird gefragt: «Nehmen Sie noch die letzte Karte?» Auch dies steht frei in der Wahl der Fragenden. Bei Verneinung wird die Karte, ohne daß sie angesehen wird *(auch nicht von den Beratern!)*, in die anderen Karten untergemischt. Dies soll auch geschehen, wenn beide Orakelkarten nicht gebraucht werden. Niemand darf erfahren, welche Orakel-Karte *nicht* aufgenommen wurde.

Bei dieser Auslegeart sollte eines von Beginn an beachtet werden: Es geht nur um Fragen, die aussagen, was der Fragende selbst tun kann, um eine Angelegenheit zu ordnen oder zum Erfolg zu bringen! Fragen nach einem Lottogewinn, nach einem eventuellen Lebensgefährten oder ob mein Vermieter nett ist zu mir, scheiden aus. Es geht stets darum, was jemand selbst tun sollte! Also nicht die Frage stellen: «Werde ich reich?» sondern: «Was kann ich tun, um mehr Geld zu verdienen?» Nicht: «Begegne ich noch einem Lebensgefährten?» sondern: «Was mache ich falsch, und was sollte ich tun, um einen Lebensgefährten kennenzulernen?», und es wird auch nicht gefragt, ob mein Vermieter nett ist, sondern: «Was kann oder sollte ich tun, damit ich mich mit meinem Vermieter arrangieren kann?»

Das Orakel stellt eine intensive Selbstbefragung im Hinblick auf eine Angelegenheit dar, die im Moment das Denken (oder gar das Geschehen) beherrscht.

Geben wir ein Beispiel:

Auf einem Seminar erfährt ein Mann, der Autofahren als sein Hobby betrachtet, daß daheim seine Frau mit seinem Sportwagen einen Unfall verschuldet hat. Die Frau hat den Schaden schätzen lassen mit dem Ergebnis, daß die Reparatur genauso teuer käme wie die Anschaffung eines neuen Wagens. Aber sie würde den Wagen trotzdem reparieren lassen, weil sie wisse, wie sehr ihr Mann an dem Wagen hänge; sie brauche nur noch sein Einverständnis zur Reparatur.

Der Mann – nennen wir ihn W – fragte nun das Orakel, ob Reparatur oder Neuanschaffung.

Der Berater meinte daraufhin, diese Frage sei nicht präzise genug gestellt, er müsse direkt fragen:

«Soll ich den Wagen reparieren lassen»?

Mit dieser Fragestellung war Herr W einverstanden. Er wurde nun aufgefordert, aus den offen ausgelegten 22 Karten der großen Arcana die Fragekarte auszuwählen. Herr W überlegte recht lange, schließlich wählte er die Karte 7, den *Siegeswagen,* womit er bereits zum Ausdruck brachte, wie sehr sein Sportcabriolet in der Vergangenheit sein Selbstbewußtsein gesteigert hatte.

Nun wählte Herr W aus den verdeckten 21 Karten eine nach der anderen heraus. Nach der vierten Karte wurde auf die eventuell nun zu wählenden Orakelkarten hingewiesen.

Der Ratgebende hatte nun die sechs Karten in der Hand und fragte: «Von oben oder von unten?»

Antwort des Herrn W: «Von oben.»

Herr W. sah demnach diesem Orakel mehr vom Verstand als vom Unterbewußtsein entgegen. Nun wurden die Karten ausgelegt.

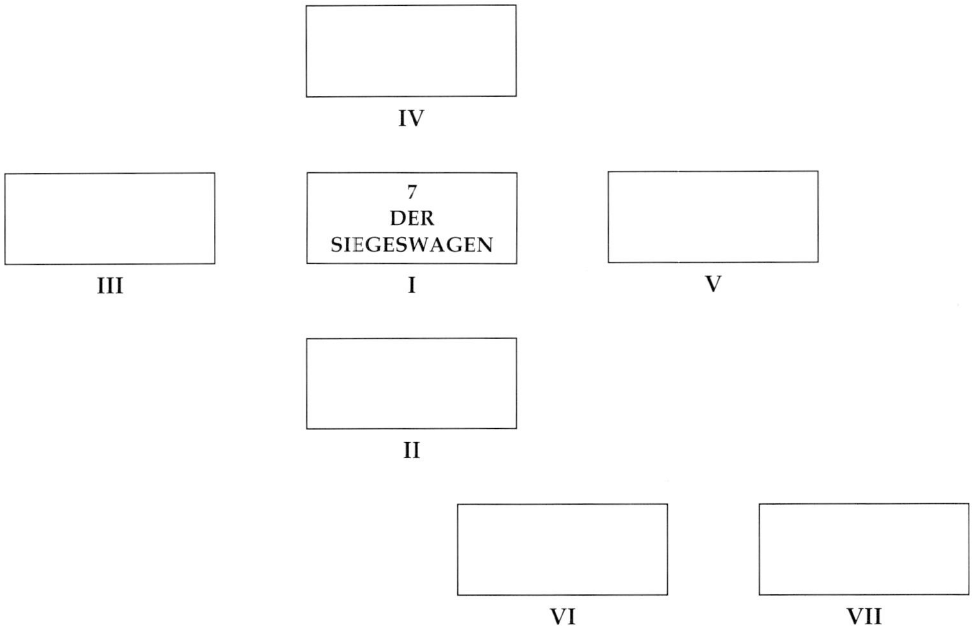

Als erste Karte wurde die Karte II aufgedeckt, die die Frage genauer erläutert, die durch den *Siegeswagen* symbolisiert wurde. Es war die Karte 16, der *Turm*. Das heißt die Lage, die zur Orakelfrage führte, kam wie ein Blitz aus heiterem Himmel.

Aber damit gab sich der Beratende nicht zufrieden. Er fragte: «Hier geht es doch um mehr als um den Unfall, hier ist doch – entweder von Ihnen oder von Ihrer Frau – mehr im Spiel?»

«Das ist richtig», sagte Herr W. «Bei uns (in der Ehe) hat wohl grundsätzlich der Blitz eingeschlagen. Mag sein, daß meine Frau nicht wollte, daß ich hierher zum Seminar fuhr, aber ich mußte einfach weg!» Dann sprach er von seinen Eheerfahrungen, die hier nicht erläutert werden sollen. Es schälte sich heraus, daß seine Frau – eventuell aus dem Unterbewußtsein heraus – den Unfall fast mutwillig herbeigeführt hatte, um sich entweder zu rächen oder den Mann zurückzurufen.

	15 DER TEUFEL IV	
19 DIE SONNE III	7 DER SIEGESWAGEN I	5 DER HOHEPRIESTER V
	16 DER TURM II	

Die Karte der Vergangenheit (III) war die Karte 19, die *Sonne.* Die Deutung ist einfach. In der Vergangenheit war noch alles in bester Ordnung, zwischen Herrn und Frau W bestand noch eine gute Gemeinschaft.

Es kam nun die Karte der Gegenwart an die Reihe. Dabei wurde die Karte 15, der *Teufel,* aufgedeckt. Dies bedeutet, daß in der Gegenwart wohl oft sehr aggressive Verführung und Rebellion vorherrschten. Herr W sagte dazu: «Ja, ich bin auf der Suche nach neuen Wegen, ich will nicht so weitermachen wie bisher. Dies betrifft auch die Ehe und das gegenwärtige Leben schlechthin!»

Nun wurde die Karte der Zukunft (V) aufgedeckt. Es war die Karte 5 – der *Hohepriester.* Dies besagte – recht eindeutig –, daß die Zukunft schwer würde, daß alle Zukunftsentwicklungen zu überdenken und sehr zu prüfen wären, auch in Bezug auf die Frage: Reparatur ja oder nein.

Welche praktischen Folgerungen konnten nun daraus gezogen werden? Wir haben schon festgehalten, daß der Autounfall nur ein Symbol für die Ehekrise war, daß die Frau wohl – wenn auch unbewußt – den Unfall herbeigeführt hat, um ihren Mann zu strafen oder zurückzugewinnen.

Man muß sich also die Frage stellen: Ist mit dem Auto auch die Ehe zu reparieren, denn beides hängt offensichtlich zusammen. Würde nicht das reparierte Auto und andererseits auch ein Neukauf immer an diesen unglücklichen Unfall erinnern?

Herr W verstand durchaus, daß er hier eine grundsätzliche Entscheidung zu treffen hatte, und er wählte die Karte VI als erste Orakelkarte. Es war die Karte 13, der *Tod*. Nun bedeutet diese Karte *nie* den körperlichen Tod, nie einfach das Ende, sondern den Abschluß einer Entwicklung.

Vordergründig könnte man meinen, diese Orakel-Karte sage aus, daß die Ehe zu Ende ist, daß ein neues Auto anzuschaffen sei, um innerlich wie äußerlich neu zu beginnen. Aber dies wäre nicht im Sinn des Orakels von Delphi, dem es um Besinnung geht, die zur Selbsterkenntnis führen soll.

Die Frage stellte sich: Bedeutet dies wirklich das Ende der Ehe?

Herr W sagte jedoch eindeutig: «Nein, ich will nicht die Ehe beenden! Dazu gehört aber, daß ich meiner Frau den Unfall verzeihe. Das kann ich, denn sie hat ihn ja nicht willentlich, sondern eher aus Verzweiflung herbeigeführt. Dies bedeutet, daß ich alles vergesse und auch den alten Wagen gar nicht mehr sehen darf.»

«Ist damit das Orakel zu Ende?» fragte der Ratgeber. «Nein», sagte Herr W, «schließlich will ich wissen, ob mein jetzt getroffener und überlegter Entschluß richtig ist.» Um dies zu beantworten, mußte die letzte, die VII. Karte, aufgenommen werden.

Es handelte sich um die Karte 4, der *Herrscher*. Sichtlich erleichtert atmete Herr W auf. «Es scheint gut zu gehen», sagte er nur, ohne den Sinn der Karte ganz verstanden zu haben. Sicher, die Karte 4 (dem Jupiter zugeordnet) zeigt einen positiven Ausgang an, aber die letzte Orakelkarte muß stets im Zusammenhang mit der Karte der Gegenwart (IV) gedeutet werden. Diese Karte IV (der *Teufel*, Nr. 15) verrät Unbeherrschtheit, die Karte VII (der *Herrscher*, Nr. 4) jedoch Beherrschtheit. Also muß Herr W lernen, seine gegenwärtigen Antriebe und (vielleicht) seine Triebwünsche in den Griff zu bekommen, dann – und nur dann – kann alles gut ausgehen.

Das Frage-Kreuz

Diese Legeart gilt als die bekannteste und beliebteste. Sie bildet die Grundlage für alle Tarotauslegungen, zumindest seit dem vorigen Jahrhundert. Im Grunde handelt es sich um ein erweitertes und komplizierteres Orakel. Vom Frage-Kreuz werden verschiedene Variationen gelegt, wie wollen uns auf die einfachste und übersichtlichste Auslegungsart konzentrieren.

Jeder Beratende wird im Laufe der Zeit «seine» eigenen Varianten erproben und anwenden, wie es seiner individuellen Art entspricht. Die traditionellen Symbole, die in jeder Tarotkarte enthalten sind, erlauben allerdings keine zu ausgefallenen Spiel- oder Auslegearten. Diese Besonderheit des Tarot zeigt, daß die ihm innewohnende Logik folgerichtig und in sich schlüssig ist.

Das Spiel besteht aus elf Karten. Die Karten werden verdeckt gewählt. Hierbei ist eine Variante möglich. Wie beim Orakel kann die erste Karte offen ausgelegt werden. Diese Variante ist dem Fragenden mitzuteilen. Hierbei sei angemerkt, daß Fragende, die sich häufig Tarot legen lassen, als erste Karte gern die Karte 13, den *Tod,* wählen, damit er bei der Auslegung nicht mehr erscheinen kann. Ist dies der Fall, dann muß auch die erste Karte verdeckt ausgesucht werden. Anschließend werden weitere zehn Karten gewählt. Diese elf Karten liefern die Symbole für die Stationen der Deutung:

Karte I erklärt (wie beim Orakel) die Ausgangslage.
Karte II gibt die nähere Bestimmung zur allgemeinen Lage.
Karte III gibt wider, was die Fragenden unterdrücken wollen.
Karte IV symbolisiert die Vergangenheit (wie beim Orakel).
Karte V weist auf die Gegenwart hin (wie beim Orakel).
Karte VI zeigt die nächstliegende Aufgabe an.
Karte VII besagt, was der Fragende im Moment unterdrücken sollte.
Karte VIII besagt, was als zweites unterdrückt werden muß.
Karte IX zeigt dagegen an, was die Fragenden forcieren müßten.

Karte X zeigt, was als zweites forciert werden müßte.
Karte XI schließlich gibt Auskunft über das anzustrebende Ziel.

Auch das Frage-Kreuz weist uns nur den Weg. Es gibt keine Auskunft über das, was von allein geschehen wird, sondern ermuntert die Fragenden, ihren individuellen und im Moment aktuellen Weg einzuschlagen. Es aktiviert die Fragenden, soll ihnen Mut machen und die richtigen Handlungen erkunden.

Die Wirkung des Tarotspiels beruht auf der Tatsache, daß das Unterbewußtsein angesprochen wird. So erkennt der Fragende, was in ihm – meist tief verborgen – ruht, und was ins Bewußtsein gelangen sollte. Deswegen werden auch stets alle Karten der großen Arcana offen ausgelegt. Der Fragende legt diese Karten dann zusammen. Hierbei arbeitet das Unterbewußtsein bereits mit, ohne daß dies dem Fragenden bewußt wird. Dann mischt der Fragende die Karten und legt sie nun verdeckt aus. Dieser Vorgang ist die Grundlage für das weitere Spiel.

Die elf benötigten Karten werden ausgesucht, indem der Fragende mit dem Finger nacheinander auf die ausgewählten Karten zeigt, die jedoch dann vom Berater aufgenommen und zu einem Pack zusammengelegt werden. Auch hier kann man wie beim Orakelspiel fragen, ob die Karten von oben oder von unten her ausgelegt werden sollen.

Die nachstehende Skizze zeigt die Anordnung. Die Ausdeutung ist für diejenigen, die die Karten studiert und gründlich kennengelernt haben, nicht schwer.

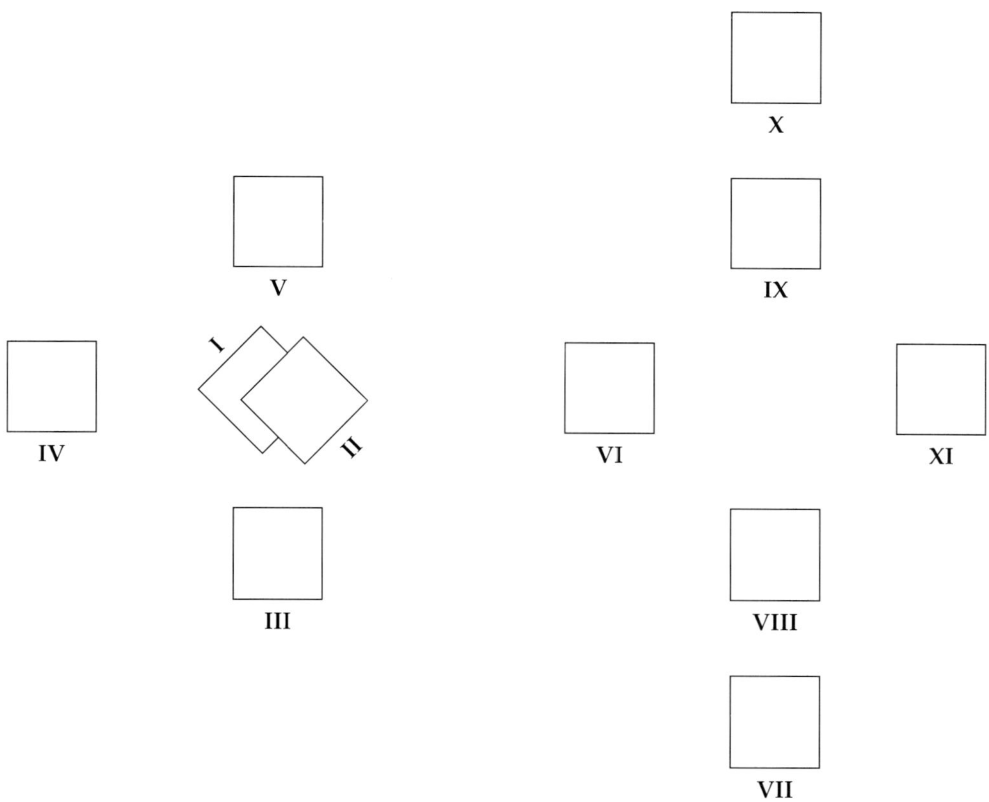

X
V
IX
I
IV
II
VI
XI
III
VIII
VII

Der Blick in die Zukunft

Diese Legeart ist für den Gebrauch der Tarot-Karten verhältnismäßig unbekannt, aber läßt sich mit den 21 Karten der großen Arcana fabelhaft spielen.

Aufmerksame Leser werden fragen, wieso 21 Karten, da die großen Arcana doch 22 Karten umfassen. Das ist richtig, jedoch wird hier die Karte 0 oder 22, also die Karte des Narren herausgenommen und offen in die Mitte des Tisches gelegt. Alle anderen 21 Karten werden gesondert und offen ausgebreitet, von dem Fragenden zusammengelegt, verdeckt gemischt und dann wie folgt ausgelegt, wobei die Reihenfolge des Auslegens sehr wichtig ist, denn hier werden *alle* 21 Karten gebraucht. Die römischen Ziffern entsprechen also der Reihenfolge des Legens, nicht der Numerierung der großen Arcana!

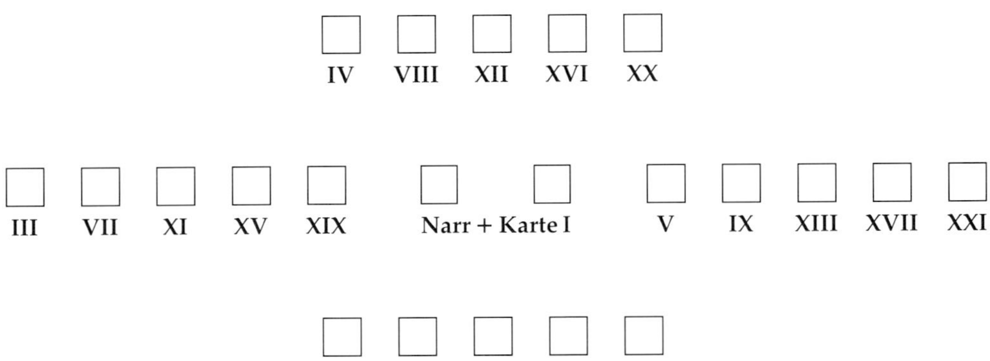

Neben die Karte des *Narren* kommt die erste Karte, die *nur* von oben genommen wird. Unter diese Karte wird dann die zweite Karte gelegt, links (vom Anblick aus) die dritte Karte, oben die vierte Karte und rechts die fünfte Karte. Dann wieder die sechste Karte unten, die siebente links, die achte Karte oben, die neunte rechts, die zehnte Karte nun wieder unten, und dann so im Uhrzeigersinn weiter, bis schließlich die letzte Karte, die einundzwanzigste Karte, rechts außen neben den Narren kommt.

Die Auslegeart «Blick in die Zukunft» gibt Auskunft über fünf Fragen, die alle im Zusammenhang stehen sollten. Dabei können die Fragenden ihre Fragen vorher festlegen, oder sie brauchen nur eine Frage zu stellen und können aus der sich ergebenden Antwort die zweite, die dritte, vierte oder fünfte Frage entwickeln.

Der Narr stellt die fragende, die suchende Person dar. Die erste Karte, also die oberste des gemischten Packs, erläutert die Person in ihrer aktuellen Verfassung – *auch* wenn sie verdeckt ausgelegt wird.

Die *unteren* Karten stellen das Problem zur Frage dar, oder sie ergänzen die Frage. Die Karten *links* zeigen, was in der Vergangenheit zum Problem geführt hat, die *oberen* Karten decken auf, wie sich das Problem in der Gegenwart stellt, während die Karten *rechts* die Antwort geben, was jeweils zu tun ist.

	Gegenwart	
Vergangenheit	**Narr Person**	**Antwort auf Fragen**
	Problem	

Es stehen uns fünf Fragen zur Verfügung. Für jede Frage vier Karten.

	Problem	Vergangenheit	Gegenwart	Antwort
Frage 1	II	III	IV	V
Frage 2	VI	VII	VIII	IX
Frage 3	X	XI	XII	XIII
Frage 4	XIV	XV	XVI	XVII
Frage 5	XVIII	XIX	XX	XXI

Da in diesem Spiel *alle* Karten zum Zuge kommen, steckt ein gewisses Wagnis darin, denn auch Karten wie *Tod* oder *Teufel* erscheinen, und diese Symbole erschrecken (leider) Uneingeweihte (also die Fragenden) oft sehr. Die Beratenden müssen mit großem Takt bei der Besprechung der Kartenauslagen vorgehen und ihre Worte bei der Beantwortung der Fragen geschickt wählen.

Geben wir ein praktisches Beispiel:

Zu dem Beratenden kommt eine Frau – Mitte vierzig –, die Auskunft über die zweite Lebenshälfte erhalten möchte, da ihre Kinder nun aus dem Haus sind und auch die Bindung zu ihrem Mann für sie – nach ihren eigenen Worten – keine Qualität mehr aufweist.

Die Karten (wir wiederholen dies ganz bewußt) werden offen ausgelegt, der *Narr* wird herausgenommen und beiseite gelegt.

Nun nimmt die Frau – nennen wir sie Frau B – die offenen Karten auf, legt eine über die andere, und zwar wie es ihr beliebt, also nicht der Reihenfolge nach, und beginnt die Karten zu mischen.

Danach wir die oberste Karte neben die Karte des *Narren* gelegt und – immer der Uhrzeigerrichtung nach von unten nach links, dann oben und rechts – jeweils im Haufen (oder nebeneinander) je 5 Karten hingelegt. Bevor nun die erste Frage gestellt wird, ist es zweckmäßig, daß die Karte neben dem *Narren* aufgedeckt wird. Es ist hier die Karte 10, das *Fortune.*

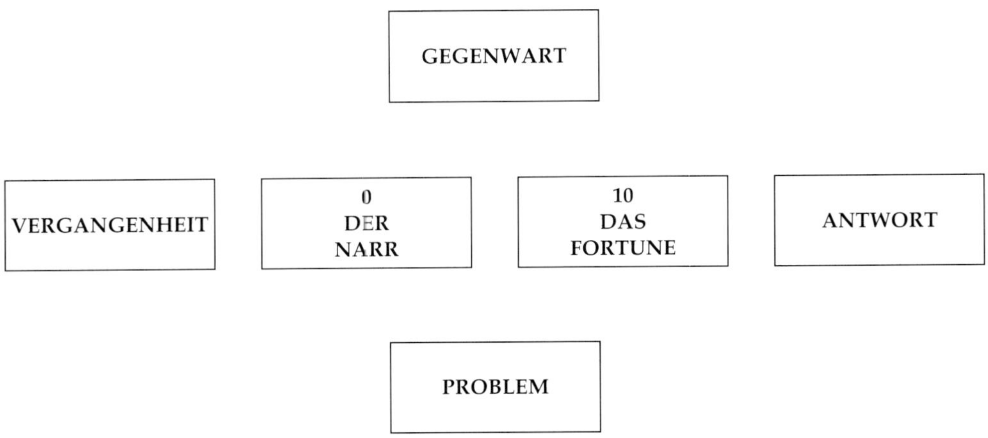

Frau B sah nun den *Narren* und daneben das *Fortune.* Auf dieser Karte ist deutlich das Lebensrad zu sehen. Spontan rief sie aus: «Heißt das, ich war ein Narr, daß ich soviel Mühsal auf mich nahm? Ja, wo bin ich denn selbst geblieben!» Dann sprudelte es aus ihr heraus, daß sie sich nur für die Familie, für die anderen abgestrampelt habe – bis hin zur völligen Erschöpfung. Ihren Redeschwall beendete sie mit den Worten: «... und alles für andere.»

Dann kam die erste Frage.

Kann ich mein Leben allein gestalten?

Folgende Karten wurden aufgedeckt.

18 DER MOND	20 DIE AUFERSTEHUNG	13 DER TOD	9 DER EREMIT
Problem	**Vergangenheit**	**Gegenwart**	**Antwort**

Die Antwort fiel nun nicht schwer. Die Karte 18, der *Mond,* zeigt den neuen Weg an, der das Problem darstellt. Soll sie sich auf den Weg begeben, der sich lang und weit erstreckt und aus einem tiefen Bedürfnis heraus angetreten werden muß?

Die Karte der Vergangenheit 20, die *Auferstehung* zeigt an, daß sich Frau B bisher wirklich hingegeben hatte, daß sie nun aber aus der Vergangenheit lernen und zu einem neuen Leben kommen muß, zu einer Auferstehung. Dies wird noch deutlich durch die Karte der Gegenwart 13, den *Tod* unterstrichen, da sie sich wie erstorben fühlt, andererseits aber auch etwas absterben muß, damit sie neu beginnen kann.

Die Antwortkarte ist die Karte 9, der *Eremit.* Diese Karte besagt: Gehe in Dich, bevor Du etwas anfängst, ziehe Dich in eine Klausur zurück, versuche in Dein Inneres zu schauen, um Klarheit über Deine Leidenschaften und Dämonen zu finden.

«Es wäre also gut, wenn Sie einmal längere Zeit verreisen würden», meinte der Beratende, «ohne Familie, wo Sie – vielleicht in der Einsamkeit der Natur – zu sich finden könnten.»

«Und was wird meine Familie tun? Wird sie mich fahren lassen? Mein Mann droht immer schon mit der Scheidung, sicher hat er eine Freundin. Wie soll ich mich denn verhalten, wenn er das Ende der Ehe androht, wenn er sich bösartig zeigt?»

5 DER HOHEPRIESTER	14 DAS MASS	2 DIE HOHEPRIESTERIN	8 DIE GERECHTIGKEIT
Problem	**Vergangenheit**	**Gegenwart**	**Antwort**

Als Problem stellt sich das strenge Verhalten des Mannes, mit der Gefahr, daß Frau B wieder zum Nachgeben, zum Knien gezwungen wird. In der Vergangenheit hat sie immer das Maß gehalten, war um den Ausgleich stets bemüht gewesen, aber die Gegenwartskarte zeigt an, daß sie jetzt ihrer Seele, ihrem Unterbewußtsein folgen sollte. Die Antwort heißt: Abwägen, um Gerechtigkeit bemüht sein, aber um kämpferische Gerechtigkeit (Schwert der Waage beachten). Und Gerechtigkeit bedeutet, an beide Seiten zu denken, also auch an sich. Immerhin zeigt die Folge dieser Karten, daß Frau B noch voller Zweifel steckte, daß im Grunde eigentlich noch nichts entschieden war und daß es ihr sehr schwer fällt, aus der Rolle der braven Ehe- und Hausfrau herauszuwachsen.

Dies wurde besprochen, und Frau B stellte dann die entscheidende Frage: «Zerbreche ich daran, wenn ich mich nicht entscheide?» «Entscheide für was?» «Für einen neuen Weg, wie er oben mit Karte 18/*Mond* angezeigt war; denn ich will mehr als eine Närrin sein!»

Wie sahen nun die Karten der dritten Frage aus:

3 DIE HERRSCHERIN	6 DIE ENTSCHEIDUNG	12 DER GEHÄNGTE	1 DER MAGIER
Problem	**Vergangenheit**	**Gegenwart**	**Antwort**

Das Problem war also Frau B selbst, und es lautete: Wirst Du die Herrschaft über Dein eigenes Leben erlangen? In der Vergangenheit hatte sie daran zu sehr gezweifelt, hatte nie den rechten Weg gefunden.

Die Gegenwartskarte – der *Gehängte* – sagt nun aus, daß sie sich auf den Kopf stellen muß, das heißt, daß sie das Leben von einer völlig anderen Seite zu betrachten hat.

Die Antwortkarte konnte dann nicht besser fallen als mit dem Magier. Dann findet Frau B ihren eigenen Weg, findet zu ihren eigenen magischen Kräften, kann sich auf den Weg machen (Karte I), der ihr eigener Weg ist.

Im Grunde war damit alles beantwortet. Zwei Fragen waren jedoch noch – wie es so schön im Märchen heißt – frei. Das Spiel hätte hier abgebrochen werden können. Dies lag allein im Ermessen der Fragenden! Aber Frau B wollte nun noch mehr wissen. So fragte sie weiter.

«Vor kurzem bin ich einem alten Freund begegnet – die intime Freundschaft ist längst vorbei, es war vor der Ehe –, der mir anbot, in seiner Firma anzufangen, allerdings müßte ich vorher einige Lehrgänge besuchen, und das Gehalt wäre auch nicht sehr hoch.»

21 DAS ALL	16 DER TURM	15 DER TEUFEL	19 DIE SONNE
Problem	**Vergangenheit**	**Gegenwart**	**Antwort**

Das Problem war, sollte Frau B sich in eine neue Ordnung fügen? In der Vergangenheit fühlte sie sich aus «ihrer» Ordnung vertrieben, wie es die Karte 16, der Turm mit dem Blitzeinschlag anzeigt. Die Gegenwart wurde durch den *Teufel* repräsentiert, das heißt, Frau B wird wahrlich getrieben, sie will etwas unternehmen, auch wenn darüber manches zusammenbräche. Die Antwort lautet: «Tue es!» Denn die Karte 19, die *Sonne,* zeigt an, daß sie dann ihr Glück finden würde.

Nun blieb noch eine Frage. Die letzte Frage ist meist sehr schwer zu finden. Auch hier könnte das Spiel abgebrochen werden, aber Frau B wollte es jetzt wohl ganz genau wissen. Immerhin, ehe sie die Frage formuliert hatte, vergingen doch mehrere Minuten. «Werde ich noch einmal ein privates Glück finden, gleichgültig, ob mit meinem Mann und mit meiner Familie, oder nicht?»

Diese Fragestellung sprach für sich, aber zeigte, daß Frau B in sich viel gefestigter und damit wagemutiger geworden war.

17 DER STERN	4 DER HERRSCHER	7 DER SIEGESWAGEN	11 DIE KRAFT
Problem	**Vergangenheit**	**Gegenwart**	**Antwort**

Die Problemkarte war deutlich, denn der *Stern* verkörpert die Liebe (wenn auch nicht ausschließlich). In der Vergangenheit war Frau B an einen Herrscher gebunden, den sie sicher auch geliebt hat. In der Gegenwart will sie sich jedoch, wie es die Karte 7, der *Siegeswagen* anzeigt, selbst auf den Weg machen, was zur Antwort führt: Karte 11, die *Kraft,* so daß sie dann auch die Kraft zu einer neuen (oder alten) Liebe finden wird. Aber nun ist sie nicht mehr die Unterlegene, nun herrscht sie, nun steuert sie die Lust und die Bindung.

In diesem Sinne konnte das Spiel «Der Blick in die Zukunft» sehr gut eine Umbruchsituation erläutern. Es wurde der Fragenden zwar nicht gesagt, was sie genau zu tun hatte. Sie hatte jedoch erfahren, daß sie nun selbst handeln und ab jetzt ihren eigenen Weg gehen muß, wenn sie nicht eines Tages entdecken will, nichts aus ihrem Leben gemacht zu haben.

Schlußbetrachtung

Es ist wohl klar geworden, wie gut Tarotkarten – ob im Zusammenhang mit einem Horoskop oder allein – Lebenshilfe geben können. Das Geheimnis der Karten liegt darin, daß sie das Unterbewußtsein wachrufen und öffnen, und somit bisher unbekannte Einsichten aufzeigen, um zu neuen Wegen in der Lebensgestaltung zu führen.

Der Tarot kann sowohl als Schlüssel zum Horoskop benutzt, aber auch als eine Pforte zur Seele angesehen werden. Was meist (leider) sehr verkannt wird ist die Tatsache, daß diese Arbeit viel Zeit erfordert, aber auch viel Ehrlichkeit gegen sich selbst. Eine Beratung sollte trotzdem nicht die Zeit von 45 bis 60 Minuten übersteigen, sondern besser in einer weiteren Besprechung erfolgen.

Eine Arbeit mit den tiefsymbolischen Bildern des Tarot hat nichts mit dem üblichen Kartenschlagen zu tun; es handelt sich hier um eine echt psychologische aber auch esoterische Beschäftigung. Es gibt sicher Menschen, die eine spontane Aversion gegen einige Bilder der 22 Karten haben mögen, – dann versuche man, diese Bilder auch in ihrem positiven Sinngehalt vorzustellen. Meist handelt es sich um Begegnungen mit seelischen Gehalten, die bisher unterdrückt oder gar – im tiefsten Sinn der Bedeutung – verteufelt wurden. Kein Wunder, daß der Teufel oft am schnellsten und am häufigsten abgelehnt wird. Es liegt nun am Berater, den Ratsuchenden klar zu machen, daß das Leben nicht nur aus Schönheit und Harmonie besteht, sondern daß auch das Teufliche (oder der Kampf damit) seinen Sinn hat, ja, daß man dieser Entwicklungsstufe nicht ausweichen darf, sondern sie annehmen und innerlich verarbeiten muß. Und damit zum Wesentlichsten:

Jeder Astrologe muß zwangsläufig bei einer Deutung oder einer Horoskopanalyse das Geburtsbild in seine Bestandteile zerlegen. Das heißt, er muß einige Konstellationen für sich deuten, ohne dabei den Gesamtzusammenhang aus den Augen zu verlieren.

Dies gilt auch bei der Arbeit mit den Tarotkarten. Wenn wir eine Tarot-Auslegung vor uns haben, können wir selbstverständlich einige dieser Karten in ihren Bezügen zu Nachbarkarten deuten, aber das Gesamtbild ist dabei nie außer acht zu lassen. Dies gilt ganz besonders dann, wenn wir ohne Geburtsbild arbeiten. Einzelheiten sind wichtig, aber sie dürfen nie allein zu endgültigen Aussagen von absolutem Charakter führen. Man sollte stets den Zusammenhang beachten, so wie Vergangenheit, Gegenwart und Zukunft im Tarot immer als Einheit verstanden werden müssen, da diese eine folgerichtige Entwicklung darstellen, genauso wie der Charakter eines Menschen als Ganzes gesehen werden muß, ohne einzelne Charakterzüge überzubewerten oder zu verurteilen. Dies gilt selbstverständlich für die gesamte Schau der Lebenserfahrungen, da sich diese auch nur aus Einzelerfahrungen zusammensetzen. Sicher machen fast alle Menschen immer wieder dieselben Fehler, aber diese haben ihre Wurzeln im Gesamtcharakter.

Beim Tarot zeigt sich dies sogar recht schnell. Etwa, wenn jemand lange seine Karten aussucht, andere diese dagegen sehr schnell wählen. Allein danach darf jedoch noch nicht geurteilt werden. Der Tarot hilft Selbsterkenntnis zu gewinnen oder andere dahin zu führen, um Stärken zu erkennen und auszubauen, oder um Schwächen zu verstehen und zu vermeiden. Klagen über ein schlechtes Schicksal und über persönlich erlittene Ungerechtigkeiten zeigen meist, wie weit der Mensch von einer Selbsterkenntnis noch fern ist. Hier kann die Arbeit mit den Tarotkarten Wunder wirken, weil es weder um Gut und Böse, noch um Verurteilung und Herabsetzung geht.

Es geht immer nur darum, daß Menschen zu ihrer persönlichen Mitte finden, um von dorther mit klarem Blick sich und andere zu sehen. Die Erfahrung hat übrigens gezeigt, daß es nicht gut ist, jemandem zu oft die Karten zu legen. Sicher, eine Grundbesprechung kann innerhalb eines kurzfristigen Zeitraumes mehrmals erfolgen, dann erweist es sich eher als förderlich, wenn mindestens eine Pause von drei bis vier Monaten eingelegt wird. Immerhin müssen die Aussagen der Bilder der großen Arcana erst verarbeitet und auch vom Unterbewußtsein aufgenommen und verstanden werden.

Die Arbeit mit dem Tarot kann – wie die Arbeit mit dem Horoskop – (oder mit beiden gemeinsam) schöpferische Kräfte in jedem Menschen wecken, Kräfte, die dann auch genutzt werden sollten.

Ein Leitspruch sollte jedoch dabei nie vergessen werden: »Der Weg nach Innen ist weit, er benötigt seine Zeit, aber er lehrt, daß auch das, was von Außen zu kommen scheint, seine Wurzeln in der eigenen Seele hat.«

Hinweisende Literatur

A. Frank Glahn	Das Deutsche Tarotbuch · Bauer Verlag, Freiburg
Sergius Golowin	Die Welt des Tarot · Sphinx-Verlag, Basel
Elisabeth Haich	Tarot – die zweiundzwanzig Bewußtseinsstufen des Menschen · Drei Eichenverlag, München
C. G. Jung	Aion · Walter Verlag, Olten und Freiburg
Stuart R. Kaplan	The Encyclopedia of Tarot · U.S. Gamessystems Inc. Publishers, New York
Eliphas Levi	Einweihungsbriefe in die hohe Magie und Zahlenmystik · Ansata Verlag, Interlaken
B. A. Mertz	Psychologische Astrologie I, II, III · Ansata Verlag, Interlaken
B. A. Mertz	Falken-Handbuch der Astrologie · Falken Verlag, Niedernhausen/Taunus
B. A. Mertz	Das Horoskop, seine Deutung und Bedeutung · Ebertin Verlag, Freiburg
B. A. Mertz	Karma in der Astrologie · Ansata-Verlag, Interlaken
Sallie Nichols	Die Psychologie des Tarot · Ansata-Verlag, Interlaken
Edwin J. Nigg	Wahrsagen mit Tarotkarten · Falken Verlag, Niedernhausen/Taunus
Papus	Tarot der Zigeuner · Ansata-Verlag, Interlaken
Dio Raman	Der praktische Tarot · Bauer Verlag, Freiburg
Jopachim Winkelmann	Tarot der Eingeweihten · Richard Schikowski Verlag, Berlin
Erich Zehren	Der gehenkte Gott · Herbig Verlag, Berlin
Erich Zehren	Das Testament der Sterne · Herbig Verlag, Berlin

Die berühmten Tarotkarten von Paul Struck –
jetzt endlich auch einzeln lieferbar!

ANSATA TAROT
Die 22 großen Arkana von Paul Struck

Format 9×12,5 cm. Mit einem 36seitigen Begleitheft mit Legemethoden in buchförmigem Etui.
ISBN 3-7157-0083-1

Die Nachfrage nach Tarotbüchern und -karten ist während der vergangenen Jahre ständig gestiegen. Der Tarot hat sich als der wohl einfachste und beliebteste Einstieg in das Reich der Esoterik erwiesen.

Der international bekannte Frankfurter Maler Paul Struck hat vor vier Jahren die großen Arkana für das Buch *Astrologie und Tarot* seines Freundes B. A. Mertz gemalt. Bisher durften diese sensationell schönen Karten nur zusammen mit dem Buch ausgeliefert werden und waren deshalb einzeln nicht erhältlich, was von Tarotfreunden oft bedauert wurde.

Die ungewöhnlich künstlerischen Tarotkarten von Paul Struck enthalten sowohl die archetypische Botschaft der Astrologie wie auch die überlieferten Symbole des klassischen Tarot. Bei derzeit über zweihundert lieferbaren Tarotspielen wurden die Karten von Paul Struck oftmals von großen Kennern als die schönsten bezeichnet.

Die großen Arkana des Ansata-Tarot sind präzise Urbilder der menschlichen Entwicklung und seelisch-geistigen Reifung. Richtig erschaut und genau befragt, enthüllen sie das Schicksal des Menschen. Sie können aufzeigen, was sich im Dunkel der Vergangenheit verbirgt, welche Aufgaben die Gegenwart stellt und was die Zukunft bringt. Sie sind Universalschlüssel zu den verborgenen Innenwelten des Menschen. Sie weisen den Weg zur persönlichen Vergangenheitsbewältigung und zur Erkenntnis des innersten Wesens; sie lehren, wie der einzelne sein Schicksal und sein Leben besser verstehen und wieder kreativ gestalten kann.

B. A. Mertz steuerte dieser einmaligen Sonderausgabe des Ansata-Tarot ein 36seitiges Begleitbüchlein bei, in welchem in Kurzform die Botschaft und Symbolik jeder einzelnen Karte erklärt und gedeutet wird. Er gibt zum Teil absolut neue und bisher unbekannte Legemethoden zur praktischen Arbeit, die in leichtfaßlicher Darstellungsweise aufzeigen, wie Schicksalsfragen beantwortet, Probleme gelöst und Lebenssituationen geklärt werden können.

Die überaus schönen Karten sind mit dem Begleitheft zusammen in einem sehr praktischen Etui in Buchform verpackt.

Das zur Zeit meistgerühmte Tarotbuch –
anders als alle anderen

Sallie Nichols
DIE PSYCHOLOGIE DES TAROT
Tarot als Weg zur Selbsterkenntnis
nach der Archetypenlehre G. G. Jungs

496 Seiten, mit 87 schwarz-weißen Abbildungen und 1 farb. Falttafel
ISBN 3-7157-0059-9

Sallie Nichols vereinigt in diesem Buch erstmals C. G. Jungs Psychologie der Archetypen und die überlieferte Symbolwelt des Tarot. Im Gegensatz zu den meisten anderen Tarotbüchern werden keine kabbalistischen, hermetischen oder astrologischen Parallelen gezogen, sondern der Ausgangspunkt bei der Besprechung der einzelnen Tarotkarten ist vor allem das Bildhafte. Jedes dieser überlieferten Bilder ist ein Mysterium, ein Tor, das zu einer symbolischen Welt führt, die jeder für sich erlebt und erleben muß.

Bereits C. G. Jung erkannte den archetypischen Ursprung des Tarot. Die darin geoffenbarte äußerst präzise Innenschau erkannte er als nichtrationale Brücke zu jenem faszinierenden Bereich, in dem die menschliche Psyche letztlich gründet, wo sie ihre Erkenntnisse erfährt, bewußtbar machen und in ein echtes Wissen um das wahre Selbst einmünden lassen kann.

Sallie Nichols zeigt, wie mit Hilfe des Tarot Prozesse und Schwerpunkte der Individuation (Selbstwerdung) sichtbar, aber auch nachvollziehbar gemacht werden können. Sie beschreibt die Bilder, stellt sich Szenen vor und bringt eine Fülle von Material aus Literatur und Kunst, Mythologie und täglichem Leben, teilweise durch eigene Assoziationen verknüpft. Hinzu werden des Lesers eigene Phantasien, Träume und Gedanken kommen, so daß er des öfteren das Gefühl haben wird, tatsächlich durch das jeweilige Arkanum zu wandern. Jede Tarotkarte stellt ein für jeden von uns verständliches Bild dar, das unsere eigene, tief verwurzelte, ursprüngliche Symbolik anspricht. Die eindrückliche Bilderwelt des Tarot läßt die großen Grundsituation und Wegmarken eines Menschenlebens mit aller Deutlichkeit heraustreten.

Durch ihre überzeugenden Interpretationen hebt Sallie Nichols den Tarot über eine bloß modische Wahrsagespielerei hinaus, vermittelt aber verschiedene Legetechniken zu bildhaften und wegweisenden Landkarten für persönliche Selbsterkenntnisreisen in unbekannte Innenwelten.